| 한국의 선거 60년사 |

한국 1세대 유권자의 형성

제1·2공화국의 선거

1

서복경 저

마인드탭
MIND TAP

이 저서는 2011년 대한민국 교육부와 한국학중앙연구원(한국학진흥사업단)의 한국학총서사업(모던코리아 학술총서)의 지원을 받아 수행된 연구임 (AKS−2011−DAE−3102)

한국의 선거 60년사 ①

한국 1세대 유권자의 형성: 제1·2공화국의 선거

머 리 말

이 책은 지금부터 반세기도 훨씬 더 전의 시대를 살았던 사람들에 대한 이야기다. 말 그대로 '격변의 시대'에 관한 이야기이기에, 독자들에겐 좀 생소하고 낯설게 느껴질 수 있겠다. 그런데 한 사람의 생애주기를 기준으로 보자면 불과 한 세대가 겪어낸 일들이라는 점이 새삼 놀랍다. 그 시대를 살았던 다수의 사람들은 일제 강점기에 태어나 미군정을 겪고 분단을 지나 대한민국 정부를 보고 전쟁을 겪고 혁명을 경험했다. 이 책이, 굵은 역사적 사건들 사이에 놓인 당대 사람들의 고뇌와 결정들을 상상해볼 수 있는 계기가 될 수 있으면 좋겠다.

이 책은 선거에 관한 이야기다. 격렬한 사회변동 중간 중간에 '마치 거짓말처럼' 선거가 있었다. 가혹했던 일제 강점기에도 선거가 있었고 미군이 점령했던 시기에도 선거가 있었으며 전쟁의 포화 속에서도 선거는 있었다. 민주정체가 등장한지 한 세대가 흐른 지금, 오늘의 우리는 민주주의가 아닌 체제에서의 선거를 상상하기 어렵다. 그 시대의 선거는 물론 지금과 다르다. 다른 필요에 따라 다른 방법으로 시행되었고 다른 결과를 낳았다. 지금과는 전혀 다른 시대를 살았던 이들에게, 과연 '선거'란 무엇이었을까? 민주주의가 아닌 체제에서 선거는 어떤 의미를 가졌으며 어떤 효과를 만들어냈을까? 다양한 정치적 맥락 속에서의 선거를 살펴보는 것이 오늘날의 선거를 더 잘 이해하는데 도움이 되기를 바란다.

무엇보다 이 책은 오늘의 대한민국에 관한 이야기다. 반세기 혹은 한 세기 이전 시대를 살았던 사람들의 고민과 결정들이 오늘을 어떻게 만들었는지에 관해 이야기하고 싶었다. 오늘 우리가 상상하는 정치와 민주주의, 선거는 선대가 만들어놓은 제도와 관습, 인식의 틀 안에 놓여 있다. 대한민국 1세대 유권자, 1세대 정당, 1세대 정치인들 또한 그저 주어지지 않았다. 치열한 시대를 살아내면서 그들 또한 만들어졌고, 그렇게 만들어진 그들은 수많은 선택들을 했으며 그 결과로 오늘의 정치와 유권자의 모습이 또 만들어졌다.

정치사 인식에서 흔히 발견되는 오류 가운데 하나는, 1987년 민주정체 등장 전후의 정치가 완전히 단절적이라고 생각하는 것이다. 아니다. 권위주의와 민주주의라는 정치체제 유형 구분은 물론 의미가 있다. 질적으로 다른 헌정질서에서 다른 규범과 제도가 작동한 것은 맞다. 그러나 동시에 현재의 민주주의는 오래전부터 켜켜이 쌓여온 역사적 관습, 인식, 행태를 모두 밑자락에 깔고 있으며 그것이 당대 정치를 특징짓는 독특한 요소의 원형을 구성한다. 그래서 대한민국 1세대 정치를 이해하는 일은 현재를 이해하는 일에 다름 아니다. 조금은 생소할 수 있는 이 책의 이야기들이 오늘을 이해하는데 도움이 되기를 진심으로 소망한다.

이 책은 많이 부족하지만, 5년여에 걸친 긴 시간을 거쳐 완성되었다. 긴 호흡으로 글을 쓰는 일은 여러 측면에서 많은 도움을 필요로 하며 그 모든 도움에 진심으로 감사한다. 우선 역사의 발자국마다 돋보기를 들이대고 그 결과를 소중한 글로 남겨둔 선후배 연구자들에게 큰 빚을 졌다. 쓰고 보니 마치 이 책은 한 장의 커다란 퀼트 이불 같은 느낌이다. 이미 다른 연구자들이 밝혀 놓은 성과들을 조각조각 이어붙이기만 한 것 같아 부끄럽고 감사하다. 너무나 많은 연구자들께 빚을 졌지만, 그 중에서도 긴 시간 함께 호흡을 맞추어온 신두철 교수님, 김욱 교수님, 지병근 교수님, 엄기홍 교수님께 감사드린다. 특히 처음 이 작업을 시작할 수 있도록 이끌어주신 신두철 교수님 덕분에 꾸역꾸역 여기까지 올 수 있었다.

또 이 책이 나오기까지 한국학중앙연구원의 긴 시간에 걸친 재정 지원이 있었고, 매년 중간보고를 검토하고 리뷰해주신 다수의 익명 심사자들이 있었다. 심사자들의 의견은 이 책이 방향을 잡고 오류를 정정하는데 도움이 되었다. 이 책의 마지막 작업은 마인드탭 김중용 대표님과 꼼꼼히 원고를 검토해주신 김인숙 과장님의 손에서 이루어졌다. 제때 원고를 넘겨 드리지 못해 죄송했고 인내해주셔서 진심으로 감사한 마음을 전한다.

마지막 감사는 '역사와 철학이 정치학의 토대'라고 가르쳐주신 내 스승님께 드리고 싶다. 그 말이 무엇을 의미하는지 이해조차 하지 못하던 시절부터 반복해서 가르침을 주셨고, 그 손에 이끌려 여기까지 왔기 때문이다.

2016년 늦가을에
서복경 드림

차 례

제 3 부 전쟁과 선거

제4부 보수양당체제의 성립과 선거

INTRODUCTION

서 론

대한민국 1세대 유권자, 그들은 누구인가?

한국정치사는 유권자들이 선거를 통해 민주주의를 어떻게 상상하고 만들어 갔는가를 보여주는 흥미로운 사례다. 1960년 3.15 부정선거는 이승만 정권에 대한 대중적 저항이 폭발하는 기폭제가 되었고 결국 정권의 몰락으로 이어졌다. 1971년 대통령선거는 3선 개헌으로 장기집권을 꾀했던 박정희 정권을 위협했고, 1985년 2.12총선의 결과는 신군부정권에 대한 동료시민들의 저항을 유권자들에게 확인시킴으로써 1987년 민주화 체제이행으로 이어진 시민저항을 불러일으켰다. 긴 역사를 돌이켜 보면 한국의 유권자들이 민주정체를 만들어내기까지 '선거'의 역할은 컸다. 비록 그 선거가 국가권력에 의해 제도적으로 왜곡되고 부정선거로 얼룩져 있었다 할지라도, 투표로 민의를 표출할 수 있는 정치공간은 그 자체로 민주주의를 향한 엔진 역할을 했던 셈이다.

이 책은 식민지에서 해방된 한국인들이 대한민국이라는 근대국가의 시민이 되고 주권자이자 유권자가 되어갔던 시대에 관한 이야기다. 한국의 1세대 유권자들은 어떤 조건과 환경에서 선거를 접하게 되었는가? 그들에게 선거를 통해 대표를 선출하는 제도는 어떤 의미로 다가왔을까? 식민지에서 해방되자마자 분단과 전쟁이라는 가혹한 역사에 직면하고 또 그 역사를 넘어서야만 했던 당대의 시민들은, 반복되는 선거를 거치면서 '어떻게' 주권자로 형성되어 갔는가?

이 책이 담고자 하는 첫 번째 주제는 식민지와 해방, 분단과 전쟁, 제1~2공화국의 정치를 거치면서 한국의 1세대 유권자들이 어떻게 형성되었는지, 그들은 누구인지를 이해하는 것이다. 오늘을 살아가는 동시대인들에게 이 시기의 선거는 '막걸리 선거', '고무신 선거'로 이미지화되어 있다. 유권자 다수는 농업에 종사했고 문맹률은 높았던 그 시절, 막걸리와 고무신을 쥐어주면 표를 내어주었다던, 한편으로 순진해보이고 다른 한편으로는 무지해 보이는 유권자들의 이미지가 당대 만연했던 부정선거의 이미지에 겹쳐져 있는 것이다. 이런 이미지가 상당부분 사실에 토대를 두고 있는 것은 사실이다.

그러나 이 시대의 역사에는 이런 이미지만으로는 설명되지 않은 정치적 사건들이 곳곳에 숨어 있다. 1956년 대통령 선거도 그 한 사례다. 선거운동을 해줄 정당조직도 없었던 무소속 후보였고 선거운동도 제대로 진행하지 못했던 이승만 전 대통령의 경쟁자는 그 선거에서 216만 표를 얻었다. 당대 유권자들은 왜, 어떻게 조봉암 후보에게 그처럼 많은 표를 줄 수 있었던 것일까? 그들이 조봉암 후보에게 던진 표는 어떤 의미였을까?

통상 1960년 4월 혁명은 학생들이 주도한 것으로 알려져 있고, 대구 2.28 학생시위나 4.18 고려대 학생시위, 4.19 전국 학생시위 등 관련 기록들 또한 이를 증명해 준다. 그러나 학생들 주도의 이런 움직임에 대해 당대 유권자들의 적극적 동조가 없었다면 정권의 몰락으로까지 이어질 수 있었을까? 통계에 따르면 4월 혁명 당시 사망자 186명 가운데 하층노동자, 무직자가 94명으로 50.5%를 차지했고(김운태 1976, 224~225), 2차 마산시위 도중 부상자 169명 가운데 학생이나 직장인이 아닌 무직자로 분류된 사람들이 117명으로 69.2%에 이르렀다(Q.Kim 1983, 74). 4월 혁명 당시 거리에서 죽음을 맞이하고 다쳤던 하층노동자, 무직자들은 또 누구였을까?

이 책이 이 모든 의문에 대한 해답을 제공해 줄 수는 없다. 아직도 이 시대를 살았던 이들의 증언은 계속되고 있고 매년 새로운 사료들이 발굴되고 있지만, 여전히 이 시대 유권자들의 이야기는 희미한 역사의 안개 속에 가려져 있기 때문이다. 이 시대를 덮고 있는 안개는 한편으로 역사해석논쟁의 형태를 띠고 있고, 다른 한편으로는 무관심과 무지의 형태를 띠고 있기도 하다. 이 책은 약간 다른 관점으로 이 시대를 바라보는 것으로 답을 찾고자 한다. 집권자, 정치적 반대자, 미국 등 거대행위자들의 관점과 행위에만 돋보기를 대지 않고, 당대를 살았던 평범한 유권자들의 시선을 끊임없이 상상하면서 혹은 관련 사료들을 들추어 보면서 명료히 드러나지 않았던 1mm의 모습을 찾아보려는 시도를 하는 것이다. 당대를 살았던 유권자의 시선에서 이 시대 선거를 조망해보는 일은, 후세대 유권자들을 이해하는 데에도 도움이 될 것으로 기대한다.

대한민국 정치제도의 원형은 어떻게 주조되었나?

오늘을 살아가는 동시대인의 입장에서 1960년 이전의 한국정치를 이해해야 하는 또 다른 중요한 이유 중 하나는, 현대 한국의 민주주의를 움직이는 주요 정치제도들의 원형이 대개 이 시기에 주조되었다는 사실 때문이다. 1987년 헌법이 채택하고 있는 대의제 민주주의는 정당, 선거, 의회 제도를 중심으로 작동되는 정치체제다. 그런데 1987년 헌법의 채택과 함께 등장한 한국의 정당, 선거, 의회제도는 무(無)에서 새롭게 구성된 것이 아니라 1987년 이전의 역사가 빚어놓은 제도 위에 얹혀졌다. 정치체제는 권위주의에서 민주주의로 전환했으나 그 체제를 움직이는 핵심제도들은 구(久)체제와 상당한 연속선 위에 놓인 채로 출발한 것이다. 민주정체 경험이 30여 년에 가까워오는 지금도 한국 정치제도의 핵심원리는 구체제의 역사를 고스란히 담고 있다는 점에서, 이 체제의 원형이 주조된 시대에 대한 이해는 그 중요성을 더하고 있다.

현재 한국 유권자들은 대통령, 국회의원, 광역 및 기초단위 지방정부와 지방의회 공직을 선거를 통해 선출한다. 현대 한국의 모든 선거를 규정짓는 제도의 핵심원리는 다수대표제, 그 가운데서도 1위 대표제이며, 1위 대표제는 민주화 전환 시점부터 너무나 당연시되었던 제도원리였다. 이를 대체할 수 있는 과반다수대표제나 비례대표제 등 다른 제도원리에 대한 고민은 민주정체가 운영되고 나서도 한참 지나서야 등장했지만, 여전히 1위 대표제 원리의 압도적 우위가 지속되는 속에서 대안적 제도에 대한 지지는 미약한 상황이다. 1987년 민주정체의 제도 디자인에 참여했던 정당과 정치인들에게 이 제도는, 유신체제 이전에 유일하게 경험해 보았던 것이었다. 1위 대표제는 권위주의와 민주주의 정치체제 모두를 관통하는 '유일한 제도적 경험'인 것이다. 그리고 그 원형은 정부수립 시점 혹은 그 이전부터 생성된 것이다.

지금을 살아가는 정당, 정치인과 유권자들의 정치생활 전반을 규율하는 규제 중심적 선거법 체제 역시 그 기원은 이 시기에 있다. 민주정체에 살고 있는 한국 유권자들은, '정치활동을 선거운동인 것과 아닌 것으로 구분하고, 선거운동인 활동을 할 수 있는 시기와 아닌 시기를 구분한 다음, 선거운동인 활동을 정해진 기간 외에 할 경우 처벌받는' 선거법 체제에서 살고 있다. 이런 체제는 우리보다 먼저 민주주의를 경험해왔던 국가들에서는 찾아보기 어려운 것이다.

유권자의 정치적 표현과 활동이 '선거운동인 것과 아닌 것'으로 구분 가능하다는 발상은 대체 어디에서 온 것일까? 누군가의 당선이나 낙선을 목적으로 하는 활동은 정해진 기간에만 가능하며 그 기간 외에 하게 되면 처벌을 받아야 한다는 발상 역시 마찬가지다. 나의 행동이 선거운동에 해당하는지 아닌지 끊임없이 자기검열하거나 규제당국의 유권해석을 받아야 하고, 이 행동이 허용되는 시기가 언제부터 언제까지인지를 항상 가늠해야 하는 조건에서 어떻게 자유로운 정치적 표현과 활동이 가능할 수 있을까? 이런 조건에서 건강한 민주주의가 가능할 수 있을까?

더 놀라운 것은 한국의 정당, 정치인과 유권자들이 이런 체제를 당연시하면서 오늘의 민주주의를 운영하고 있다는 사실이다. 이 체제는 1987년 민주화 전환시점에 이미 주어져 있던 것이며, 입법자들은 이 체제를 바꿔야 한다고 생각하지 않았고 유권자들은 민주주의에서도 이 체제가 유지되어야 한다는 걸 받아들여야 했다. 그러나 이 체제는 적어도 1958년 이전까지는 한국에 없던 것이다. 그 이전까지, 정치활동은 선거운동인 것과 아닌 것으로 나뉘어 있지 않았고 기간을 정해 할 수 있는 정치활동과 그렇지 않은 정치활동이 구분되어 있지도 않았다. 이런 체제는 왜 1958년 등장했을까? 당대 입법자들은 어떤 이유로 이런 체제를 만들었고, 우리는 왜 지금도 이런 체제를 당연시하고 있는 것일까?

이 시대 역사가 남긴 제도적 퍼즐은 이것 외에도 많다. 예컨대 한국정치사에서 직접선출 대통령제에 대한 강한 집착은 4공화국 유신체제에서 폐절된 대통령 직접선거의 부활이 민주주의와 등치되었던 1980년대 민주화운동으로부터 직접 연원하지만, 1960년 제2공화국 의회제 경험에 대한 부정적 해석은 또 다른 중요한 논거를 제공해 왔다. 의회 다수당이 행정수반과 내각 구성권을 갖는 체제에 대한 유일한 경험은 뒤이은 군사정부에 의해 부패와 혼란, 무능으로 평가되었고, 이런 평가는 후대에서 반추되거나 재성찰되는 계기가 없이 민주화 이후에도 받아들여지는 측면이 있다. 그러나 제2공화국의 정치가 부패, 혼란, 무능으로만 온전히 설명될 수 있을까? 혹은 당대 정치가 그랬다손 치더라도 그것이 의회제라는 제도 때문이었는가? 아니면 당대를 운영했던 정당과 정치인의 행태 때문이었는가?

제도는 한 번 자리를 잡으면 그 제도 안에서 살아가는 행위자들의 제도적 상상력 자체를 제한해 버리는 속성이 있다. 그 제도 안에서 순응해 온 행위자들에게 제도의 변경은 새로운 원리에 대한 이해와 규칙의 숙지 등 상당한 불편함을 줄 수밖에 없기 때문에 가능한 한 기존 제도를 유지하면서 부분적인 개선을 추구하게 되는 관성을 낳는다. 하지만 그 제도가 더 상위의 민주정체와 본질적으로 맞지 않다면, 그것으로 인해 민주주의 자체에 왜곡과 변형이 나타날 수밖에 없다면, 민주주의를 제대로 작동시키기 위해서 제도의 변화가 고민되어야 할 것이다.

이 책은 지금 당연시되는 제도들이 최초에 어떤 이유와 취지로 채택되었는지를 살펴봄으로써 현재를 반추하는 계기를 제공하고자 한다. 특히 1960년 이전까지의 선거는 한국 정치제도의 원형을 주조하는데 필요한 여러 쟁점들이 격돌했던 공간이었다. 정부형태가 어떠해야 하는지, 선거가 어떻게 작동되어야 하는지, 정당이 어떤 존재이며 민주주의에서 담당해야 하는 역할은 무엇인지 등을 둘러싼 논쟁과 특정한 방향으로의 선택이 이루어졌던 공간이 당대의 선거정치였기 때문이다.

책의 범위와 구성

이 책은 대한민국 1세대 유권자의 형성과 한국 정치제도의 기원을 추적하기 위해 정부수립 이전의 역사까지 거슬러 오르고 있다. 엄밀히 말해 우리나라 '제1공화국'의 선거 이야기는 1950년 5월 30일 실시되었던 제2대 국회의원 선거에서부터 시작되어야 한다. 제헌국회에서 헌법이 제정되고 정부수립이 선포된 이후부터 제1공화국의 시작을 말할 수 있기 때문이다. 하지만 제1공화국 선거제도의 기본 틀은 제헌국회 선거법에 기초하고 있으며, 제헌국회 선거법은 '남조선과도입법의원(이하 '입법의원')'과 미군정에 의해 틀이 형성되었다. '입법의원'에서 제헌국회 선거법이 제정되던 과정은, 선거권자의 범위, 당선자 결정방식,

유권자 등록방식, 선거구 획정방식 등 근대적 선거제도 형성을 위한 모든 쟁점을 망라하고 있었다. 또한 각각의 쟁점에 대한 '입법의원' 각 분파들의 입장은, 정부수립을 바라보는 제 세력들의 현실적인 이해관계와 사회인식을 반영한 흥미로운 스펙트럼을 보여주고 있다. 뿐 아니라 제헌국회 선거 당시 선거쟁점은 '입법의원'에서 다루었던 의제 및 갈등선을 상당부분 반영하고 있었기에, 대한민국 선거이야기의 출발을 다루면서 제헌국회 선거의 전사(前事)를 빼고 말하기는 어렵다.

제헌국회 선거의 가장 직접적인 전사는 곧 미군정기의 정치에 해당하며, 우리나라 제1공화국의 선거를 이해하기 위한 중요한 열쇠들은 이 시기 정치사 곳곳에서 발견된다. 예컨대, 불완전한 간접선거의 형태를 띠긴 했지만 '입법의원' 의원의 절반은 선거로 선출되었다. 또한 우리나라 최초의 지방선거는 전쟁와중인 1952년에 불완전한 형태로 시행되기 시작했는데, 그 제도적 원형은 1946년 11월 15일 공포된 미 군정법령 제26호 「도 및 기타 지방의 관공리, 회(會) 의원의 선거」에서 발견된다. '도지사, 시장, 군수, 면장, 읍장 및 도회의원, 시회의원, 읍회의원, 면회의원 등을 25세 이상 주민의 보통선거로 선출하겠다'는 법령은, 결국 여러 이유로 미군정 하에서는 실시되지 못했다. 하지만 그 제도의 내용은 우리나라 최초 지방선거제도에 큰 족적을 남겼다.

한편 제헌국회와 미군정기 한국인들의 선거에 대한 이해와 제도 디자인을 추적하다 보면, 1919년 대한민국 임시정부와 일제 강점기의 경험에 그 맥이 닿아 있음을 발견하게 된다. 제헌헌법 전문은 '유구한 역사와 전통에 빛나는 우리들 대한국민은 기미 삼일운동으로 대한민국을 건립'했다고 밝히고 있다. 제헌국회의 1919년 대한민국 건립 선언은 일제 강점기를 주도적으로 살아낸 독립운동의 역사를 지칭하는 선언적 의미에 그치지 않는다. 제헌국회가 근대적 헌정체제를 이해했던 방식, 시민의 참정권에 대한 인식 등은 임시정부의 여러 공식문헌들에서 그 기원을 찾아볼 수 있다. 반면 미군정기 '입법의원' 의원선거는 독특한 간접선거 방식으로 시행되었는데, 그 원형을 추적하다보면 일제 강점기 시행된 지방선거에서 그 흔적을 발견할 수 있다. 이런 이유로 일제 강점기 시행된 선거를 민주주의의 맥락에서 이해해 보는 것이 선거와 민주주의에 대한 이해의 폭을 넓힐 수 있는 중요한 계기가 될 수 있다고 판단하였다. 그리고 비록 식민지 시대였기 때문에 제도로 시행해 보지는 못했지만, 문헌으로 남아 있는 대한민국 임시정부의 선거에 대한 이해를 대조시켜봄으로써 어떤 헌정체제와 맥락 속에 놓이는가에 따라 선거가 갖는 의미와 기능이 전혀 달라질 수 있다는 점을 밝혀보고자 했다.

선거는 민주주의 체제에서만 하는 것은 아니다. 전체주의 체제도, 독재나 권위주의 체제에서도 선거는 시행될 수 있고, 실재 우리나라의 권위주의 정권들도 다양한 형태의 선거를 시행한 바 있다. 민주주의가 아닌 체제에서 시행되는 선거도 때에 따라 민주화의 충격을 만들어낼 수 있다. 하지만 그것과 민주주의 체제의 근간이 되는 그 선거와 같은 것일 수는 없다. 식민지 시기 그리고 미군 점령기 시행된 선거의 사례는, 정치체제의 맥락에 따라 선거가 얼마나 차별적 효과를 가질 수 있는지를 살펴볼 수 있는 좋은 사례가 될 것이다.

이 책의 본문은 총 5개의 부로 구성된다. 제1부는 일제강점기 지방선거와 미군정기 '입법의원' 선거에 대한 이야기를 다룬다. 식민지 시대이긴 하지만 한반도 최초의 선거는 어떤 형태를 띠었는지, 그 경험이 미군정기 '입법의원' 선거에 어떤 영향을 미쳤는지를 살펴봄으로써 선거에 대한 인식적, 제도적 연원을 탐색한다. 또한 이 시기에 대한 간략한 언급은 제헌국회의원 선거에 참여했던 대한민국 최초의 유권자들에게, 그 이전 선거경험이 미쳤을 영향을 추론해보는 데도 의미를 가질 것이다.

제2부는 대한민국 최초의 보통선거인 제헌국회 선거를 집중적으로 다룬다. 1948년 5월 10일 투표장에 들어서기까지, 1세대 유권자들은 어떤 정치적 상황에 놓여 있었고 그들을 둘러싼 사회경제적 조건은 어떠했는지, 그리고 그들이 투표결정을 해야 했던 제도적 환경은 어떠했고 투표장에서 받아든 투표용지에 적힌 후보자들은 어떤 사람들이었는지, 투표결과 만들어진 제헌국회는 무엇을 만들고 만들지 못했는지를 조명하는 것이 2부의 주된 내용이 될 것이다.

제3부는 한국전쟁과 선거에 관한 이야기를 주제로 한다. 1950년 5.30 선거 직후 발발한 한국전쟁은 1953년 7월 27일 정전협정을 넘어 1954년 제네바 협정에 이르기까지 한국인들의 모든 삶을 뒤덮었다. 전쟁의 와중에 한국의 1세대 유권자들은 대통령과 시·읍·면·도의회 의원을 선출해야 했다. 1954년 3대 국회의원 선거는 전쟁이라는 극한 대립 이후 한반도 통일에 대한 강대국들 간의 마

지막 협의가 진행되던 제네바 회담 진행기간 시행되었다. 전쟁을 경험했던 1세대 유권자들에게 당시 시행된 각급 선거는 어떤 의미였는지에 대해 상상해 보는 시간을 갖는다.

제4부는 분단정부 건설을 둘러싼 첨예한 갈등과 전쟁의 포화가 가라앉은 뒤 양당체제의 기원이 마련되었던 1956년 대통령선거와 1958년 국회의원 선거를 집중 조명한다. 이 시기는 이승만 정권 이후 박정희, 전두환 정권에 이르기까지 반체제 저항세력의 일원으로서 반독재 야당의 원형이 만들어진 시기다. 이들은 한편으로 조봉암－진보당 세력을 정당경쟁체제에서 제거하는데 이승만 정권에 협조함으로써 한국 정당정치가 보수양당경쟁으로 주도되는데 기여했으며, 다른 한편으로 권위주의체제에 저항하는 야당의 지위를 독점함으로써 이후 오랜 기간 동안 유권자들의 민주화 열망을 선거로 집결하는데 중심적 지위를 획득하게 된다. 또한 이 시기는 유권자들의 정치활동을 법을 통해 규제할 수 있도록 하는 틀이 만들어졌다는 점에서 중요하다. 1958년 '협상선거법'은 유권자들의 정치적 열망이 선거 이외의 공간에서 분출되지 못하도록 하는 제도적 기능을 수행했고 민주화 이후에도 제도정치와 일상의 정치를 분리시키는 기능을 담당하고 있는 선거법 체제의 원형을 이루었다.

제5부는 이승만 정권의 몰락과 4월 혁명으로 만들어진 제2공화국의 선거를 다룬다. 3.15 부정선거에 대한 저항으로 촉발된 4월 혁명 시기 유권자들은 어떤 정치적, 사회경제적 조건에 처해 있었으며 이들이 이승만 정권의 몰락을 앞당기거나 방조했던 이유는 무엇이었는지, 그리고 혁명이 만들어낸 새로운 체제의 선거에서 그들은 무엇을 표현하고자 했는지를 중점적으로 조망한다.

제 1 부

일제강점기와 미군정기의 선거

1945년 이후 1958년까지 한국 정치제도와 행태의 근본 틀이 주조되어 나가는 과정에서는 두 가지 큰 줄기의 인식적 흐름과 현실정치의 힘이 충돌하였는데, 이를 이해하기 위해서는 한편으로 임시정부 등 독립운동 세력들의 정치적 경험과 다른 한편으로 일제 강점기 정치적 경험을 대조하여 이해하는 것이 필요하다. 물론 그 두 흐름 다음에 온 현실정치세력으로서 미군정의 영향력은 컸다. 어떤 이유에서든 대한민국 정치체제에 민주주의 제도를 이식하려 했던 미군정의 필요는, 제헌국회 국회의원 선거가 당대 기준에서 보더라도 크게 낙후하지 않은 선거제도 하에서 시행될 수 있도록 하는 현실의 힘이었다. 하지만 민주주의 제도를 일거에 이식하려 했던 당대 세계 최고 권력의 의도도, 점령 이전 정치적 경험의 영향력을 완전히 무력화시키지는 못했다는 것이 한국정치사의 흥미로운 퍼즐 가운데 하나다.

대한민국 임시정부는 <대한민국 임시헌장>, <대한민국 임시헌법> 등을 통해 당대 독립 운동가들이 근대적 정부의 헌정체제를 어떻게 이해하고 있었는가, 민주공화국의 시민이 누려야 할 참정권은 무엇이며 어떤 내용을 가져야 한다고 생각했는가를 알 수 있는 중요한 근거들을 남겨 놓았다. 상하이 임시정부가 이해했던 참정권의 본질과 내용은 당대 세계적 시야에서 조망해보더라도 매우 선진적인 것이었다. 미군정이 임시정부의 대표성을 인정하지 않음으로써 임시정부의 헌정체제나 선거제도 등이 곧바로 대한민국의 그것으로 전환되지는 못했지만, 해방 이후 귀국한 임시정부 요인들과 당대 독립 운동가들의 인식을 매개로 하여 미군정기와 제헌국회 제도 디자인 과정에 그 인식적 전통이 이어졌음을 곳곳에서 발견할 수 있다.

한편 일제강점기 조선 지배를 위한 방편으로 시행되었던 지방선거는, 정부 수립 이전 한국인들이 선거를 어떻게 이해했는지를 추론해 볼 수 있는 중요한 경험적 근거를 제공한다. 극히 일부의 고(高)자산 계층만을 대상으로 했던 선거권제한체제, 읍·면의 일부 직위에 한해서만 한국인의 접근을 가능하게 허용함으로써 선거권과 피선거권을 특권화 했던 시스템은, 선거를 평범한 한국인들의 대의(代議)제도가 아니라 특정 집단에 대한 포섭기제로서 작동하도록 만들었다.

이하에서는 일제 강점기 도입된 지방의회 선거와 임시정부 문헌들에 나타난 선거의 개념, 그리고 미군정 하 '입법의원' 선거를 거쳐 제헌국회 국회의원 선거에 이르는 과정을 살펴보도록 하겠다.

CHAPTER

01 대한민국 임시정부와 선거: 보통선거권 개념의 생성과 진전

일제 강점기 한반도 내 한국인들이 일제의 수탈과 동화의 기제로서 선거를 경험했고 이것이 정부수립 이후 한 흐름의 인식적 유산으로 남았다면, 이 시기 한국인들이 가질 수 있었던 또 다른 선거에 대한 인식적 유산을 남긴 것이 대한민국임시정부의 경험이다. 임시정부에서 서로 다른 정치세력들이 공존하며 만들어낸 공화제나 선거에 대한 인식체계들은 정부 수립 이후 전자의 경험이 남긴 인식체계들과 곳곳에서 충돌을 벌였다. 이런 이유로 임시정부가 발전시킨 선거에 관한 인식적 기반을 탐색하는 것은 제1공화국 선거를 이해하는데 필요한 작업이다.

임시정부는 1919년 3월 1일 현재의 서울에서 '3.1운동'이 조직된 다음 달인 1919년 4월 상하이에서 구성되었다. 3.1운동이 발생한 후 독립운동의 구심이 될 수 있는 조직적 필요가 대두되었고, 국내외 곳곳에서 임시정부 혹은 망명정부 수립 움직임이 전개되었다. 상하이 임시정부 결성과 비슷한 시기 국내 한성에서도 한성정부 결성을 위한 국민대회가 개최되었고, 그 한 달여 전에는 연해주 노령에서 대한인국민의회가 선포되기도 했다(이현희 2003). 1919년 말에 이르면 이 세력들은 상하이 임시정부를 중심으로 수렴되었다.

1919년 4월 10일 상하이에 모여든 다양한 정치성향의 독립 운동가들은 임시정부 수립을 결정했고 4월 11일에는 <대한민국임시헌장(이하 1919임시헌장[1])>을 채택했다. 그리고 5달여의 논의를 거친 9월 11일에는 <대한민국임시헌법>을 내놓았다. 총 10개조로 구성된 <1919임시헌장>은 제1조에 정치체제로서 민주공화제를 채택한다고 밝히고 있으며, 제3조와 제5조에 걸쳐 인민의 기본권에 관해 천명하고 있다.

〈표 1-1-1〉 '1919임시헌장'중 선거권 관련 조항

제3조 대한민국의 인민은 남녀 귀천 및 빈부의 계급이 무(無)하고 일체 평등임.
제4조 대한민국의 인민은 신교(信敎). 언론. 저작. 출판. 결사. 집회. 신서(信書). 주소. 이전. 신체 및 소유의 자유를 향유함.
제5조 대한민국의 인민으로 공민자격이 유(有)한 자는 선거권 및 피선거권이 유함.

출처: 국회도서관 1974, 3

상하이 임시정부가 민주공화제를 독립된 정부의 정치체제로 채택했을 무렵, 모든 독립운동세력들이 여기에 뜻을 같이 했던 것은 아니었다. 1919년 4월 경성에서 조직된 '대동단'은 왕정체제를 복원하고 그 하에서 독립정부를 수립하고자 했다(국사편찬위원회 1994, 330). 서희경은, 3.1운동이 "만민공동회 이래 이어져온 공화주의 이념의 … 실현이자 군주정과의 마지막 투쟁, 즉 민족 내부의 공화주의와 복벽주의의 투쟁"이었고 "대한민국임시정부의 정치이념은 이 투쟁의 산물"이라고 주장한다(서희경 2012, 78). 1919년 시점 국내외의 다양한 독립운동 세력들이 공화주의를 주창했음은 다양한 문헌들을 통해 사실로 확인된다.

특히 이 글의 주제와 관련하여 눈길을 끄는 것은 <1919임시헌장> 제5조 참정권 조항이다. 기본권으로 선거권과 피선거권을 규정했을 뿐 여성배제나 재산, 소득, 납세 등의 다른 제한기준을 두고 있지 않다. 제5조 참정권 조항은 제3조 평등 조항과 긴밀히 연계되어 보이는데, 인민의 평등을 기술하면서 '남녀귀천 및 빈부' 순으로 열거하여 양성평등의 가치를 가장 앞에 두고 있다.

1919년은, 당대 중국이나 일본 등 아시아 지역뿐 아니라 유럽에서도 여성

1 <대한민국임시헌장>은 1919년 4월 상하이임시정부가 출범할 당시 채택된 것과 1944년 충칭 임시정부가 채택한 2종이 있다. 이런 이유로 여기에서는 '1919임시헌장'을 약칭으로 사용한다.

참정권 보장이 보편화되지 않던 시점이었다. 임시정부 문헌들과 중국 신해혁명 과정에 등장했던 여러 헌법 문헌들을 비교 연구했던 신우철은, 중국 신해혁명기 문헌들과 비교할 때도 <1919임시헌장>의 참정권 조항은 선진적이었다고 평가하고 있다. 그가 분석한 중국 측 비교문헌들에 따르면, 1918년 작성된 「참의원의원 선거법」「중의원의원 선거법」에도 부동산보유, 직접세 납부 등의 제한요건과 함께 남성에게만 선거권을 부여하고 있었으며, 당대 중국 측 문헌에서 남녀평등조항과 여성 참정권 조항이 등장하는 것은 1922년경이라고 한다(신우철 2004, 22).

한편 일본제국에서 남성 보통선거권을 보장했던 「보통선거법」이 제정된 것이 1925년이었으며 그 시행은 1928년에 이르러서야 이루어졌다. 1919년 시점 일제는 일본 본토에서도 납세기준에 따른 선거권 제한체제를 두고 있었으며 여성참정권 역시 보장하고 있지 않았던 것이다. <1919임시헌장>에 담긴 여성 참정권 보장과 재산 및 납세에 의한 제한이 없는 보통선거권 체제는 <1919임시헌법>에도 그대로 이어졌으며 1940년대 충칭 임시정부의 헌법문서들에서도 그대로 연장되고 있다. 이런 점으로 미루어 보아 선거권에 관한 한 <1919임시헌장>은 당대 기준으로 매우 선진적이었으며, 이 정신은 훼손되지 않은 채 1945년까지 유지되었다고 볼 수 있다.

<1919임시헌장>에 담긴 이런 이념이 어떤 사상이나 세력의 영향을 받은 것인지 혹은 기초자가 누구이며 이런 사상을 담게 된 이유는 무엇인지 등은 명료히 밝혀져 있지 않다[2]. 하지만 이미 이 시기부터 태동했던 선거권에 대한 이러한 평등주의적 관념은, 1947년 입법의원에서 선거법을 제정할 당시 다른 제한규정을 둘러싼 논란은 있었을지언정 성(性)과 자산 및 소득에 따른 제한규정을 둘 것인가를 둘러싼 논쟁이 없었던 점을 이해하는 열쇠가 될 수 있다.

상하이 임시정부는 1919년 결성 이후 곧 내부 갈등에 빠졌다. 여러 정치세력들과 다양한 독립운동 노선을 취한 임시정부 요인들은 이념과 노선, 정치활동 방식 등을 둘러싸고 갈등을 빚었는데, 갈등은 해결방법을 찾지 못한 채 임시

---

2 임시의정원 문헌에 따르면, 당시 <1919임시헌장> 심사위원으로 "신익희, 이광수, 조소앙이 추천"되었다는 사실만 명시되어 있을 뿐 기초자가 누구인지는 밝혀져 있지 않다고 한다(신우철 2004, 11).

정부의 유명무실화로 귀결되었다. 1940년 임시정부는 충칭으로 근거지를 옮겨 독립운동의 재결집을 꾀했고, 충칭 임시정부는 다시 <대한민국건국강령>(이하 <건국강령>)등의 헌법적 문헌들을 통해 독립 이후 건설할 국가의 상을 제시했다. 1941년 11월 충칭 임시정부의 헌정구상을 종합해 발표한 <건국강령>은 선거권에 대한 보다 구체적인 지향을 밝히고 있다.

〈표 1-1-2〉 〈건국강령〉 중 선거권 조항

보통선거에는 만18세 이상 남녀로 선거권을 행사하되, 신앙, 교육, 거주연수, 사회출신, 재산상황과 과거 행동을 분별치 아니하며, 선거권을 가진 만23세 이상의 남녀는 피선거권이 있으되 매 개인의 평등과 비밀과 직접으로 함. 적에 아부한 자와 독립운동을 방해한 자와 건국강령에 반대한 자와 정신이 결함된 자와 범죄판결을 받은 자는 선거권과 피선거권이 없음.

<건국강령>에 담긴 선거권 사상은 1947년 '입법의원'에서 결정된 선거법보다 훨씬 선진적인 것이었으며, 특히 선거권 연령제한을 18세로 하고 피선거권 연령제한을 23세로 하고 있는 점은 오늘날 대한민국 선거법의 관련 규정보다 더 낮은 것이다.[3] <건국강령>의 선거권 제도가 토대를 두고 있는 사상적 기반에 대해서는 1941년 5월에 임시정부 기관지 『광복(光復)』에 실린 '한국독립당당강천석(韓國獨立黨黨綱淺釋)(이하 '천석')'을 참조할 수 있다(추헌수 1972, 145; 서희경 2012, 102~3 재인용). 당시 한국독립당은 1945년 이후 결성된 한국독립당과 성격을 달리하며 충칭임시정부의 집권당으로 여러 세력이 함께 모여 만든 연합정당의 성격을 가지고 있었다.

'천석'에 따르면, 보통 선거제를 실시해야 하는 이유는 "소수인에게 정치를 맡기면 각인의 특수한 정치적 견해상의 차이 때문에 소수인의 견해대로 일체를 처리하여 결국 자기 이익에만 치우치게" 되며 "민주정치 하에서는 인민이 의원과 관리를 선출하니 그들이 인민을 대표하여 이익을 도모하는 까닭"이다. 소수의 이익이 아니라 다수인민의 이익에 부합하는 정부를 위해서는 보통 선거제를

3 현행 선거법은 선거권 제한연령을 19세로, 피선거권 제한연령을 대통령직 40세, 국회의원직 등 다른 선출 공직에 대해서는 25세로 하고 있다.

통한 민주정치가 필요하다는 것이다. 한편 '천석'은 '소련의 선거권은 노동계급에만 주는 것이므로 균등원칙에 위배"되며 "민주정치의 이상과 균등원칙에 의해서도 보통선거제가 아니면 안 된다"고 밝히고 있어, 다수인민의 이익실현을 위한 제도가 소비에트식의 프롤레타리아 독재 등이어서는 안 된다는 점을 밝히고 있다.

1919년 4월 상하이 임시정부에서부터 1940년 충칭 임시정부를 거쳐 1945년 해방 이후 귀국할 때까지 임시정부는 5번에 걸친 개헌을 단행했는데, 임시정부를 구성했던 주요 요인들의 변화와 정치적 상황의 격변에도 불구하고 임시정부가 민주주의를 이해했던 방식과 선거권 사상의 연속성은 놀랄만하다. 명료한 국민주권 원리, 연령제한을 제외한 완전한 보통선거제의 실시, 정치적 대표와 책임에 대한 근대적 이해 등은 현행 헌법에 대한 이해로 보아도 큰 무리가 없다.

물론 현실에서 주권자의 존재양태와 교감하면서 직접 선거를 시행해보지 못했다는 점에서, 임시정부 문헌들에 담긴 이상들이 해방 이후 그대로 구현되었을 것이라는 보장은 없다. 하지만 미군정이 해방 직후 임시정부의 대표성을 그대로 승인했더라면, 분단과 국가건설과정에서의 격렬한 권력투쟁, 그리고 전쟁으로 임시정부 안팎에서 활동했던 독립운동의 많은 인적 자원들이 유실되지 않았다면, 임시정부 틀 내에서 독립 후 헌정질서를 함께 구상했거나 그 영향을 받았던 독립 운동가들의 지적 유산들이 냉전과 반공 이데올로기의 제약으로 손상되지 않고 보존될 수 있었더라면, 아마도 한국사회는 지금보다 훨씬 더 풍부한 민주주의 경험과 사상적, 지적 유산을 누릴 수 있었을 것이다.

대한민국임시정부

대한민국임시정부는 1919년 4월 13일 중화민국 상하이에서 결성되었고, 결성 이후 한반도 안팎에서 시도되었던 다른 임시정부 움직임과 통합의 과정을 거쳐 그 해 9월 11일 단일한 임시정부로 자리매김하였다. 결성당시 정부형태는 의회제였고, 행정수반인 국무총리에 이승만을, 내무총장에 안창호, 외무총장에 김규식, 군무총장에 이동휘, 재무총장에 최재형, 법무총장에 이시영, 교통총장에 문창범 등 6부의 총장을 임명한 상태에서 출범이 선포되었다.

그러나 임시정부는 출범 직후부터 내부갈등에 직면했다. 결국 임시정부의 운명을 둘러싸고 1923년 각 지역의 독립 운동가들이 모인 '국민대표회의'가 개최되었으나, 갈등은 봉합되지 못했고 1925년 이승만은 임시의정원의 탄핵의결로 대통령직에서 면직되었다. 이후 임시정부는 그 명맥을 유지하긴 했지만 외교독립노선, 무장독립노선, 실력양성노선 등 독립운동 방식과 정치적 입장에 따라 각기 독자적인 흐름이 지속되다가 1940년 충칭임시정부의 설립으로 이어졌다.

CHAPTER 02 일제강점기의 선거: 선거는 수탈과 동화에 어떻게 기여했나?

일제강점기 일제의 조선지배방식은 1919년 '3.1운동'과 1930년 일제의 만주 침략 본격화를 기점으로 나뉜다. 강점 이후부터 1919년까지 시기는 '무단통치' 시기로, 헌병경찰에 의한 일방적 강압통치를 특징으로 했다. 일본 제국주의의 입장에서 '3.1운동'은 지배 효율화를 위해서도 일방적 강압통치가 아닌 다른 방식이 필요하다는 인식을 가지게 했고, 1919년 8월 부임한 조선총독부 제3대 총독 사이코 마코토(齋藤實)에 의해 '문화통치'가 주창되었다.

'문화통치'는 강압통치의 상징이던 헌병경찰을 보통경찰로 전환시키고, 한국인들의 신문 간행을 제한적으로 허용하며 한국인 관리의 임용기회를 확대하는 등의 일련의 조치로 구성되었다. 그리고 그 한 방안으로 지방행정단위를 재편재하고 그 가운데 극히 일부지역에 한해 한국인도 참여할 수 있는 지방단위

[그림 1-2-1] 일제강점기 통치정책에 따른 시기 구분

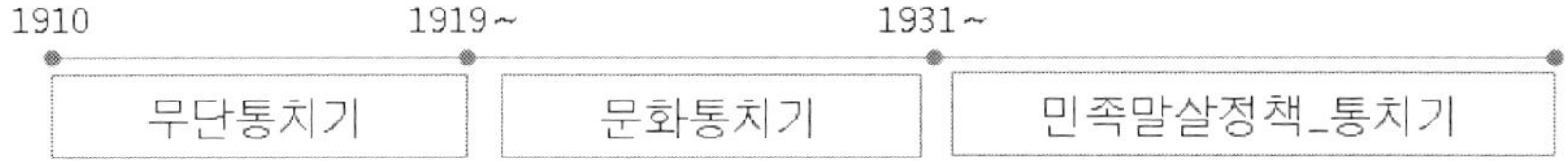

자문기구 설치가 추진되었다. 1920년 시행된 지방행정단위 재편과 일부 단위에 자문기구를 설치한 것에 대해 당시 일제는 '통치 상 중대한 의의를 가지며 조선 지방행정사에 한 획을 긋는 일'(전홍식 2008, 125)이라고 의미를 부여한 바 있었다. 한국인 참여가 허용된 지방단위 자문기구의 위원구성을 위해서 일제는 일부 고소득유산층 한국인에게 선거권을 부여했고, 이 선거에 선거권자나 피선거권자로 참여했던 한국인들에게는 1920년대의 제도변화가 실재로 '중대한 의의'를 가졌던 것으로 보인다.

이들은 1920년대 내도록 일제가 설치한 지방단위 자문기구를 의결기구로 전환시켜달라고 요구했고 더 나아가 일본 본국의 의회를 구성하는 데에도 참정권을 달라는 요구를 하게 되는데, 이런 행위들은 이 제도를 도입했던 일제의 의도가 무엇이었는지 그리고 그 효과가 어떠했는지를 짐작케 한다. 정태헌(2000)의 연구에 따르면, 그들은 자신들의 장악할 수 있는 지방자문기구 ― 1930년대 이후엔 지방의결기구 ― 의 자리를 늘이고 권한을 강화해달라고 요구하긴 했지만 선거권 제한의 범위를 완화시켜 더 많은 한국인 선거권자를 만들어달라는 요구를 한 적은 없었다 한다.

1930년경 일제는 만주침략계획을 구체화했고 결국 1931년 만주사변을 계기로 만주국이 만들어졌다. 이 시기 일제에게 조선은 중국 본토 침략을 위한 병참기지로 자리매김 되었고, 더 완전한 수탈과 더 넓은 정치적 순응을 이끌어낼 또 한 번의 지배방식 변화가 필요하게 되었다. 1930년 일제는 다시 지방행정기구 개편을 시도하면서 지방자문기구를 의결기구화하고 임명제 지방기구들을 선출제 기구로 전환시켰다. 여전히 선거권자의 높은 납세요건은 그대로 유지되었지만 선출제 기구의 숫자가 확대됨으로써 더 많은 한국인들이 이들 지방기구에 관여하게 되었다.

1930년 시점이면 일제강점의 역사가 20년에 이르게 되며, 그동안 사회경제적인 영역에서 고소득유산층의 지위를 유지할 수 있었던 한국인들은 일제에 협력할 다양한 유인을 가지게 되었다. 1930년대 지방제도 개편과 선출제 기구의 확대는 이들 한국인들을 더 완전한 방식으로 일제에 포섭시킬 수 있었고, 정치적 순응을 이끌어낼 수 있는 장치로 기능하게 되었다. 또한 이 시기가 되면 지방행정기구에 가담하려는 한국인들의 경쟁 또한 치열해지는데, 20여 년 간 일제가 만들어놓은 각종 이권에 대한 특혜적 접근을 보장하고 정치적 보호를 제공해주는 채널이 되었기 때문이다. 일제 강점기 지방선거는 정치적 순응과 경제적 이권의 거래, 대다수 한국인 수탈에 대한 정치적 동의와 황국신민이 될 권리가 거래되는 핵심장치로 기능했던 것이다.

1920년대와 1930년대 지방선거의 내용은 다음과 같다. 일제는 1920년 조선의 지방행정기구를 재편해 도(道), 부(府), 지정면(指定面), 보통면(普通面) 체제로 정비했다. 부(府)는 당시 기준 일부 대도시 지역을 포괄했다. 1920년대 부(府)는 서울, 인천, 군산, 목포, 부산, 평양, 원산, 마산, 진남포, 신의주, 대구, 청진의 12개가 있었다. 부(府)로 포괄되는 지역 이외에서 면(面)은 가장 1차적인 지방행정단위였는데, 이 가운데 일본인들이 다수 거주하는 지역을 중심으로 1917년부터 지정면이 만들어졌고 지정면이 아닌 면은 보통면으로 구분되었다.

1920년 기준 지정면은 전국에 24개가 있었다. 1920년에는 각 행정단위별로 도협의회, 부협의회, 면협의회라는 자문기구를 만들었고, 이 가운데 12개 부협의회와 24개 지정면협의회만 고소득유산층 제한선거권 체제로 선출한 회원을 두게 했으며 도협의회와 면협의회는 임명제로 구성했다.

당시 선거권 부여 요건은 '독립생계를 영위하는 남자 가운데 5원 이상의 지방세를 납부한 자'였다. 임대식에 따르면, 1920년 시점 12개 부(府)의 한국인 유권자 수는 4,714명으로 부 전체 한국인 인구의 1.17%였으며 24개 지정면(指定面) 한국인 유권자는 1,633명으로 지정면 전체 한국인 인구의 0.79%였다(임대식 1995,

[그림 1-2-2] 1920년대 일제의 조선 행정구역 편재와 협의회 구조

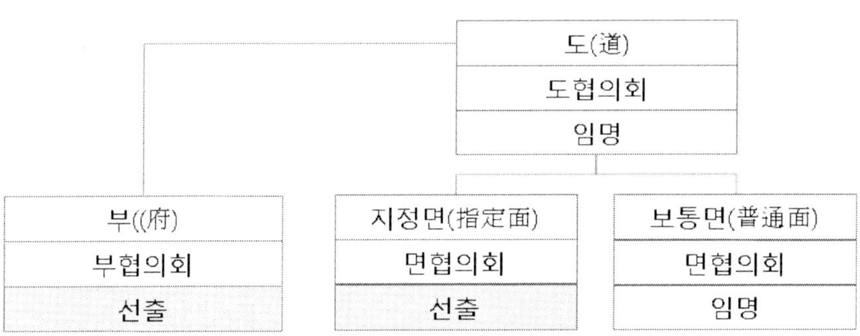

179). 당시 한국인 총인구는 대략 1900만명[1] 정도였는데, 이 가운데 선거권자가 6,350명이었으니 전체 한국인의 0.03%정도였던 셈이다.

1920년대 지방제도 정비를 추진했던 사이코 마코토 총독은 1927년 사임했다가 1929년 제5대 총독으로 다시 부임했는데, 재부임 이후 마코토 총독은 새로운 지방제도 개편을 추진했다. 1930년부터 1933년까지 추진된 지방행정단위 재편의 결과, 행정단위는 도(道), 부(府), 읍(邑), 면(面)제로 바뀌었는데 읍(邑)은 이전 지정면이 변경된 단위였다. 그리고 도(道), 부(府), 읍(邑)에서는 기존 협의회 체제를 도회(道會), 부회(府會), 읍회(邑會)라는 회(會)체제로 바꾸었으며 자문기구에서 의결기구로 성격을 바꾸었다. 면협의회는 그대로 존치했고 자문기구의 성격도 그대로 유지했다. 그리고 부회, 읍회, 면협의회는 선거로 선출하도록 했다. 도회(道會)는 정원의 2/3를 부·읍회 의원, 면협의회 의원이 간접선거로 선출하고, 1/3은 도지사가 임명하도록 했다. 당시 가장 큰 지방행정단위였던 도회(道會)는 도별로 20인 이상 50인 이하로 구성했으며 전국적으로 총인원은 422명이었다. 당시 도회 회원을 역임한 한국인들의 자산을 분석한 동선희에 의하면, 지방의 손꼽히는 자산가들은 대부분 1회 이상 회원을 역임했다고 한다(동선희 2006, 94).

[그림 1-2-3] 1930년대 일제의 조선 행정구역 편재와 회의 구조

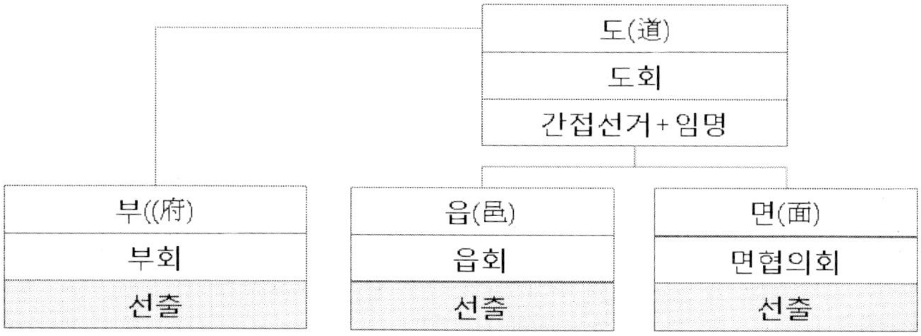

1 1925년 인구총조사 결과에 따르면, 당시 국내체류 인구는 총 19,522,945명이었고, 이 가운데 일본인은 443,402명이었으며, 한국인 19,020,030이었다(국가통계포털 검색, 1925년 인구총조사결과, 2014년 1월 20일 확인).

선거권 자격요건은 5원 이상의 지방세를 내는 독립가구의 성인 남자로 유지되었다. 다만 면단위에서는 자격요건 5원이 너무 높아 선거권자의 구성 자체가 어려울 수 있다는 판단 하에 2원이나 3원 등으로 완화할 수 있도록 유보조건을 두었다. 제도변경 이후 지방선거는 1931년, 1935년, 1939년, 1943년에 걸쳐 총 4번 실시되었다. 선거권자의 숫자는 매 선거를 거듭할수록 조금씩 더 늘어났는데, 특히 1935년 선거에서 선거권자의 숫자는 다른 제도변화로 인해 급증한 결과를 보였다. 1934년 일제는 지방 세제를 개편했는데, 그 일환으로 개인소득세를 신설했다. 개인소득세 신설로 지방세 5원 이상 납부자에 선거권을 부여했던 자격요건을 충족하는 한국인의 비율이 이전보다 높아지게 된 것이다(정태헌 2000). 이 시기 일제가 새로운 세제를 신설한 것은 만주국 건설 이후 조선의 본격적인 병참기지화 전략과 함께 수탈의 방법을 다양화하기 위한 일환으로 기획된 것이다. 어쨌든 그 결과로 선거권자는 늘어나게 되었다.

1935년 기준 부·읍·면 선거에서 한국인 선거권자의 숫자는 총 314,992명이었으며 일본인 선거권자의 숫자는 총 59,310명이었다(동선희 2006, 54). 당시 인구 총 조사 자료에 따르면 한국인 총 인구는 2200만 명 정도였고 일본인 총 인구는 62만 명 정도였다.[2] 인구 대비 선거권자의 비율을 보면, 한국인 선거권자는 한국인 총 인구의 1.4%였고 일본인 선거권자는 총 일본인구 대비 9.6%였던 셈이다.

1920년 기준 전체 한국인의 0.03%, 1935년 기준 전체 한국인의 1.4%만이 선거권을 행사했던 일제강점기 지방선거는, 현대에 어떤 의미를 가질까? 우선 일제강점기 선거의 제도적 유산은 미군정기 정치에 영향을 미쳤다. 1946년 미군정은 미 국무부의 지침에 따라 '입법의원'의 구성을 추진했고, 그 해 말 '입법의원' 선거가 실시되었다. 그 때, 미 국무부는 '일반적인 민주주의 원리에 따라 선거를 실시'할 것을 지시했지만, 미군정이 실재 시행한 선거는 일제 강점기 도의회 선거를 모방한 4단계 간접선거로 시행되었다. 추정컨대 이런 제도적 고안은 미군정 자체적으로 만들어진 것은 아닐 것이다. 미군정의 선거 담당자는 한국

2 1935년 기준 인구총조사 결과에 의하면 당시 한국인 총인구는 22,208,102명이었고 조선에 거주하는 일본인 총인구는 619,005명이었다.(국가통계포털, 1935년 인구총조사결과 검색, 2014년 1월 20일 확인)

인 누군가로부터 일제 강점기 선거제도에 관한 정보를 들었을 것이고, 미군정과 일련의 한국인들 사이에서 이 구상은 완성되어 시행단계로 나아갔을 것이다.

또한 일제강점기 고소득유산층 한국인들에게 제한적으로 선거권을 부여했던 체제는 식민지 수탈과 동화정책에 대한 일부 한국인들의 자발적 순응을 끌어내는데 기여했다. 당시 선거권을 가졌던 한국인들이 선거결과 구성된 협의회의 권한을 자문기구에서 의결기구로 격상시켜달라고 요구했고, 1930년대 만족말살정책의 시행과 함께 자문기구의 의결기구화 전환이 이루어졌다는 점은 식민지배 체제에서 선거가 가졌던 의미를 되새기게 한다. 한국인이지만 식민모국의 지배질서에 참정권을 갖는 자와 그렇지 않은 자를 구분시켰을 당시의 선거권은, 그 자체로 식민지 분할통치에 매우 유효한 기제였을 것이다. 식민지배가 점차 길어지면서 독립국가로의 희망은 점차 멀어져 보였을 그 때, 일제의 지배질서에 좀 더 적극적으로, 보다 깊숙이 편입됨으로써 식민지 내에서 좀 더 상위의 지위를 얻고자 발버둥치는 한국인들에게, 일제가 부여해주는 선거권과 그 선거로 얻게 되는 협의회 위원직은 다른 한국인들과 자신들을 구분시키는 보증수표와 같았을 것이기 때문이다.

CHAPTER 03 미군정기 '남조선과도입법의원' 선거

미군정기 선거가 시행된 것은 '입법의원' 의원선출을 위한 선거와 제헌국회 국회의원 선출을 위한 선거 두 번이었다. '입법의원'은 1946년 설치된 미군정의 입법자문기구였다. 1946년 12월 개원한 '입법의원'은 1946년 8월 24일 [군정법령 제118호]에 따라 기관의 설치가 공포되었지만, 미군정이 이 기관을 설치하게 된 연원은 그 이전으로 거슬러 올라간다.

1946년 5월 6일 제1차 '미소공동위원회'가 무기휴회에 들어가면서 6월 미 국무부는 조선에 주둔한 미군정에 정책교서인 [대한정책]을 보냈는데, 이것은 그 때까지 미군정의 통치방향을 근본적으로 바꾸라는 요구였다. [대한정책]을 통해 미 국무부는 미군정이 1945년 12월 '모스크바 3국 외상회의(이하 '3국 외상회의')'의 조선 문제 결정사항을 존중할 것과 '한국의 여론을 좀 더 진정하게 대표할 수 있는' 인물들로 이전 '남조선대한국민대표민주의원(이하 민주의원)'을 대체할 새로운 한인 입법자문기구를 설치할 것, 그리고 '태풍의 눈이 되어온 특정 인사들이 일시적으로 정치무대에서 은퇴…'하는 방안을 지시한다. 그리고 새롭게 구성된 한인 입법자문기구는 '미국식 민주주의 개념에 부합하는 전국적 선거'를 통해 한인들의 대표성을 얻을 수 있는 방식으로 구성하라는 방침이 전달되었다(FRUS 1946, 제8권 692~699).

선거제도는 누가, 왜 시행하고자 하는가에 따라 여러 가지 제도조합이 가능하다. 1946년 6월 시점 미 국무부가 조선에서 선거시행을 원했던 것은, 미군정에 대한 한인들의 지지를 확대하기 위하여 한인들에게 보다 폭넓은 지지를 얻을 수 있는 인물들을 자문기관에 충원할 필요가 있었기 때문이다. 그리고 그 방식으로 선거를 택했던 것이다. 당시 미군정이 미 국무부의 방침을 그대로 따랐더라면 아마도 '입법의원' 선거는 다른 형태의 제도로 시행되었을 것이다.

그러나 당시 미군정은 1946년 2월 자신들이 임명했던 '민주의원'과 '민주의원'을 구성했던 정치세력들의 이해관계로부터 자유롭지 못했다. 이승만, 김구 등을 중심으로 했던 임시정부 일부 요인들과 한국민주당 소속 정치인들로 구성되었던 '민주의원'은 이미 조선에 주둔한 미군정과 긴밀한 관계를 형성하고 있었다. [대한정책] 교서에 따르면 이들 중 일부는 '일시적으로 정치무대에서 은퇴'시켜야 할 인물들이었다. 하지만 결국 미군정이 채택한 안은 새롭게 구성된 입법자문기구의 절반을 '한국의 여론을 좀 더 진정하게 대표할 수 있는' 인물들로 구성하되, 나머지 절반은 1945년 9월 진주한 이후부터 긴밀히 연계되어 있었던 세력들의 지분을 보장하는 절충안이었다.

그런데 여기에서 흥미로운 점은, 미 국무부의 교서에 따라 새롭게 충원하려는 세력 혹은 인물들을 선거로 선출한 것이 아니라, 기존에 연계를 맺고 있던 정치세력들을 다시 충원하는 방식으로 선거가 채택되었다는 점이다. '광범위한 선거를 통해 더 대표성 있는 인물들을 충원하라'는 미 국무부의 방침은 왜 '선거를 통해 피하고자 했던 인물들을 다시 충원'하는 것으로 바뀌었을까?

우선 미군정과 '민주의원' 이외의 정치세력들 간의 관계에서 한 원인을 찾을 수 있다. 1946년 2월, 미군정은 '3국 외상회의' 결정에 반대하며 신탁통치반대운동을 주도했던 세력들로 구성된 비상국민회의 최고정무위원회 위원들을 '민주의원'으로 임명했다. 같은 시기 '3국 외상회의' 결정을 지지하던 세력들은 별도로 모여 '민주주의민족전선(이하 '민족전선')'을 결성했는데, '민족전선'은 결성 선언문에서 미군정의 한인자문기구설치 및 참여에 반대 입장을 밝혔다. 그 이유는 '민족전선' 결성세력들의 입장에서 실질적 권한이 없는 한인자문기구가 아니라 행정권, 치안권 등 실질적 권한을 가진 한인들의 임시정부가 필요하다고 보았기 때문이다.

문제는 미 국무부 교서에 따라 미군정이 새롭게 충원해야 하는 세력들이 '민족전선'에 참여한 세력들이었다는 점이다. 미군정은 불과 몇 달 전 스스로 배제했던 세력들에게 자문기구 참여에 대한 동의를 얻어내야 하는 문제에 직면했던 것이다. 미군정은 그 방안으로 '민족전선' 참여세력들 가운데 공산당 계열을 제외한 중도파들을 중심으로 한인들의 조직을 구성하도록 독려하고 이들을 집단적으로 '입법의원'에 참여시키는 방안을 추진했다. 이렇게 만들어진 조직이 '좌우합작위원회(이하 '합작위')'다.

초기 미군정은 '합작위' 추진을 위해 '민주의원' 참여세력들에게도 동참을 요구했으나 결국 그 방안은 성사되지 못했다. 중도파들로 구성된 '합작위'는 자문기구에 실질적 권한을 줄 것과 '입법의원'에 '합작위'의 집단적 참여보장을 요구했다. 그리고 그 방안은 '합작위' 추천 위원들을 미군정이 직접 임명하는 것으로 결정되었던 것이다.

또 다른 한 가지 이유는 광범위한 선거를 시행하기에 시일의 촉박함이 있었다. 1차 미소공위가 무기휴회가 들어갔지만 당시만 해도 미 국무부는 곧 미소공위를 재개해서 조선 문제를 해결하겠다는 방침을 세우고 있었으므로, 2차 미소공위에 대비한 새로운 한인 자문기구의 설치를 위해 미군정에 주어진 시간은 많지 않았다. 선거권자의 범위를 정하고 선거권자 명부를 만들고 선거시행을 위한 행정기구를 재편하는 일은 간단치 않은 일이었다. 그렇다 해도 미군정은 너무 쉽게 일제 강점기 지방선거제도를 되살리는 것으로 타협을 해버렸다. 미군정의 [군정법령 제118호]에 따른 선거방식은 4단계 간접선거 방식이었다.

〈표 1-3-1〉 군정법령 제118호

각 리(里)·정(町)은 대표 2명씩을 선거하고 현 리(里)·정(町)대표들은 각 소속 면(面)·읍(邑) 또는 구(區)대표 2명씩을 선거하며, 현 면·읍·구 대표들은 각 소속 군(郡) 또는 부(府)의 대표 2명씩을 선거하고, 현 군 또는 부 대표들은 각 소속 도(道) 인구할당에 의하여 의원 도(道)대표들을 선거한다.

[군정법령 제118호]는 '리·정→면·읍·구→군·부→도'의 행징구역별 4단계 간접선거를 기획하면서 제1단계인 리·정 단계 선거에서는 "남녀 구별 없이 보통선거를 실시함"이라고 명시했다. 그러나 실제로 선거권은 세대주에게만 주어졌는데, 그 이유는 군정장관 러취가 [군정법령]에 위배되는 지침을 내렸기 때문이다. 러취가 전라남도에 보낸 전문에 따르면, 입법의원 선거를 "가장 빠르고 가능한 시기"에 실시하도록 하고 그 방법은 "세대주 방식(headman system)"이라고 직접 명시하고 있다(CIC File, Summary of Political Events in Korea, Box No. 85; 김영미 1994, 266 재인용). 당시 세대주는 약 10개 가구당 1가구에 해당했고 납세를 하는 자작농과 지주들로 구성되었다(김영미 2004, 265).

군정장관 러취는 왜 법령에 어긋나는 지시를 내려 보냈던 것일까? 당초 의도가 무엇이었는지는 알 수 없으나, 러취는 한 문서에서 이미 우익인사들의 압승을 예측하고 있었다(FRUS 1946, 제8권 692~699). 세대주 및 납세기준 선거권 제한과 4단계 간접선거방식은, 앞서 보았듯이 1920년대와 1930년대 일제가 시행했던 지방선거제도를 원용한 것이다.

선거제도를 이렇게 정해버리자 일제 강점기부터 지속적으로 지방선거에 참여했던 고소득유산층들 외에는 후보참여와 당선이 어렵게 되어 버렸고, 여운형 등 미국무부와 미군정이 포섭하고자 했던 대상들 중 일부는 '입법의원' 참여 자체를 거부하는 사태로까지 나아가게 되었다. 1946년 10월 17일부터 22일까지 시행된 '입법의원' 선거는 이렇게 민선의원 45명을 구성했고 나머지 45명은 관선으로 구성해 12월 개원했다.

신탁통치 논쟁

1945년 12월 모스크바 3국 외상회의 결과 해석을 둘러싸고 국내에서 벌어진 이른바 '신탁통치 논쟁(탁치논쟁)'은, 그 때까지 각개약진하면서 다차원적인 협력과 반목을 하고 있던 국내 정치세력들을 양극화시킨 결정적 계기였다. '3국 외상회의'에서 조선 문제에 대한 결정내용은 당시 신탁통치를 주장하던 미국 측의 안과 즉시 임시정부 수립안을 주장했던 소련 측의 안이 절충된 것으로, '당장 임시정부 수립 절차에 들어가되 미국과 소련의 공동위원회를 통해 진행하고 이 과정에서 5년 이

내의 신탁통치를 수행한다'는 것이었다.

회의결과가 국내에 최초로 알려졌을 때, 가장 먼저 반응을 보인 것은 김 구, 이승만 등 임시정부 출신 인사들이었다. 이들은 1945년 12월 28일 임시정부 출신 인사들의 회의를 거쳐 회의의 결과를 신탁통치안을 중심으로 해석하고 반대를 천명했다. 신탁통치 결정을 조선에 대한 또 다른 식민지배 연장으로 해석한 것이다. 최초 국면에서는 좌-우를 가릴 것 없이 국내 대부분 정치세력들이 이런 해석을 받아들이고 반대 입장을 표명했다. 하지만 곧 미·소 공동위원회를 통한 임시정부 수립과정이 곧바로 진행된다는 사실이 알려지면서, 회의 결정에 지지입장으로 선회하는 세력들이 확산되었다. 논쟁이 격렬해지면서 나중에는 3국 외상회의 결정에 대한 찬성과 반대를 중심으로 좌-우 정치세력의 재배치가 일어나지만, 초기에는 우파계열 정치인들 중에서도 회의 결정을 찬성하거나 반대에 신중한 입장을 취해야 한다는 인사들도 있었다. 당시 우파 계열 정당인 한국민주당의 핵심인물이었던 송진우는 해석에 신중할 것을 주장하면서 김구와 격렬히 대립했던 대표적인 인사다.

그러나 김구, 이승만 중심의 3국 외상회의 결정 반대와 미소공동위원회 참여 거부 등의 노선은 점점 더 강경해졌고, 이들 주도의 '신탁통치반대운동'은 제1차 미소공동위원회의 성과 없는 휴회에 중대한 영향을 미쳤다. 또한 '미소공위 참여=신탁통치 찬성=매국'이라는 이들의 논리는 당시 식민지에서 해방된 지 얼마 되지 않는 한국인들에게 큰 반향을 일으켰고 미소공위 참여와 좌우합작을 통해 한반도 단일정부 수립을 추진했던 세력들의 입지를 좁혔다. 이승만과 함께 신탁통치 반대운동의 선두에 섰던 김구는 1947년 12월경 이승만과 결별하고 남북협상에 의한 한반도 단일정부 수립노선으로 선회했다.

1947년 초는 국제적 미·소 냉전의 본격화와 함께 미 국무부의 대 아시아정책 및 조선점령정책이 거대하게 전환되었던 시점이다. 1946년까지도 미국은 중국본토에 대한 희망을 버리지 않고 있었다. 중국본토에 국민당 정부가 유지되거나 국민당과 공산당의 합작 정부가 들어서 대(對)소련 관계를 최소한 중립화해준다는 전제에서, 미국의 아시아 정책은 중국을 중심으로 구상되고 있었다. 그리고 한반도 점령정책도 미소공동위원회를 통한 남북단일정부 수립 결정을 존중하는 방향에서 추진되고 있었다. 그 노선의 대표적 정책이 1946년 중반부터 추진되어 그 해 12월 설치된 남조선과도입법의원이다.

하지만 입법의원은 개원하고 얼마 지나지 않아 곧 미 본국과 점령당국의 세계전략과 대 아시아전략 변화에 직면하게 되었고, 당초 미군정이 구상했던 지위와 기능을 잃어갔다. 입법의원에 참여했던 합작위 추천 관선의원들은 비록 미군정의 자문기구이긴 했지만 입법의원을 통해 친일잔재 청산과 농지개혁 등 시급한 정치경제 현안을 심의하고 효력을 가진 결정을 만들어내기 위해 노력했다. 만약 이 시기 미국의 세계전략 구상이 급선회하지 않았다면 입법의원은 대한민국 정부 수립에 보다 큰 역할을 할 수 있었을지 모른다.

그러나 미국의 대 아시아 전략이 중국 중심에서 일본 중심으로 바뀌고 그에 따라 한반도에 대한 정책도 남쪽의 분단정부 수립으로 결정됨에 따라, 입법의원의 임무는 시급한 정부수립 준비를 지원하는 것으로 자리매김 되었다. 그 중 가장 우선순위에 놓였던 것이 제헌국회 의원선거를 위한 선거법 마련이었다.

[그림 1-3-1] 남조선과도입법의원

출처: http://100.daum.net/encyclopedia/view/b03n3404a

CHAPTER 04 민주주의 아닌 체제와 선거

식민지 시대와 미군정기 경험은 '선거'라는 제도가 다른 정치체제에서 어떻게 상이한 기능을 수행할 수 있는지를 보여주는 사례다.

'입법의원'은 그 자체로 미군정의 자문기구였으므로 권한의 한계는 명확했다. 하지만 절반의 민선의원과 절반의 관선의원으로 구성되었던 '입법의원'에서, 좌우합작위원회의 추천을 받았던 관선의원들은 친일잔재 청산이나 농지개혁 같은 현안을 다루고자 노력했다. 그러나 4단계 간접선거로 구성된 민선의원들은 직접 혹은 미군정에 의해 이러한 시도를 모두 무화시켜 버렸다. 물론 좀 더 개방적이고 민주주의에 가까운 선거제도를 택했다고 해서 '입법의원'이 미군정이 정해놓은 경계를 벗어난 권한을 행사할 수 있었을 것이라는 가정은 현실적이지 못하다. 하지만 적어도 정부가 수립되기 직전 한국사회에 대한 미군정의 다른 이해를 가능하게 했을 수도 있다. 혹은 제헌국회가 다룰 정치사회적 의제에 대해 좀 더 강력한 사전 가이드라인을 만들어 넘겼을 수도 있다.

이런 가정을 하게 되는 보다 근본적인 이유는, 일제 강점기 선거경험이 남긴 인식적 유산 때문이다. 민주주의가 아닌 독재나 전체주의와 결합된 선거를 먼저 경험한 정치체제는, 제대로 된 민주주의가 아닌 선거 권위주의(electoral authoritarianism)의 경로로 나아갈 여지를 크게 갖게 된다고 한다(Andreas Schedler

2006; Michael Miller 2013. Yonatan L. Morse. 2012). 권위주의 체제가 형식적 다당제나 주기적인 선거를 시행하는 이유는 체제의 정당성을 확보하고 정치엘리트의 순응성을 이끌어내는데 효과적이기 때문인데, 이것이 가능한 이유는 민주주의 체제에 부합하는 공정하고 자유로운 선거가 아닌 체제에 위협이 되지 않는 제한적 효과만을 갖는 선거가 충분히 가능하기 때문이라는 것이다(Barbara Geddes 2006).

최근 선거 권위주의에 관해 제출되고 있는 다양한 연구들은 한국의 선거를 이해하는데 많은 도움을 준다. 1987년 민주화를 경험한 한국의 선거는 제도와 행태에서 권위주의 시대의 그것과 상당한 연속성을 가지고 있으며, 지금에까지 그 유산은 상당부분 법과 제도, 정치엘리트의 발언들 속에서 반복적으로 확인이 가능하다. 이하에서 살펴보겠지만 제1공화국 말기에 채택된 선거제도의 틀은 민주화 이후에도 여전히 건재하게 남아 있다. 이것이 가능했던 원인들 가운데 하나는, 민주화 이후 제도적 틀을 주조하고 유지해 왔던 입법자들의 상당수가 권위주의 시대 선거의 경험을 자각적으로 혹은 무의식적으로 재현하고 있기 때문이다. 또 그 입법자들의 적지 않은 수는 권위주의 정치체제를 만들고 유지하는데 적극적으로 혹은 소극적으로 기여했던 사람들이었다. 인적 연속성과 권위주의 선거 경험의 인식적 유산은 민주화 이후에도 강력한 영향을 미치고 있는 것이다.

과거가 현재의 민주주의의 모습을 주조하는 경로 의존성은 제1공화국의 정치와 미군정, 일제 강점기 사이에도 발견된다. 1958년 이승만 정부와 당시 민주당이 타협해 만들어낸 '협상 선거법'은 군국주의 시대 일본 선거법을 닮아 있다. 대통령이 된 후 1952년 '발췌개헌', '사사오입 개헌' 등으로 위헌적 집권연장을 기도했던 이승만은 지속적으로 일본 선거법 모델을 한국에 이식하려 노력했다. 민주공화국을 표방했지만 비민주적 체제의 선거제도를 모방하여 도입하려 했던 시도는 결국 1958년 그 결실을 보게 된다. 1958년 '협상선거법'의 입안자와 이를 심의, 의결했던 입법자들은 그 제도가 일본의 선거제도를 모방한 것임을 알고 있었다. 당대 국회 회의록이나 신문자료를 보면, 식자층에서도 이 사실을 지적하고 있었고 3대 국회의원들도 이를 인식하고 있었다는 점을 확인할 수 있다(제4장 제1절 후술). 그럼에도 도입이 된 것이다. 게디스의 지적처럼 선거는 반드시 민주주의와 친화적인 것이 아니며, '공정하고 자유로워야만 하는' 속성을 거세한다면 독재체제나 권위주의 체제와도 공존이 가능함을 확인시켜주는 대목이다.

제1공화국의 선거가 처음부터 그랬던 것은 아니다. 1947년 미군정이 최종 공포한 제헌국회 국회의원선거법은, 미국식 선거제도에 상당히 근접하고 있었다. 1950년대 중반까지만 하더라도 한국의 선거제도나 정당제도는 현재와 근본적으로 다른 틀 위에 있었다. 그러나 1950년대 내도록 이 체제를 유지하려는 힘과 일본식 법제를 모방하려는 힘이 충돌했으며, 결국 후자가 승리한 결과가 1958년 '협상 선거법'이었다.

이런 결과에 대해 밀러는 흥미로운 가설을 제기하는데, 민주주의에 우호적인 외세의 개입이 민주주의 확산에 과연 기여하는가에 관한 의문과 함께 공식제도를 무력화시키는 비공식적인 권위주의의 작동은 선거 권위주의로 귀결될 가능성을 높일 수 있다는 것이다. 또 그는 인근 지역에 선거 권위주의 체제가 있다면 그 감염효과가 있을 수 있다는 가설을 제기한다(Michael Miller. 2013). 그의 가설을 한국에 적용해 본다면, 미군정이 이식하려 했던 민주주의 선거제도는, 식민지 모국이었고 지리적으로 인접해 있는 일본의 선거 권위주의 경험의 감염효과로 인해 민주주의가 아닌 체제와 결합되어버린 것이다. 더군다나 분단과 전쟁이라는 가혹한 정치사 속에서 일제 강점기 선거권과 피선거권을 누렸던 극소수의 한국인들은 해방이 되고 정부가 수립된 이후에도 한국사회의 지배 엘리트로 살아남았다. 그들은 제1공화국에서 선거제도를 만드는 입법자가 되었고 선거를 관리하고 집행하는 관료가 되었다. 그 인적 연속성 또한 식민지 유산을 지속시킨 중요한 힘이었을 것이다.

선거권위주의

선거 권위주의(electoral authoritarianism)는 독재체제나 권위주의 체제에서 민주화로 이행의 계기를 겪었음에도 여전히 권위주의 체제의 통치양식을 가진 정치체제들을 지칭하는 용어다. 밀러는 선거권위주의를 "입법부 구성에서 공식적 다당 경쟁을 허용하는 독재체제"로 정의하며(Michael Miller 2013, 2), 셰들러는 "행정부 수반과 입법부 선출을 위해 주기적인 선거를 하고 다당 경쟁의 게임을 진행하지만

'자유롭고 공정한 선거'라는 자유민주주의 원리를 위배하여 선거를 민주주의의 도구가 아니라 권위주의 통치의 수단으로 만드는 정치체제"(Andreas Schedler 2006, 3)로 개념화한다. 선거 권위주의에 대한 문제의식은 1990년대 초반까지 후발 민주화를 진행한 일련의 국가들의 민주주의 정착에 관해 낙관적인 전망이 우세했던 것과는 달리, 수십 년이 지난 상황에서도 여전히 권위주의 정치행태가 반복되는 상황을 학문적으로 규명하기 위한 노력에서 출발한 것이다. 이 책에서 선거권위주의의 문제의식을 빌려온 것은, 현재 한국 정치체제를 이 개념으로 설명하려는 것이 아니라 민주주의 체제의 과거에 대한 경로의존성을 설명하는데 유의한 문제의식을 던져주기 때문이다.

제 2 부 대한민국 최초의 보통선거

CHAPTER 01 분단국가수립을 둘러싼 갈등

1945년 8월 15일 해방 이후부터 1948년 단독정부 수립에 이르기까지 한반도의 남과 북, 남쪽 내부의 정치 갈등은 흔히 '좌우대립'으로 통칭되지만, 좌우대립을 교차하는 다른 갈등 축으로서 통일국가와 분단국가를 둘러싼 민족주의적 갈등 역시 선명했다. 일제패망 이후 남북한에 각각 미군과 소련군이 38선을 경계로 진주하는 결정이 없었다면 분단국가↔통일국가를 둘러싼 갈등은 없었을 것이며, 향후 건설될 독립국가의 방향을 둘러싸고 좌우연정이든 좌나 우 어느 일방의 압도적 우위이든 단일국가 내에서 경쟁이 이루어졌을 것이다. 그리고 분단과 통일의 갈등축이 새롭게 추가되지 않았다면, 식민지 독립운동 시기부터 축적되었던 좌·우 협력의 경험으로부터의 교훈은 독립국가 건설과정에서 어떤 형태로든 반영이 되었을 것이다.

[그림 2-1-1] 해방 후 정치 갈등 지형

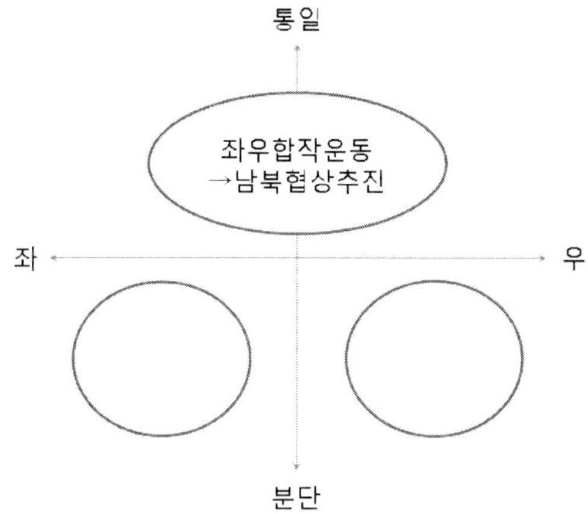

제1절 통일국가수립을 위한 노력

1. 독립운동 시기 좌우협력

식민지 시기, 좌와 우는 독립 후 건설할 국가의 이념적 방향이었다면 당장의 독립국가 건설은 그에 선행하는 과제일 수밖에 없었다. 1919년 상하이 임시정부에서부터 서로 다른 이념적 경향을 띤 정치집단 혹은 정치인들의 협력이 시도되었다. 신한청년당을 중심으로 한 초기 상해임시정부 세력과 한성임시정부, 연해주 대한국민의회 등이 하나의 정부를 구성하는 과정이 순탄하지는 않았으며 결국 결성 이듬해부터 갈등이 발생했다.

하지만 국내외에서 좌우합작을 통한 통일전선운동의 노력은 해방이 될 때까지 포기되지 않고 지속적으로 시도되었다. 국내의 대표적 좌우합작 시도는 신간회(1927~1931) 활동이었다. '민족단일당 민족협동전선' 목표 아래 민족주의 계열과 사회주의 계열 독립 운동가들이 연합해 만들었던 이 단체는, 서울에 본부를 두었고 전국적으로 120~150개의 지회를 두었으며 2만~4만에 이르는 회원 수를 가진 일제 강점기 가장 큰 규모의 반일사회운동단체였다(한국민족문화대백과사전). 결국 좌우대립이 격해지면서 1931년 해소 결정을 하게 되지만, 국내 독립 운동가들의 좌우 협력의 노력을 보여준 사례다.

해외에서 진행되었던 좌·우 협력의 노력은 한국대일전선통일동맹(1932~1934), 조선민족혁명당(1935~)에 이어 중경임시정부로 이어졌다. 한국대일전선통일동맹은 중국 지역에 산재해 있던 조선의열단, 한국독립당, 조선혁명당, 신한독립당, 한국광복동지회 등이 참여하고 미주지역의 대한인국민회, 대한인교민단 등이 결합하여 1932년 독립운동세력의 통일을 목적으로 결성된 단체였다.

1935년 중국지역을 중심으로 활동을 전개하던 단체들은 통일전선 이상의 결속력을 갖는 단일정당조직의 필요성에 공감하였고 조선의열단, 한국독립당, 신한독립당, 조선혁명당, 대한인독립당이 연합하여 '한국민족혁명당'을 결성한다. 민족혁명당은 중국 각지에 지부를 결성하였고 대일 선전활동과 군사 활동을 벌여 나갔지만, 곧 연합한 세력 간의 노선 차이 등으로 갈등을 빚고 이탈과 재결집을 반복하다가 중경임시정부에 결합하였다. 1941년 태평양 전쟁이 발발하고 중국 각지에서 활동하던 독립 운동가들은 중경에서 다시 한 번 결집하면서 대한민국 임시정부를 중심으로 통합의회를 구성하였고, 해방을 맞이하였다.

2. 건국준비위원회 활동

일제의 패망과 함께 구성된 '조선건국준비위원회(1945.8.15.~9.7)(이하 건준)'는 일제 강점기 국내에서 활동했던 좌·우 민족주의계열 독립운동세력들의 최대치에 가까운 결집을 보여주었다. 건준은 1945년 8월 15일부터 일제로부터 행정권 및 치안권을 인수받으면서 전국적인 건국준비활동에 돌입했고, 8월 말까지 전국 145개 지부를 결성했으며 전국 162개소 치안대와 손을 잡고 일제의 시설, 기구, 기계, 자재 및 신문사, 회사, 공장 등을 접수하는 활동을 벌였다(森田芳未 1964, 102~105; 서중석 2004, 13 재인용).

[그림 2-1-2] 건국준비위원회 발족식 사진

출처: http://terms.naver.com/entry.nhn?docId=1582596&cid=47322&categoryId=47322

건준의 지방 지부는 서울의 본부가 직접 조직하는 방식이 아니라 각 지방 활동가들이 지부를 세운 다음 중앙 본부에서 이를 승인하는 방식을 택했기 때문에(임영태 1998a), 불과 보름여의 기간 동안 전국적 수준의 지부가 결성될 수 있었다. 건준의 지방 지부는 좌우연합 방식, 좌익주도, 우익주도 등 다양한 형태를 띠고 건설되었다. 예컨대 건준 마산 지부는 1945년 8월 17일 석정의 공락관에서 마산지역 좌-우익계 활동가들을 망라하여 구성되었고 청년, 학생들을 주축으로 치안대를 조직하여 치안유지 활동을 벌였으며 귀환동포의 구호사업을 벌여나가기도 했다.

양산건국준비위원회는 8월 18일 결성되었는데 최초 결성 당시에는 좌우를 망라하여 구성되었으며 함께 치안유지 활동 등을 벌여 나갔으나, 건준이 좌파에 의해 주도되면서 우익계열 인사들은 별도로 '양산군 자치추진회'를 구성해 활동을 벌여나갔다.

건준 여수 지부는 인민위원회로 전환하지 않고 건국준비위원회 체제를 계속 유지한 사례로, 여수 인민위원회는 건준 여수지부와 별도로 구성이 되었다. 1945년 8월 17일 전라남도 건국준비위원회가 결성되었고 여수지부는 여수시 군자동에 있는 진남관에서 8월 20일 결성식을 가졌다. 이들은 다른 지역 건준지부와 마찬가지로 치안과 행정권을 담당했고, 인민위원회로 전환하지 않은 채 건준지부 형태를 지속하다가 10월 20일 여수시에 미군이 진주한 뒤에는 미군정의 행정체제로 흡수 된 경우다. 여수시 건준지부 위원장 정재완은 미군정 하에서 군수가 되었으며 부위원장 이우헌은 여수읍장이 되었다.

한편 강원도의 강릉, 원주, 춘천을 비롯한 각 지방에서는 해방이 되자마자 각 지역의 행정 및 치안유지를 위해 자율적으로 자치위원회를 먼저 결성하였고, 독립운동가 김우종을 중심으로 강원도 자치위원회가 춘천에서 통합 발족되었다. 그리고 나서 서울에서 출범한 건국준비위원회와 연결되었고 건국준비위원회의 지방지부로 흡수되었다. 신탁통치안이 결정되면서 김우종을 중심으로 신탁통치 반대 강원도위원회가 결성되었고 후일 이는 독립촉성국민회로 전환해 나갔다(한국학중앙연구원 한국향토문화전자대전[1]).

이렇듯 각 지역별 건국준비위원회는, 좌-우익을 막론하고 일제 강점기 활동했던 해당 지역의 독립운동가들이 해방이 되자마자 건국준비를 위해 스스로의 치안과 행정을 담당하면서 결성된 조직들이 연결된 형태를 띠고 있었다. 만약 한반도 남쪽에 진주했던 미군정이 임시정부나 건국준비위원회를 한국인들의 자치기구로 인정한 상태에서 통치를 시작했더라면, 지역차원 독립 운동가들을 중심으로 한 건국역량은 그 자체로 유지되면서 좌-우익 독립운동가들 사이에 다양한 협력의 구조가 창출될 수 있었을지 모른다.

3. 좌우합작위원회 활동

1945년 12월 '3국 외상회의'의 조선 문제에 대한 결정과 이를 둘러싼 국내의 '탁치논쟁'은, 건국준비위원회 활동 시기 그려졌던 좌우합작에 의한 한반도 전체 독립국가 건설의 비전을 틀어버리게 된 첫 단추가 되었다. 12월 27일 '조선일보 오보사건' 이후 김구, 이승만 등 임시정부 요인들을 중심으로 한 초기 격렬했던 반탁운동은, '3국 외상회의' 결정내용이 정정되어 알려지고 난 뒤 신중론과 반대론의 대립을 거쳐 좌-우 대립으로 발전하였다. 오랜 식민지 경험을 했던 한국인들에게 신탁통치는 제2의 식민지를 연상시켰고 신탁통치 반대는 독

1 http://www.grandculture.net/, 각 지역 건국준비위원회 검색(2014년 10월 2일 확인).

립국가 건설을 위한 첫 단계로 인식되었다. '3국 외상회의' 결정내용과 신탁통치안을 분리시키고 미소공위에 협력하면서 임시정부 수립으로 나아가려던 세력들은, 신탁통치 반대주장의 강력한 명분에 대응하면서 다른 한편으로 임시정부 수립에 대한 제각기 다른 구상들을 모아내야만 하는 과제에 직면했다.

1946년 3월 시작된 제1차 미소공위가 임시정부 수립에 참여할 정당·사회단체의 범위를 둘러싼 논란 끝에 성과 없이 종료되면서, 국내에서는 이승만 주도의 남한단독정부 수립 구상과 이를 저지하려는 좌우합작운동이 함께 전개되었다. 이승만은 1946년 6월 단독정부 수립의 정당성을 공론화했고, 단독정부 수립 주장의 위험성을 공감한 민족주의계열 혹은 중도파들은 '좌우합작위원회'를 구성하여 이에 대한 공동대응에 나섰다. 좌우합작위원회는 활동 초기 미군정의 지원을 받게 되는데, 그 직접적인 근거는 앞서 소개한대로 1946년 6월 미 국무성이 미군정에게 보낸 [대한정책]에 담긴 미국의 정책변화 때문이었다.

[그림 2-1-3] 이승만의 정읍발언 보도기사(1946.6.3.)

李博士講演

南方만의臨時政府

或은委員會組織이必要

출처: 위키백과

좌우합작위원회는 1946년 7월 공식화되었고, 참여한 좌파세력과 우파세력은 각기 좌우합작활동에 대한 자신들의 입장을 제시한 후 이를 협의하였으며 1946년 10월 '좌우합작 7원칙'이 제정된다.

1. 조선의 민주독립을 보장한 모스크바 3국 외상회의 결정에 의하여 남북을 통한 좌·우 합작으로 민주주의 임시정부를 수립할 것.
2. 미국-소련 공동위원회 속개를 요청하는 공동성명을 발표할 것.
3. 토지개혁에 있어 몰수 유조건 몰수 체감 매상 등으로 토지를 농민에게 무상으로 분여하여 시가지의 기지와 대건물을 적정처리하며 주요산업을 국유화 하여 사회 노동법령과 정치적 자유를 기본으로 지방자치제의 확립을 속히 실시하며, 통화 및 민생문제 등을 급속히 처리하여 민주주의 건국 과업완수에 매진할 것.
4. 친일파 및 민족반역자를 처리할 조례를 본 합작위원회의 입법기구에 제안하여 입법기구로 하여금 심리 결정하여 실시케 할 것.
5. 남북을 통하여 현 정권하에서 검거된 정치 운동자의 석방에 노력하고, 아울러 남북 좌·우익 테러적 행동을 일체 즉시로 제지토록 노력할 것.
6. 입법기구에 있어서는 일체 그 권능과 구성방법, 운영 등에 관한 대안을 본 합작위원회에서 작성하여 적극적으로 실행을 기도할 것.
7. 전국적으로 언론·집회·출판·교통·투표 등의 자유가 보장되도록 노력할 것.

좌우합작위원회에 의해 정식화된 토지개혁의제는 일제 강점기부터 궁핍에 시달렸던 한국인들의 생활적 요구로부터 시급한 과제로 대두되어 있었다. 또한, 친일파 청산 문제는 해방과 함께 독립국가 건설이 이루어지면 당연히 친일파의 득세가 사라질 줄 알았던 한국인들이 미군정 하에서도 이들이 주요요직에 기용되는 등 그 위세가 지속되자 대중적 분노로 전환되었고, 이로부터 역시 시급성을 다투는 의제로 인식되고 있었다.

그러나 이 의제들은 대중의 긴박한 요구만큼이나 해방 후 좌우 정치세력들에게도 절실한 이해관계를 담고 있었기 때문에, 좌우세력 간 타협이 매우 어려운 부분이었다. 한민당의 입장에서 토지개혁과 친일파 청산은 자신들의 지지기반을 정면으로 건드리는 문제였기에 반발이 심각했고, 공산당 계열은 한민당이 받아들일 수 없는 강도의 친일파 청산과 무상몰수 무상분배 등의 토지개혁방안을 주창해 왔기 때문에 이들 역시 한민당과의 타협적 노선을 채택하기엔 어려움이 컸다. 결국 양 세력은 좌우합작운동에 함께 할 수 없었고, 중도파 민족주의 계열을 중심으로 활동은 전개되었다.

1946년 12월 미군정과 좌우합작위의 파트너십 아래 '입법의원'이 개원하지만, 그 과정에서 여운형 계열도 입법의원 민선의원 선거과정 등을 둘러싼 갈등으로 이탈해 나갔다. 그리고 1947년 봄, 미 본국이 아시아에서 중국문제 해결에 대한 근본적 입장변화를 가지고 소련에 대해서도 대소봉쇄노선을 공식화함에 따라 좌우합작운동과 입법의원에 대한 지지입장을 사실상 철회하였고, 제2차 미소공위는 이런 가운데 열려 무기한 휴회라는 결론으로 치닫고 말았다.

게다가 1947년 7월 여운형의 암살은 좌우합작운동의 주된 동력을 상실하게 만든 결정적 계기가 되었다. 여운형은 '입법의원'에 결합하지는 않았지만 중도우파 김규식과 함께 좌우합작운동에 대한 동력을 만들어냈던 대중 정치인이자, 중도파들에게 영향력이 매우 컸던 독립운동가 출신 정치지도자였다. 해방 이후 여운형은 일상적인 테러 위협에 시달렸고 집이 폭파되기도 했으며 실제 테러를 당하기도 했다. 그런 그가 결국 암살로 정치무대에서 사라지면서 좌우합작운동은 급격히 동력을 잃었고, 이후 조선 문제는 미국에 의해 유엔으로 이관되어 급격히 남한단독정부 수립의 길로 나아가게 된다. 좌우합작에 의한 통일국가 수립 움직임은 1948년 5월 제헌국회 선거가 결정되면서 김구, 김규식 등에 의한 남북협상 추진으로 이어졌다.

좌우합작운동은 결과적으로 실패한 운동으로 귀결되었지만, 대한민국 정부수립 이후에도 큰 족적을 남겼다. 그 첫 번째는 일제 강점기 임시정부 활동－해방 직후 건국준비위원회 활동의 맥을 이어 통일정부수립을 위한 역사적 노력을 전개함으로써, 남한단독정부 수립 이후에도 남북한 통일정부 수립에 대한 다양한 노력의 근거들을 마련했다는 점이다.

두 번째 의의는 미소냉전체제가 태동되던 국제질서의 격변기에 약소국의 위치에서도 독자적인 전망을 찾으려 노력했던 운동이라는 점이다. 오스트리아 좌우합작운동과 해방 이후 좌우합작운동을 비교했던 황의서(2009)에 따르면, 2

차 세계대전 종전과 함께 4개국 분할통치에 들어갔던 오스트리아는 국제질서의 변동이 본격화되기 이전에 국내 정치세력들 간의 합의로 임시정부를 먼저 수립함으로써 국제질서의 압력이 제공하는 원심력을 극복해나갈 수 있었다고 한다. 한반도에서도 '3국 외상회의' 결정 이후 임시정부 수립 과정이 먼저 진척되었더라면, 1947년 트루먼 독트린 이후 국제질서의 압력이 부과하는 원심력에서 조금은 더 자유로웠을지 모른다는 가정을 해 볼 수 있다.

반면 미소 양국이 직접 대면해야 했던 한반도와 달리 영국과 프랑스가 분할통치에 직접 관여함으로써 미소 양국의 대립에서 절충이나 타협이 가능한 여지를 마련해 주었던 점은 오스트리아와 한반도를 둘러싼 국제관계의 차이였다. 한반도에서도 미소 양국 점령방식이 아닌 모스크바 3상회의 결정에서 신탁통치를 관할하기로 했던 영국과 중국이 함께 들어왔더라면, 대결의 양상은 달라졌을 수 있다는 가정도 해 볼 수 있겠다. 1948년 초 총선거 감시를 위해 파견된 유엔한국위원단이 선거법 개정과정에서 보였던 태도나 그것의 결과로 인한 변화들은, 협상테이블에 앉은 강대국의 수가 더 많았다면 논의의 방향이 달라졌을 수도 있다는 가정을 해 볼 수 있는 한 근거가 된다.

좌우합작운동이 남긴 세 번째 족적은 남조선과도입법의원과 대한민국 제헌국회까지 이어졌던 토지개혁과 친일파 청산문제를 공식화했다는 점이다. 좌우합작 7원칙은 합의 후 좌, 우 양 세력으로부터 곧바로 비토를 당하긴 했지만, 해방 직후 한국인들에게 가장 절실한 문제를 의제화 함으로써 정부수립 이후에도 이 문제를 비켜 갈 수 없도록 첫 단추를 채웠다는 점에서 그 의의를 찾을 수 있다.

제2절 유엔감시 하 단독선거 결정

1947년 8월 2차 미소공위의 결렬이 공식화되자, 미국은 9월 제2차 유엔 정기총회에 '한국독립' 문제를 안건으로 제출했다. 총회 운영위원회에서는 한국문제를 안건으로 상정하는 것에 대해 소련, 폴란드 등이 반대하면서 논란을 벌였지만, 총회에서는 안건상정안이 통과되었고 총회 제1위원회인 정치위원회(유엔소총회)에서 이 안건을 토의하고 본회의에 보고하도록 하였다.

한편 유엔을 통해 한반도 문제를 해결하려는 미국의 제안에 반대했던 소련은, 9월 26일 미·소공동위원회 소련대표를 통하여 한국에 주둔하고 있는 모든 외국군대가 1948년 초에 동시에 철수할 것을 제안했다. 점령군이 먼저 철수한 후 한국인들끼리 정부수립을 위한 선거에 대해 논의하게 하자는 안이었다. 소련의 제안에 대해 미국은 10월 17일 새로운 수정안을 제안한다. 1948년 3월 31일 이전에 양 점령 지구에서 점령군 주관 하에 선거를 실시할 것과 유엔임시위원단이 이 선거를 감시하여 총회에 보고하게 하자는 것이다. 소련은 외국군 선(先)철수에 관한 결의안을 다시 총회에 제출했으나 부결되었다. 그러자 소련은 총회 한국문제 토의에 남·북한 한국인들의 대표를 초청해 참석시켜야 한다는 제안을 내놓았다. 하지만 미국은 유엔총회가 한국민들의 대표를 선임할 수 없으니 '유엔한국임시위원단'을 설립할 것을 제안했고, 결국 정치위원회는 10월 30일 미국의 수정안을 통과시켰다.

[그림 2-1-4] 제1차 미소공동위원회

출처: 국가기록원 소장 자료

11월 14일 유엔총회는 정치위원회 결의를 기초로 유엔감시하의 '남북 총선거안'을 결의안 제112호로서 채택했고, 결의안의 주요 내용은 인구비례에 따른 선거를 1948년 3월 31일 이전에 실시, 제헌의회의 구성과 이들에 의한 국회구성 및 헌법제정, '유엔한국임시위원단(UNTCOK)' 설치, 그리고 점령국들과 90일 이내에 철군문제를 협의하는 것이었다.

1948년 1월 9일 유엔한국임시위원단이 서울에 들어왔고 총회준비에 착수하였다. 위원단은 먼저 미국과 소련에 각각 협조를 요청했으나 소련은 이를 거부하여 남북한 동시 선거 실시가 어렵게 되자, 2월 6일 총회 정치위원회에 자문을 구하였다. 미국은 남한 단독 선거를 제안했지만, 소련뿐 아니라 호주, 캐나다 대표들도 단독선거 제안에 반대 입장을 표명하였다. 이들은 한국문제를 결정한 단위가 유엔총회이므로 이를 번복하려면 유엔총회를 다시 개최해야 하며, 일부 한국인들의 이야기를 토대로 할 때 분단이 되면 전쟁이 초래될지도 모르므로 분단을 막아야 한다는 의견을 피력했다. 유엔임시위원단 대표로 한국에 들어왔던 호주, 캐나다 대표들은 김구, 김규식 등을 만났고 이들로부터 분단선거에 반대하는 입장을 청취한 바 있었다(서중석 2008, 32).

찬반 논란 끝에 2월 26일 열린 유엔소총회는 미국이 제출한 남한만의 '단독총선거안'을 찬성 31, 반대 2, 기권 11로 채택하였다. 총회 결의문의 골자는 "유엔한국임시위원단이 접근할 수 있는 한국의 지역에서 결의 제2호에 서술된 계획을 실행하는 것이 동 위원단의 책임"이라고 규정하였다. 이에 따라 한국임시위원단 위원들은 위원단이 접근할 수 있는 지역에서의 선거 실시를 결정하게 된다.

국제 연합 총회 결의 112호

한국민의 독립에 대한 긴박하고 정당한 요구를 인정하여 한국을 민족적 독립국가로 재건할 것과 전 점령군을 최단기일이내에 철수시킬 것을 확인하며 한국인 대표자의 참가 없이는 한국민의 자유와 독립은 공명정대히 해결될 수 없다는 종전의 결정과 한국민 중에서 선출된 대표자들에 의한 참가를 촉진할 목적으로 국제연합 한국임시위원회(이하 위원회라 칭함)의 설치안을 재인식하여,

1. 위원회는 호주, 캐나다, 중국, 엘살바도르, 프랑스, 인도, 필리핀 공화국, 시리아, 우크라이나 공화국(소비에트 연방)의 각 대표로 구성하기로 결정함
2. 위원회가 한국민의 자유 독립의 긴급달성에 관하여 협의할 수 있는 대표자(이 대표자들이 국민회의를 구성하여 중앙정부를 수립할 수 있는)를 선출하기 위하여 적령자선거권을 기초로 비밀투표에 의하여 1948년 3월 31일이내에 선거를 실시함을 건의함. 각 투표지구 수는 지대로부터의 대표자수는 인구에 비례하여야 하며 선거는 위원회의 감시 하에 시행하여야 함
3. 선거 후 가급적 속히 국민의회를 소집하여 중앙정부를 형성하며 위원회에 정부형성에 관한 통고를 하기를 건의함
4. 중앙정부수립 즉시로 정부는 위원회와 좌기사항에 관하여 협의할 것을 건의함
   (가) 그 자신의 국민보안군을 편성하여 이에 포함되지 않는 모든 군사 급 반군사단체를 해산함
   (나) 남북한의 군사령관 급 민정당국으로부터 정권을 인수함
   (다) 한국으로부터 가급적 속히 또는 가능하다면 90일 이내에 점령군의 완전철수에 관하여 점령국과 타협함
5. 위원회는 그의 한국 내에서의 감시와 협의할 바를 고려하고 한국의 자주독립달성과 점령군 철수에 관한 전기 방침의 수행에 편의를 도모하고 이를 촉진시키기를 결의함. 위원회는 그의 결의를 가지고 총회에 보고하여 그 진전에 비추어 본 결의문의 적용에 관하여 과도위원회(만일 설치된다면)와 협의할 수 있음
6. 위원회가 그의 책임을 이행하는데 있어서 모든 조력과 편의를 도모하기 위하여 각 관계 국가에 요청함.
7. 총회의 결정을 수행하는 때를 제외하고 한국독립건설에 준비적인 과도기간 중 한국민의 사무에 간섭함을 삼가며 연후 한국의 독립과 주권을 해하는 모든 행위를 완전히 삼가기를 유엔에 가입한 제국가에 요청함.

112번째 총회
1947년 11월 14일

제3절 남북협상 추진과 남한 단독선거 거부

1946년 1차 미소공동위원회가 결렬된 직후부터 분단정부 수립의 불가피성을 설파했던 이승만 등과 달리, 김규식, 여운형 등은 1차 미소공위에서부터 미소공위의 성공적 개최를 통한 남북단일정부 수립을 지속적으로 지지했다. 김규식은 1946년 7월 좌우합작위원회를 구성하여 남북한 전체 통일정부 수립을 주창했고, 그 해 12월에 구성된 남조선과도입법의원에서는 위원장을 역임하기도 했다. 1947년 5월 제2차 미소공위에는 남측 정당·사회단체 대표로 참석하는 등 활발히 활동했던 그는, 2차 미소공위마저 결렬되고 미소협력에 의한 통일정부 수립의 길이 막히자 그 해 11월 김 구등과 함께 '남북 지도자 회의'를 개최하여 남북한 정치세력이 직접 만나 통일정부 수립을 논의하는 방안을 추진한다.

한편 1947년까지 큰 틀에서 이승만과 함께 신탁통치 반대운동을 주도했던 김구는 1948년 초 유엔에 의한 남한단독선거 가능성이 높아지면서 단독정부 수립 반대와 남북협상에 적극적으로 나섰다. 그는 1월 입국한 유엔임시위원단에게 분단정부 수립에 반대하는 의견을 피력했고, 2월 10일에는 '삼천만 동포에서 읍고함'을 발표하여 대중들에게 단독정부 수립 반대운동에 나설 것을 촉구하였으며, 김규식과 함께 남북협상을 제안하고 추진에 나섰다.

[그림 2-1-5] 김구와 김규식

출처: https://commons.wikimedia.org/wiki/File:Kim_Gu_in_1949.jpg
https://commons.wikimedia.org/wiki/File:Kim_Kyu-sik.JPG?uselang=ko

2월 26일 유엔 소총회에서 남한 단독 총선거가 결정되고 3월 1일 주한 미군 사령관 하지가 5월 총선거 실시 방침을 밝히자, 3월 12일 김구·김규식·김창숙·조소앙·조성환·조완구·홍명희 명의로 단독선거에 반대하는 '통일 독립 달성을 위한 7거두성명'이 발표되었다. 당시 정치세력들의 단독선거에 대한 입장은 1948년 3월 13일자 <독립신문>에 실린 보도를 통해서도 확인할 수 있다.

1948년 초 시점, 남조선노동당은 박헌영 주도의 사회주의 정당이었으며 근로인민당은 여운형 주도의 중도좌파 정당이었고 한국독립당은 김구 주도의 우파정당이었다. 보도에는 나타나 있지 않지만 김규식, 홍명희 등은 당시 민족자주연맹을 결성하여 남북협상에 적극적으로 임하고 있었고, 한국독립당 활동을 하던 조소앙은 1947년 12월 정계은퇴를 선언하였다가 유엔에 의한 남한단독선거가 추진되자 정계에 복귀하여 남북협상 추진에 합류하였다. 1948년 초 좌-우를 망라했던 단독선거 반대와 남북협상 추진을 통한 통일정부 수립운동은, 남북한 분단정부의 현실화 직전까지 이를 막고자 했던 독립 운동가들의 광범위하고 지난한 노력을 확인시켜 준다.

〈표 2-1-1〉 1948년 3월, 남한 단독선거에 대한 각 정당들의 입장

정당 이름	단독선거에 대한 입장	태도
남조선노동당	민족멸망의 길	거부
인민공화당	제국주의자의 괴뢰정부화	거부
근로인민당	외국의 식민지화 초래	거부
사회민주당	일국의 예속화 초래	거부
민중동맹	세계 평화 파괴 우려	거부
독립노동당	국제연합의 파멸 초래 우려	거부
민주한독당	조선의 노예화 우려	거부
신진당	민족 총의의 위배	거부
한국독립당	유엔총회 결의의 모순	거부
청우당	38선의 영구화 초래	거부
보국당	동족상잔 초래	거부
한국민주당	지극히 만족	참가

출처: 1948년 3월 13일자 <독립신문> 보도; 서중석 2013, 86 재인용.

그러나 남쪽 정치인들에 의해 추진된 남북협상은 기대했던 성과를 낳지 못했다. 2월 제안된 남북협상에 대해 북은 3월 25일에서야 답을 내놓았는데, 4월 14일 평양에서 전조선 제정당사회단체 대표자 연석회의'를 열자는 것이었다. 남북협상을 제안했던 남쪽 정치인들 중 상당수는 북쪽의 제안이 실질적인 통일정부 수립 노력의 일환인지에 대해 회의적이었지만, 마지막까지 단일정부 수립 노력을 포기할 수 없다는 마음으로 평양으로 향했다.

4월 19일부터 평양 모란봉극장에서 개최된 연석회의에는 남쪽 41개 정당·사회단체와 북쪽의 15개 정당·사회단체에서 선출된 695명의 대표자들이 참석했고 '조선 정치정세에 대한 결정서' 등을 채택하기도 했다. 남쪽에서 참석한 단체들은 남조선로동당, 근로인민당 등의 좌익 계열과 한국독립당, 민족자주연맹 등 우익계열을 망라하였고 박헌영, 백남운, 김구, 김규식, 조소앙 등 명망 있는 좌우익 인사들이 함께 했다. 그런데 김구는 연석회의에 1번 참여해 인사말만 했을 뿐이고 김규식은 아예 참석하지 않았다. 이들은 남과 북에서 실질적 권한을 갖는 대표자들의 회의에서 통일에 대한 협상이 이루어지길 기대했고, 26일부터 30일까지 김구, 김규식, 김일성, 김두봉의 4차 회담과 김규식, 김일성 양김 회담, 그리고 '15인 지도자 협의회'가 연달아 개최되었다(서중석 2013, 83~84).

그러나 당시 북측을 방문했던 남측의 정치인들과 북측 정치인들이 느끼는 정세인식의 간극은 컸고 채택된 성명서 역시 북측의 일방적 주장이 상당부분 반영되었던 것으로 보인다. 이는 귀환한 이후 참석자들의 반응이나 2차 연석회의를 열자는 북측의 제안에 대해 1차 연석회의 참석자들의 부정적 반응을 통해 확인할 수 있다. 그럼에도 분명한 사실은 5.10선거가 실시되기 직전까지 남측의 다수 정당과 정치인들이 단독선거를 막기 위해 노력했으며, 이로 인해 조직적인 선거참여는 거부되었거나 현실적으로 어려웠다는 점이다. 설사 남북협상에 참여하고 돌아와 단독선거의 불가피성을 인정했다 하더라도 연석회의가 종료된 4월 30일은 5.10선거를 불과 10여일 앞둔 시점이었기 때문이다.

김구_삼천만 동포에게 울며 고함(읍고함)(1948.02.10.)

요즈음 우리 땅 한반도에서는 외세에 아첨하는 자들이 떼를 지어 남침이니 북벌이니 하면서 전쟁얘기만을 획책하고 있지만 실지로 그리되는 날엔 세계평화의 파괴는 물론이요 동족의 피를 흘려서 외세를 이롭게 하는 것 밖에는 아무것도 아니게 될 것이다.

통일하면 살고 분열하면 죽는다는 것은 고금의 철칙이온데, 자파세력의 연장을 위해서 민족분단의 연장을 획책하는 것은 온 민족을 죽음의 구렁 속에 빠뜨리는 극악무도한 짓이노라.

독립이 원칙인 이상, 그것이 당장엔 가망 없다고 해서 자치를 주장할 수 없는 것은 왜정하에서 온 민족이 뼈저리게 인식한 바 있거니와, 지금 독립정부의 수립이 당장에 가망 없다고 해서 단독정부를 세울 수는 없는 것이다.

단독정부를 중앙정부라 이름하여 자기 위안을 찾으려 하는 것은 미 군정청을 남조선 과도정부라 부르는 것과 조금도 다름이 없는 것이다.

삼천만 동포 자매형제여, 지금 나의 하나뿐인 염원은 삼천만 동포와 손잡고 통일정부를 세우는 일에 공동 분투하는 일이다.

조국이 원한다면 당장에라도 이 한 목숨 통일제단에 바치겠노라.

나는 통일정부를 세우려다가 38선을 베고 쓰러질지언정 일신의 구차한 안위를 위해서 단독정부를 세우는 일에는 가담하지 않겠노라.

고요한 밤에 홀로 앉으면 남북의 헐벗고 굶주린 동포들의 원망스러운 용모가 눈앞에 어릿거린다. 붓이 여기에 이름에 가슴이 막히고 눈물이 앞을 가려 말을 이으지(잇지) 못하겠노라.

삼천만 동포 자매형제여,

나의 이 애달픈 고충을 명찰하고 다시 깊이 생각하시라.

제4절 단독선거를 둘러싼 물리적 충돌

남측의 주요 정치인들이 남북협상을 통해 마지막까지 통일정부 수립에 매달렸던 것이 제헌국회 선거를 둘러싼 갈등의 한 단면이라면, '제주 4.3사건'으로 상징되는 물리적 충돌은 단독선거를 둘러싼 격렬한 갈등을 상징하는 또 다른 단면이다. 남조선노동당과 민족주의민족전선 등 좌파단체들은 남한단독선거를 무력으로 저지한다는 강경노선을 채택했고, 소위 '2.7 구국투쟁'을 시발로 약 3개월 동안의 '단선, 단정 저지투쟁'을 전개했다. 전국각지에서 소요가 일어났고 선거등록사무소가 피습되는가 하면 유권자등록서류가 파기되는 사건이 발생했다. 미군정은 좌파의 무력저지 활동에 대해 경찰, 청년단체, 행정기관을 동원한 무력진압으로 맞섰으며, 그 와중에 발생한 비극적인 사건 가운데 대표적인 것이 '제주 4.3사건'이다.

[그림 2-1-6] 제주 4.3사건

출처: http://blog.naver.com/halladonma/140186262805

2000년 1월 제정된 「제주 4.3사건 진상규명 및 희생자 명예회복에 관한 특별법」에 따라 설치된 '제주 4.3사건 진상규명 및 희생자 명예회복위원회'는, 당시 사건을 '좌익에 의한 폭동'이라는 오랜 해석에서 '토벌대에 의한 양민 학살사건'으로 재정의했다. 위원회는 이 사건에 대해 '1947년 3월 1일 경찰의 발포사건을 기점으로 하여, 경찰·서청(서북청년회)의 탄압에 대한 저항과 단선 단정 반대를 기치로 1948년 4월 3일 남로당 제주도당 무장대가 무장봉기한 이래 1954년 9월 21일 한라산 금족지역이 전면 개방될 때까지 제주도에서 발생한 무장대와 토벌대 간의 무력충돌과 토벌대의 진압과정에서 수많은 주민들이 희생당한 사건[2]'으로 정의하고 있다. 위원회는 동 사건으로 인한 인명피해를 25,000명에서 30,000명으로 추정했는데, 당시 제주도 전체인구가 28만여 명이었다. 제헌국회 선거 당시 제주도에서도 선거가 시도되었으나 2개 선거구가 투표수 미달로 무산되었으며, 6월에 재선거가 추진되었으나 역시 무산되었다. 결국 제주도 지역의 제헌국회 선거는 1년이 더 지난 1949년 5월에야 실시될 수 있었다.

제주도를 제외한 지역에서도 남로당의 '2.7 구국투쟁'부터 5월 14일까지 사망 334명, 부상 330명의 인명피해가 있었을 만큼(박찬표, 2007, p.393) 선거는 치열한 갈등과 물리적 충돌 속에 치러졌다. 미군정 보고서에 따르면, 5.10 선거를 방해하기 위한 목적에서 전국적으로 행해진 선거사무소 피습사건은 131건, 방화사건은 224건, 시설파괴 사건은 192건, 통신시설파괴는 1,112건, 무기도난 건수는 1,739건, 선거반대를 위한 파업과 시위, 동맹휴업은 360여 건에 달했다고 한다.

2 제주 4·3사건 진상규명 및 희생자 명예회복위원회 공식 홈페이지 http://www.jeju43.go.kr/ 2012년 12월 5일 확인.

〈표 2-1-2〉 제헌국회 선거 방해 활동(1948.2.7.~1948.5.14.)

<table>
<tr><th colspan="2">종류</th><th>건수 또는 인명수</th><th colspan="2">종류</th><th>건수</th></tr>
<tr><td colspan="2">선거 사무소 피습</td><td>131</td><td rowspan="4">무기도난</td><td>소총</td><td>68(회수 58)</td></tr>
<tr><td rowspan="2">관공서 피습</td><td>피습 후 격퇴</td><td>220</td><td>카빈</td><td>50(회수 19)</td></tr>
<tr><td>방지</td><td>81</td><td>권총</td><td>2(회수 2)</td></tr>
<tr><td colspan="2">경찰 피습</td><td>72</td><td>탄약</td><td>1,619(회수 810)</td></tr>
<tr><td rowspan="7">인명 피해</td><td>선거공무원</td><td>사망 15, 부상 61</td><td rowspan="3">철도시설파괴</td><td>기관차</td><td>71</td></tr>
<tr><td>후보자</td><td>사망 2, 부상 4</td><td>철도차량</td><td>11</td></tr>
<tr><td>경찰관</td><td>사망 49, 부상 128</td><td>궤도</td><td>65</td></tr>
<tr><td>우익인사</td><td>사망 11, 부상 47</td><td rowspan="4">통신시설파괴</td><td>전화선 절단</td><td>541</td></tr>
<tr><td>경찰관가족</td><td>사망 7, 부상 16</td><td>전신주</td><td>543</td></tr>
<tr><td>일반인</td><td>사망 107, 부상 387</td><td>통신수단</td><td>13</td></tr>
<tr><td>폭도</td><td>사망 261, 부상 123</td><td>전선 절단</td><td>15</td></tr>
<tr><td rowspan="5">방화</td><td>선거사무소</td><td>32</td><td colspan="2">선거 문서 도난</td><td>116</td></tr>
<tr><td>선거시설</td><td>5</td><td colspan="2">선거 종사 공무원 위협</td><td>73</td></tr>
<tr><td>경찰서</td><td>16</td><td colspan="2">후보자 위협</td><td>24</td></tr>
<tr><td>관공서</td><td>18</td><td colspan="2">선거 반대 파업</td><td>44</td></tr>
<tr><td>주택</td><td>153</td><td colspan="2">선거 반대 맹휴</td><td>75</td></tr>
<tr><td rowspan="5">파괴</td><td>선거시설</td><td>41</td><td colspan="2">선거 반대 데모</td><td>241</td></tr>
<tr><td>경찰서</td><td>12</td><td colspan="2">전단 살포</td><td>375</td></tr>
<tr><td>관공서</td><td>22</td><td colspan="2">봉화</td><td>877</td></tr>
<tr><td>주택</td><td>69</td><td colspan="3" rowspan="2"></td></tr>
<tr><td>도로/교량</td><td>48</td></tr>
</table>

출처: "Report of the Military Governor on the Holding of Elections in South Korea on 1948. 5. 10", Inclosure No. 42B. Table of Anti-Election Activities; 박찬표 2007, 393 재인용.

제주 4.3사건

제주도는 한반도 본토에서 떨어진 섬이었기 때문에 1945년 이후 본토에서 일어난 격렬한 정치적 갈등으로부터 상대적으로 멀리 있었다. 해방 이후 건국준비위원회의 활동이 활발했고 남조선노동당 계열 정치인들의 활동도 본토보다는 비교적 자유로웠다. 1946년 말과 1947년 초에 걸쳐 본토에서는 공산당 계열 정치인들에 대한 검거령 등으로 압박이 거세어졌던 것과는 차이가 있었다. 한편 1947년 초 제주도의 사회경제적 조건은 여러모로 좋지 않았다. 생필품은 부족했고 흉년으로 식량도 부족했으며 전염병까지 돌았기 때문이다.

이런 조건에서 1947년 초 3.1운동 기념식이 열렸는데, 기념행사에서 기마경찰의 말발굽에 어린아이가 다치는 사고가 발생했다. 분노한 군중은 경찰서로 행진을 했고, 이 행진을 경찰서 습격으로 오인한 경찰은 군중을 향해 발포를 하여 6명이 사망하고 6명이 다치는 사건이 발생했다. 시위참여자들과 피해자들은 경찰의 사과를 요구했지만, 다음 날부터 미군정은 이 사건을 '시위대에 의한 경찰서 습격사건'으로 정의하고 관련자 검거에 나섰고, 3월 10일경부터는 민－관 등 제주도민 4만여 명이 참여하는 대규모 총파업이 일어났다. 미군정은 다시 총파업 관련자 검거에 나섰고 3월 17일 수감자 석방을 요구하는 시위에 다시 경찰이 발포하는 사건이 발발했다. 4월 3일 남조선노동당 제주도당 중심 300여 명이 조직적으로 경찰서를 습격했고 친일 전력을 가진 경찰과 우익 청년단체 인사들을 살해했다. 4월 5일 미군정은 제주도비상경비사령부를 설치하고 전국 각지의 경찰과 군대, 우익 청년단원들을 급하게 증파하여 사태를 수습하려 했다. 또 내부적으로는 4월 28일 제주도 주둔 제9연대 사단장과 경찰서 습격사건 주동자 사이에 전투중단 협상이 일시 타결되기도 했다. 그러나 협상은 다시 파기되면서 사태는 걷잡을 수 없이 확산되었다.

결국 5월 10일 제헌국회 선거는 투표수 미달로 무효화되었고, 대한민국 정부가 수립된 이후 정부는 제주도 지역에 계엄령을 선포했다. 정부는 계엄령 선포 이후 강경진압에 나섰는데, 그 과정에서 한라산 중산간 마을의 95%가 불에 타 없어졌으며 수만 명의 무고한 제주도민이 학살당하거나 피해를 입었다.

CHAPTER 02 대한민국 최초의 선거법

제1절 '입법의원'의 선거법 제정과정

대한민국 최초의 보통선거를 위한 선거법 제정은 1) '입법의원'과 미군정의 타협으로 이루어진 1단계, 그리고 2) 유엔한국위원회의 개입에 의한 상당부분의 수정이라는 2단계를 거쳐 이루어졌다.

1946년 12월 12일 개원한 '입법의원'은, 1948년 5월 20일 해산할 때까지 총 33건의 법안을 심의했다. 입법의원이 발의한 안건은 13건, 군정장관이 발의한 안건은 18건이었는데 이 가운데 미군정 및 우파 입법의원들과 중도파 입법의원들 간에 첨예한 대립을 이루었던 것이 '민족반역자, 부일 협력자, 전범, 간상배에 대한 특별법(이하 친일파 처벌법)'과 '과도입법의원선거법'이었다.

〈표 2-2-1〉 '입법의원'의 선거법, 친일파처벌법 제정 과정

47.1.10	임시헌법·임시선거법기초위원회 및 민족 반역자, 부일 협력자, 전범, 간상배에 대한 특별법률조례기초위원회 구성
3.13	친일파처벌법 본회의에 상정
3.17	친일파처벌법 제1독회
3.21	선거법 본회의에 상정
3.25	선거법 제1독회
4.22	친일파처벌법 수정안 본회의 상정
5.5	친일파처벌법 재수정안 본회의 상정, 제2독회 시작
5.12	선거법 제1독회 끝날 때까지 친일파처벌법 논의 보류 결정
5.13	선거법 수정안 상정, 제1독회 속개
5.20	친일파처벌법 제2독회
5.21	선거법 제2독회 시작
6.27	선거법 통과
7.2	친일파처벌법 통과
8.12	입법의원, 군정장관 대리 헬믹의 선거법 수정요구 거부
9.3	군정법률 제5호「입법의원선거법」공포
11.27	딘 군정장관, 친일파처벌법 인준 보류

출처: 박찬표 2007, 331 <표 12> 인용

1946년 12월 12일 '입법의원'이 개원하고 난 뒤 1947년 봄을 경과하면서 미본국의 대한정책이 대소봉쇄정책에 근거한 남한단독정부 수립 노선으로 전환되었고, 1947년 제2차 미소공동위원회가 결렬되면서부터는 본격적으로 남한남독정부 수립이 추진되었다. '입법의원'에서 선거법 제정과정이 난항을 겪게 된 일차적인 원인은 이러한 미국의 대한정책변화와 맞물려 진행되었기 때문이다. 남한단독정부 수립 노선을 구체화되면서 미군정은 선거법 제정일정을 서둘렀고, 반면 '입법의원' 내 중도파들은 선거법 이전에 친일파 처벌법 등 당장의 시급한

현안의제의 해결에 중점을 두었다. 의제의 선후를 둘러싼 관선입법의원과 미군정의 갈등은 선거법 제정과정의 첫 번째 갈등선이었다.

<표 2-2-1>에서 볼 수 있듯이 1947년 '입법의원'은 '임시헌법·임시선거법기초위원회'와 함께 '친일파 처벌법 기초위원회'를 함께 구성했다. 두 위원회가 활동을 진행하는 과정에서 러취 군정장관은 2월 5일과 2월 17일, 입법의원 의장 김규식에게 서한을 보내 보통선거법을 조속히 제정해 줄 것을 촉구했다(『남조선과도입법의원 속기록』 제19호, 1947.2.6). 그러나 3월 13일 '친일파 처벌법' 초안이 본회의에 먼저 상정된다. 러취는 3월 14일에도 의장 김규식에게 독촉서한을 보냈으며 이러한 재차 독촉상황 속에서 3월 21일 '임시선거법기초위원회(이하 선거법기초위)'의 선거법 초안이 본회의에 상정되었다. 이후 선거법과 친일파 처벌법 초안의 본회의 독회과정은 일정을 맞물리며 진행되었고, 결국 선거법이 먼저 본회의를 통과한 다음 수일 후 친일파 처벌법이 본회의를 통과했다. 그러나 군정장관은 선거법을 인준한 반면 친일파 처벌법의 인준을 보류함으로써 시행에 이르지 못하게 되었다.

선거법 제정과정의 두 번째 갈등선은 '입법의원' 내 민선의원과 관선의원 간에 만들어졌다. 우파 중심 민선의원들은 선거법 제정일정을 앞에 두는 미군정과 입장을 함께 했지만, 다른 한편으로 '친일파 처벌법'등이 당장 자신들의 이해관계를 침해하는 것으로 보았기 때문에 관선의원들과 또 다른 갈등을 빚었다. 관선의원들 입장에서 친일파 처벌법의 우선 통과가 중요했던 이유는, 친일파의 범위 등이 먼저 규정되고 이들에 대한 처벌규정이 확립되어야 선거시행과정에서 이들을 배제할 수 있다고 보았기 때문이다. 선거에서 친일파를 배제해야 한다는 관선의원들의 입장은 강경했고, 친일파 처벌법 논의를 보류한 채 선거법을 우선 통과시키려는 우익의원들에 맞서 회의에 불참하면서까지 통과를 저지하고자 하였다.

선거법 제정과정의 세 번째 갈등선은 선거법 자체를 둘러싼 민선의원과 관선의원 간의 갈등이었다. 쟁점은 선거권과 피선거권 연령, 피선거권 박탈규정, 여성의원 할당제, 특별선거구 등이었다. '임시헌법·임시선거법 기초위원회'는 관선의원과 민선의원이 비슷한 분포를 보이고 있었기 때문에, 어느 일방의 의견이 관철되기는 어려운 구조였다. 그랬기에 중도파 의원들과 우파의원들의 절

충안으로 '기초위원회안'이 탄생했다.

'기초위원회안'을 보면, 선거권은 20세, 피선거권은 25세로 규정했고, 법령에 의해 선거권과 피선거권이 박탈된 자로 선거권 박탈규정을 두었으며, 투표방법은 기표(記票)방식이 아닌 자서(自書)방식으로, 당선자 결정방식은 과반득표방식으로 결정하게 되어 있었다. 자서방식은 투표용지에 후보자의 이름을 직접 기입하도록 하는 방식으로 사실상 문맹자의 투표권을 인정하지 않는 것이었는데, 이는 관선의원들이 반대했지만 우파의원들의 주장과 타협된 산물이었다. 반면 선거권과 피선거권 연령은 우파의원들의 상향조정 주장에도 관선의원들의 주장이 관철된 안으로 볼 수 있었다.

과반득표방식은 결선투표제를 의미하는 것으로, 이 안은 후일 미군정이 제2차 미소공동위원회에 제출했던 안과 동일한 내용이었다. 미군정이 단순다수제가 아닌 과반다수제를 주장했던 것에는 나름의 정치적 이유가 있었다. 미군정은 남한에서 우익은 분열된 반면 좌익은 단결되어 있으므로 단순다수제를 채택하면 좌익의 당선에 유리할 것으로 보아 결선투표제를 주장한 것이다(FRUS, 1947, VI, 790~792; 박찬표 2007, 332 재인용). 또한 기초위원회 안은 선거관리를 담당할 위원회로 선거위원회를 두고, '입법의원'이 중앙선거위원회를 선임하며 각 선거구 위원회 위원의 선임은 행정 책임자에게 위임하도록 하여, 중앙선거위원회에 대한 입법의원의 영향력을 보장하고 있었다.

그런데 '기초위원회안'이 본회의 제1독회를 거치고 난 후 이 안은 입법의원 법제사법위원회로 넘겨졌고(『남조선과도입법의원속기록』 제42호, 1947.3.26), 법사위는 '기초위원회안'과는 별도로 수정안을 마련하게 된다. 법사위는 그 구성에서 기초위원회와는 달리 우파의원들이 다수로 포진하고 있었다. 따라서 제출된 '법사위안'은 우파의원들의 의견이 대거 반영되어 있었다. '법사위안'을 보면, 선거권은 25세, 피선거권은 30세로 상향조정되어 있었고, 선거권 박탈규정은 별도 규정을 두고 있었다.

'중추원 부의장, 고문, 참의, 도·부회의원, 칙임관 이상 중 악질 행위를 한 자, 법률에 의해 선거권이 박탈된 자'로 정의되어 있었는데, 이는 기초위원회의 안인 '법령에 의해 선거권이 박탈된 자'보다 실제 그 범위가 대폭 좁혀진 것이었다. 친일파 처벌법이 입법의원을 통과하더라도 친일파의 구체적인 범위는 법률에 일일이 규정하기 어려우므로 규칙을 통해 별도로 마련되어야 할 것이었기 때문에, '기초위원회안'에서는 '법령'를 기준으로 둔 것이다. 반면 법사위 안은 일제 강점기 부역한 사람들의 제한적 직위만을 열거한 후 '법률'을 기준으로 두어 입법의원에서 견제하지 못하는 범위로까지 확장되는 것을 막는 의미를 가졌다.

또한 '법사위안'에서는 '본적이 북한인 자들의 대표로 36석'을 할당하는 특별선거구제를 도입했다. 특별선거구제는 1945년 이후 북한으로부터 월남한 사람들의 대표성을 인정한다는 명분 아래 도입된 것이지만(『남조선과도입법의원속기록』 제132호, 1947.8.12), 사실상 우파의원들의 당선에 더 유리한 의석을 확보하려는 의도에서 비롯된 것으로 이해되었다. 또한 총의석의 13.5%에 해당하는 36석은 당시 월남인의 총수로 보더라도 과대대표된 것이었다. 그리고 '법사위안'에서는 선거위원회 위원선임을 입법의원이 아닌 행정수반이 할 수 있도록 하여, 미군정의 영향력 하에 두고자 했다.

법사위의 수정안이 본회의에 상정되자 관선의원과 우파의원들 사이에 대립이 격화되었다. 관선의원들은 수정안이 상정되자 선거권과 피선거권 연령을 20세, 25세인 기초위원회 안으로 하향 조정할 것을 요구했고 표결에 부쳐졌으나 39대 17로 부결되었다. 수정안의 25세, 30세안도 본회의 표결에 부쳐졌고 다수결로 통과가 되었다. 이렇게 되자 관선의원들은 본회의 불참을 통보하였고 이후 본회의는 정족수 미달로 유회를 거듭했다. 우파의원들은 관선의원들의 본회의 불참에 대해 징계방안을 꺼내들었고 결국 김규식, 윤기섭, 최동오 등 의장, 부의장 3인이 사표를 제출하는 사태에까지 이르렀다.

이렇게 되자 군정장관 러취는 중재에 나섰고, 양 측의 타협안으로 선거권 연령은 23세로, 피선거권 연령은 25세로 조정되어 최종안이 본회의를 통과했다. 그러나 '입법의원'을 통과한 안은 '기초위원회안' 성안단계에서 이미 자서방식을 택함으로써 문맹자를 배제하는 제한선거 요소를 포함하고 있었는데 이 요소는 입법의원을 통과한 법에 그대로 반영되었고, '법사위안'이 채택했던 특별선거구제도 사실상 그대로 포함되어 있었으며, 선거위원회도 입법위원이 선임하는 것이 아닌 각급 행정단위의 장이 선임하도록 규정되었다.

제2절 유엔한국위원회의 개입과 선거법 수정

우여곡절 끝에 1947년 6월 3일 입법의원을 통과한 선거법은 9월 3일 군정 법률 제5호 「입법의원선거법」으로 공포되었다. 그러나 2차 미소공위 결렬 이후 미 본국이 조선 문제를 유엔에 이관하기로 결정하고, 9월 유엔 본회의에 제출된 조선 문제가 유엔 내부 논쟁을 거쳐 11월 유엔 감시 하에 총선거로 최종 결론이 나면서, 대한민국 최초의 보통선거를 위한 선거법의 운명도 다시 한 번 바뀌게 된다.

유엔에서 조선 문제를 둘러싼 논쟁이 이루어질 동안 한반도 남쪽에서는 조속한 남한단독선거를 추진하는 세력과 미 국무성 간의 논란이 벌어졌다. 입법의원에서 선거법이 통과된 이후 이승만은, 우익 88개 단체의 회합을 개최하여 「입법의원선거법」에 따른 총선 실시를 결의하고, 총선 추진을 위한 기구로 한국민족대표자대회를 결성했다(동아일보 1947년 8월 30일자). 9월 3일 「입법의원선거법」을 공포한 군정당국도 "중앙선거관리위원회가 구성되는 대로 70일 이내에 선거를 실시할 것"이라고 입장을 밝혔다(동아일보 1947년 9월 5일자).

점령당국은 본국에서 선거를 유엔으로 이관한 것을 알고 곧 조속한 실시 입장을 철회했지만, 이승만과 한민당은 1947년 말까지도 조기선거를 끈질기게 요구했다. 당시 미 국무성은, 이승만 세력이 유엔 감시 하에 총선거를 반대하고 남한 단독선거를 실시하여 정권을 장악하려고 한다고 인식하고 있었으며 하지가 이승만을 비호한다는 판단 하에 그의 교체까지도 거론될 정도로 조기 단선 요구를 견제하고 있었다(경향신문 1947년 11월 22일, 28일자).

유엔의 결정에 따라 1948년 1월 입국한 유엔한국임시위원단(이하 유엔한위)은, '입법의원선거법'에 대한 검토를 시작했고 그 내용이 '공정한 선거법'에 위반된다는 점을 들어 수정을 요구했다. 유엔한위에서 선거법을 검토한 위원회는 필리핀, 캐나다, 프랑스, 시리아 위원으로 구성되어 있었고 간사는 벨기에인 슈라이버였다. 유엔한위의 위원회는 선거권 연령 23세, 유권자등록방법, 자서 규정, 특별 선거구제 등에 대폭적인 수정을 가했다.

〈표 2-2-2〉 제헌국회 선거법 제정과정

	과도입법의원 기초위원회	과도입법의원 법사위원회	입법의원 선거법(47.9)	제헌국회 선거법(48.3)
선거권	20세	25세	23세	21세
피선거권	25세	30세	25세	25세
선거등록	–	–	서명	날인
투표방법	자서	–	자서	기표
당선자결정	절대다수	–	최다득표	최다득표
특별선거구	없음	북한 본적자 대표 36석	선거위원회재량 (36석 안)	삭제
선거위원회	입법부 선임	행정부 선임	행정부 선임	행정부+사법부 추천 국회+행정부 선임

출처: 박찬표 2007, 333. <표 13> 참조 재구성.

유엔한위와 미국이 최종 합의한 안에서, 선거권 연령은 21세로 하향 조정되었고, 투표 방식은 자서방식에서 기표방식으로 조정됨으로써 문맹자 배제 요소가 제거되었다. 한편 유권자등록제는 그대로 유지되었다. 그러나 선거인등록 절차에서도 '입법의원선거법'에는 본인 서명을 하도록 하여 등록단계에서부터 문맹자 배제를 추구했으나, 수정안에는 날인방식으로 변경되면서 등록단계에서 진입장벽을 대폭 낮추었다.

논란이 많았던 특별선거구제는 폐지되었고 선거위원회 구성방식도 변경되었다. 당초 행정부가 선임하도록 되어 있던 것에서, 도 선거위원회 위원들은 도지사와 도 단위 최고 지위의 판사의 추천으로 선임하도록 하고, 선거구 선거위원회의장과 위원의 절반은 판사가 임명, 나머지 위원들은 선거구 행정구역의 장이 임명하도록 조정하여 행정부의 일방적인 영향력을 사법부가 제어하도록 변경되었다. 이로서 당초 입법의원이 통과시킨 안이 가졌던 제한선거 요소가 대부분 제거되었고, 실질적 의미의 보통선거권이 확립될 수 있는 방안이 마련된 것이다.

제3절 대한민국 최초의 보통 선거권과 그 의미

'입법의원'의 선거법 논쟁과정은 임시정부 이래 내려온 보통선거권 제도의 이상과, 일제강점기 시행되었던 제한선거권 체제의 경험이 각각의 쟁점들을 둘러싸고 격돌했던 것으로 볼 수 있다. 선거권과 피선거권의 연령, 선거인등록 및 투표방식에서 자서방식과 날인 및 기표방식의 대립 등의 쟁점은 새롭게 만들어질 독립 정부가 어떤 대표 체제를 취할 것인가를 둘러싼 갈등이었고, 그 갈등에는 선대의 정치적 경험과 인식이 녹아 있었던 것이다. 특히 선거인등록과 투표방식에서 문맹자를 배제하고자 했던 입장은 계층적 대표성을 그대로 반영한 것이었다. 등록 가능한 유권자 가운데 압도적 다수가 문맹자였던 당시 상황에서, 이들을 제외하고 문자해독 가능자들만 투표에 참여하게 되었다면 당장의 선거결과는 차치하고 실질적인 보통 선거권의 도입까지는 상당히 지난한 과정을 거쳐야 했을 것이다. 흥미로운 점은 이 과정에서 납세경력 등을 근거로 한 자산제한이나 세대주 요건 등의 성별 참정권 제한이 첨예한 쟁점으로 대두되지는 않았다는 사실이다.

최종적인 제헌국회 국회의원 선거법에 문자해독능력을 기준으로 한 선거권 제한체제가 도입되지 않았고 입법의원 통과안보다 참정권의 연령이 낮아졌으며 선거관리기관에 대한 행정부 영향력을 최소화하는 등의 장치가 마련된 것은, 미국과 유엔한위의 기여라고 보아야 할 것이다. 선진적인 보통선거권 제도의 이념과 내용이 이미 임시정부에서부터 마련되어 왔음에도 불구하고, 한국인들의 기구인 입법의원에서 마련한 선거법안은 그에 훨씬 미치지 못했으며 결국 외부적인 힘에 의해 본래 임시정부의 이상이 현실화되었던 과정은 그 자체로 한국정치사의 역설을 보여주는 한 장면이다.

어쨌든 대한민국 최초의 선거에서 남녀, 문자해독능력, 재산정도 등에 관계없이 누구나 투표에 참여할 수 있게 된 것은, 한국 유권자들이 정부 수립 이후 오랫동안 민주주의나 평등의 가치를 추구할 수 있게 만든 중요한 제도적 원인으로 볼 수 있다. 다른 나라 사례에서 보듯이 제한선거권 체제는 그 기준이 무엇이든 간에 그 자체로 한 사회의 위계를 만들고 참정권에 대한 인식적 제약을 만든다. 그런 측면에서 보면 처음부터 평등 선거권을 갖게 되었다는 것은, 참정권의 평등을 주어진 것으로 인식하게 만들었고 이것이 제약되었을 때 지키기 위한 저항을 당연하게 만들었다고 해석할 수 있겠다.

다른 한편에서 미국은 한국 선거제도의 기본 틀을 주조하는데 결정적 기능을 했다. 입법의원 내에서 갈등했던 관선의원 안이나 우파의원 안은 모두 소선거구 1위 대표제 혹은 소선거구 결선투표제를 기본으로 했고 비례대표제 등에 대한 검토는 전혀 이루어지지 않았는데, 이는 미국의 영향력 때문으로 볼 수 있다. 만약 당시 한국을 점령했던 점령군이 비례대표제를 시행하고 있던 유럽 국가 중 하나였더라면 한국의 근대적 선거제도의 초기형태는 달라졌을 수 있다. 하지만 최초의 보통선거법에서부터 채택된 미국식 소선거구 1위 대표제는 이후 한국 선거제도를 규정짓는 하나의 경로를 마련했고, 민주화 이후 현재에까지도 지대한 영향을 미치고 있다.

CHAPTER

03 대한민국 최초의 유권자들

제1절 1948년, 유권자의 사회경제적 조건은 어떠했나?

1948년, 대한민국 최초의 유권자들은 1930년대부터 일제의 중국침략계획과 뒤이은 중일 전쟁, 태평양전쟁으로 가혹한 수탈체제를 견뎌내고 있었고, 1945년 8월 15일 해방 이후에는 일본인들의 귀국과 함께 발생한 경제적 공백과 대규모 인플레이션, 분단으로 남북 간에 불균형적인 산업기반 사이의 교류단절이 야기한 고통을 겪고 있었으며, 해외와 북한으로부터 한반도 남쪽으로 이주해오는 이주민들의 증가로 한정된 자원을 분배하는데 더 어려움을 겪어야 했다. 더군다나 3년의 미군정은 한반도 실정에 대해 무지하거나 무관심하여 수차례 정책 실패를 겪었으며 그로 인한 한국인들의 고통은 더욱 가중되어 있었다.

1. 일제 강점의 사회경제적 유산

일제 강점기 특히 1931년 민주침략 이후 한국인들의 궁핍은 그 정도를 더해갔다. 일제는 식민지 한국인들을 궁핍정도에 따라 통계를 냈는데 빈궁한 정

〈표 2-3-1〉 일제강점기 한국인들의 궁핍정도

	세민(%*)	궁민(%*)	걸인
1926년	186만여 명(9.7)	25만 9천 명(1.5)	2만여 명
1931년	420여만 명(20.7)	105만여 명(5.1)	16만 4천여 명

출처: 서중석(2015), * 전체거주민 대비 비율

도에 따라 세인, 궁인, 걸인으로 나누었다고 한다. 생활이 궁박한 상태지만 우선 연명은 할 수 있는 사람들은 세민(細民), 긴급 구제를 요하는 상태에 있는 사람은 궁민(窮民)으로 분류했다.

위 자료에 따르면, 1931년 기준 전체 한국인 중 26.7%가 생계를 연명하기 어려운 극빈층이었다는 것이다. 이러한 궁핍상황은 조선총독부 통계를 통해서도 확인된다. 1912년~1916년까지 한국인 1인당 쌀 소비량은 평균 0.719석이었으나 1922~26년에는 0.587석으로 줄어들었고 1932~36년에는 0.401석으로 다시 급감했다(서중석 2015). 일제 강점기 말의 극심한 궁핍상은 해방 이후 전국 곳곳에서 미군정의 미곡 배급을 둘러싼 갈등과 저항을 이해할 수 있게 해준다.

한편, 1945년 7월부터 일본의 패망을 예견한 조선 거주 일본인들은 조선 금융기관에 예치해 두었던 현금을 찾아 본국으로 송환하기 시작했다. 일본인들이 앞 다투어 예금을 인출하고 보유하고 있던 현금이나 예치금을 본국으로 송환하기 시작하자, 금융기관들은 현금보유량이 부족해지면서 조선은행에 대출을 요구했다. 조선은행 역시 현금이 모자랐고 부족한 돈을 마련하기 위해 은행권 발행량을 늘이기 시작했다. 1945년 8월 15일 49억 7천 5백만원이었던 조선은행의 은행권 발행액은 1945년 9월 말에 이르면 86억 8천만원으로 증가했고, 45년 9월 30일 미군정이 화폐발행에 대한 관리를 시작했지만 이미 예금액의 52%가 줄고 은행권은 75%나 늘어나 있었다(황민수 2013, 15).

1946년 1월 21일 현재 조선은행권 발행고는 88억원으로 증가했고 1947년 12월에는 322억 4천만원으로 2년 남짓한 사이에 통화량이 8배 가까이 증가했다. 한국 내 20만 일본군과 79만여 명의 일본인이 부산항을 통해 현해탄을 건너는 동안 조선에서 발행되는 화폐는 그만큼 늘어났던 것이다(오기영 2002, 236~237; 강준만 2004, 184 재인용). 일제가 퇴각하는 순간에도 화폐를 이렇듯 찍어낼 수 있었던 것은 미군정 초기까지도 각 금융기관을 일본인들이 장악하고 있었기 때문이다. 조선은행은 9월 초 미군정이 진주한 이후까지도 일본인의 손에 있었고 10월 13일에야 미 해군 소령이 총재로 임명되었으며 각 지점은 11~12월경에야 접수가 완료되었다. 일본인들에 의한 화폐발행량 급증과 미군정의 통제 불능 상태는 미군정기 엄청난 인플레이션의 핵심적인 이유가 되었다.

서울의 물가지수는 해방 이후 3달 만에 2배 이상 상승했으며, 섬유는 3.9배, 건자재는 4.3배 상승했다. 1946년 말에 이르면 통화량은 2.3배 늘어났지만 소비자 물가지수는 7.9배로 올랐고 곡물은 1945년 9월에 비해 5.8배, 섬유는 26배, 연료는 16배의 상승을 보이고 있다. 일제 강점기 말의 극심한 궁핍상에 더하여 일제 패망과 미군정기의 극심한 인플레이션은 한국인들을 더욱 가혹한 상황으로 내몰고 있었다.

〈표 2-3-2〉 해방 이후 서울의 경제지표

연월	통화량	서울 소비자물가 지수	서울 도매물가 지수	주요 품목의 서울 도매물가 지수			
				곡물	섬유	연료	건자재
1945.09	100	100	100	100	100	100	100
1945.12	106	218	249	107	398	185	432
1946.12	227	793	1,459	575	2,603	692	4,243
1947.12	438	1,666	3,327	844	5,476	1,621	6,770
1948.12	602	2,772	6,155	1,150	9,001	2,160	11,481
1949.12	1,065	4,776	9,645	1,748	11,538	3,441	17,756

출처: 한국은행 100년사; 석혜원 2008, 23, <표 1-1> 재인용.

> **조선은행**
>
> 조선은행은 1911년 일제 강점기 일본이 조선에 세운 식민지 금융기구로, 식민통치비용과 일제의 대륙침략정책 수행에 필요한 자금을 조달하는 역할을 담당했다. 조선 내 화폐의 발권은행이었으며 일본, 만주, 중국으로 영업을 확장하여 일본의 대외투자 업무도 담당했다. 또한 중일전쟁을 계기로 전쟁비용조달기관으로 변모하면서 조선 발행화폐의 통화증발을 감행했다. 1944년 말 기준으로 조선에 17개, 만주에 4개, 일본에 8개, 중국에 39개의 점포를 두었으며, 1943년말 조선에 1209명, 일본에 30명, 만주에 183명, 중국에 1074명의 직원을 두어 일본의 대륙진출에 첨병 역할을 수행했다.

한편 일제강점기 식민지 조선에 대한 경제정책은 자본주의 논리에 의하여 일본경제의 한 부분으로 편입, 종속시키는 방향에서 추진되었다. 그랬기에 조선에 있던 민족자본은 성장하기 어려웠고 산업구조는 불균형적이었으며 원료와 기술 등에 있어 일본 의존적일 수밖에 없었다. 이런 조건에서 해방 직후 일본의 자본과 기술이 본국으로 철수함에 따라 생산의 자급도가 낮은 공업경제는 원료부족과 기술부족으로 생산이 크게 감소하였고 일본시장을 상대로 하던 대규모 소비재 공업의 생산 활동도 거의 중단할 수밖에 없었다. 남한의 경우 방직, 기계, 화학 등 주요 제조업 부문의 생산액을 보면 1946년의 생산수준이 1936년에 비해 66% 감소하고, 식료품의 경우는 생산액이 82.9%나 감소하였다(이현진 2009, 59~60).

1944년 조선에는 종업원 5인 이상 규모의 사업장이 9천 300여 개에 달했으나 1946년에는 5천 200여 개로 줄었고, 종업원의 수도 30만 명에서 12만 명으로 줄어들었다. 1947년 공업 취업자 수는 1944년에 비해 60%선으로 떨어졌으며 노동인구 1천만 명 중 취업자는 절반 수준에 지나지 않아 극심한 실업률을 나타냈다(공제욱 1990, 69).

그나마 북한의 상황은 남한에 비해서는 더 나았다. 강점기 산업구조의 특징 상 북한 쪽에 산업기반이 더 나았던 이유도 있지만, 일본의 패망 이후에도 일본인 기술자를 최대한 활용하는 정책으로 남한보다는 더 나은 경제 상태를 유지했기 때문이다. 1946년 11월 기준 868명의 일본인 기술자들이 북쪽에 잔류하고 있었고 1947년 5월까지도 405명이 남아 있었으며 1948년 7월에야 마지막 철수를 했다. 이렇게 된 것은 북쪽의 반강제적인 억류정책 탓도 있지만, 일본인 기술자들에게 동급 한국인 기술자들 월급의 1.5배를 지급하고 생활물자를 우선 배급하며 귀국 시에는 퇴직금 지급과 귀국선편을 제공한다는 조건으로 협상을 벌여 요구조건을 관철시켰기 때문이다(이대근 2002, 106~108).

2. 분단의 사회경제적 효과

일제 강점기 조선의 산업구조는 '북공남농(北工南農)'으로 특징 지울 수 있었다. 공업생산에 필요한 생산수단, 즉 자원이나 원료나 시설은 대체로 북한에 소재하고 있었고 미곡을 위시한 농산물 등은 남한에서 생산되었으며 필요에 따라 상호 교류하면서 지탱하는 구조였다. 그런데 분단과 함께 이러한 생산연계 구조는 붕괴되었으며 그렇지 않아도 빈약한 남한의 공업기반은 더욱 위축될 수밖에 없었다. 해방 이후 남한 공업의 위축은 근본적으로 전력과 석탄이라는 전력원이 북한에 의존하고 있었다는 점에서 그 위험성이 더 컸다.

〈표 2-3-3〉 1945년 기준 전력의 남북한 비율

	출력	비율	년평균 발전력	비율
북한	1,262,500kw	86%	909,200kw	92%
남한	206,290kw	14%	79,500kw	8%
합계	1,468,790kw	100%	998,700kw	100%

출처: 조선은행 조사부 1949, 4.

〈표 2-3-4〉 1939년 기준 남북한 석탄 부존 비율

	유연탄(%)	무연탄(%)
남한	0.5	2.3
북한	99.5	97.7

출처: 조선은행 조사부 1949, 4.

전력을 포함한 남북한의 경제교류가 1945년 남북에 미군정과 소련군정이 실시되자마자 곧바로 중단된 것은 아니었다. '3국 외상회의'에서의 한국문제 결정사항에 따르면 "남북한의 절박한 문제들을 숙의하고 남한 주둔 미군과 북한 주둔 소련군 사이의 행정적, 경제적 문제들에 관하여 항구적 협조를 이룩할 수 있는 방안을 검토하기 위하여 주한미군 사령부와 소련군 사령부 대표들의 모임을 갖는다"고 되어 있었고, 이 조항에 따라 1946년 1월 16일부터 2월 5일까지 미소공동회담이 개최되었다. 이 회담에는 15개의 의제가 있었는데 이 가운데 첫 항목이 북한의 대남전력공급조건에 관한 문제였다.

이 회담에서 소련 측 대표는 북한 측의 전력과 석탄, 화학품과 남한 측의 쌀을 교환하자고 제안했지만 미국 측은 소련의 제안을 거부했다. 당시 남한에서도 식량위기가 심각했기 때문이다. 이로 인해 양 측의 전력공급 협상은 결렬되었고, 소련 측은 남측이 쌀을 공급하지 않는다면 대남송전을 중단하겠다고 발표했으나 이후에도 전력공급은 지속되었다. 소련군사령부는 전력공급을 지속하면서 1946년 3월과 7월, 남한 미군사령부에 전력요금 청구서한을 발송했고, 전력을 공급하는 대가로 쌀 등을 지불하라고 요구했다. 이에 대해 미군사령부는 요금책정의 공정성을 불신을 표했고 더 이상 논의가 진전되지는 못했다.

북한에서는 1946년 '북조선인민위원회'가 전력 관련 설비시설에 대한 소유권을 확보하게 되었고 북한 행정기관의 전기담당부서가 관리, 운영을 맡게 되었다(김광운 2000, 176). 1946년 8월 10일 북조선임시인민위원회는 중요산업 국유화법령을 공포하고 전력설비를 국유화했으며, 이에 따라 1947년 북조선인민위원회 명의로 전력공급 대가를 지불하라는 요구서한을 미군사령부에 발송하였다. 이 서한에 따르면, 1945년 8월 15일부터 1947년 1월 31일까지 총 송전전력에 대한 요금으로 미화 4,624,934.32$를 청구하고 이를 식량 등으로 지불할 것으로 요구했다. 또한 요금 지불기한을 4월 1일로 설정하고 이때까지 지불이 이루어지지 않을 경우 4월 15일부터 전력공급을 중단하겠다는 입장을 밝혔다(류승주 2001, 204). 하지만 이때에도 미군정은 북측이 일방적으로 책정한 요금에 대한 문제제기와 협의를 통한 요금 재책정을 제의하였고 논의가 진전되지는 못했다. 북한의 대남 송전중단 통보는 이때에도 현실화되지는 않았는데 미소공동위원회가 여전히 개최를 준비 중인 상태였고, 북조선인민위원회가 전력에 대한 통제권을 소련군정으로부터 넘겨받았다 하더라도 소련군정의 승인 없이 일방적으로 전력공급을 중단하기는 어려웠던 상황이었다.

1947년 5월 제2차 미소공동위원회가 개최되면서 남북한의 전력협상도 급진전을 맞이했다. 1947년 6월 13일부터 18일까지 평양에서 남측과 북측의 전력협상이 이루어졌고, 협상 결과로 6월 17일 <조선전력협정>이 체결되었다. 이 협정에는 1947년 5월 31일까지 송전된 전력의 요금지불에 대한 합의와 1947년 6월 1일 이후 전력교역에 대한 내용이 담겨 있었다.

그러나 이 협정은 제대로 이행되지 못했고, 결국 '5.14 단전조치'에 이르게 된다. 1947년 6월 전력협정은 전력공급과 요금지불에 대한 일반적 합의를 담고 있었고 후속 협의를 통해 지불대상 물자의 품목 등에 대한 논의를 진척하도록 되어 있었다. 그러나 10월 개최된 2차 협상에서도 세부합의에는 이르지 못했고, 미군정 측이 약속한 기한까지 지불한 금액도 협정액수에 미치지 못했다. 미군정이 북한에 지불한 전력요금에 대한 기록은 미국과 북한 측이 각각 상이하다. 1948년 '5.14 단전조치'이후 북한 측은 총 지불금액의 23%만이 미군정으로부터 지불되었다고 주장하고 있고 미군정 측은 35%를 지불했다고 주장하였다(동아일보 1948년 5월 14일자; 5월 20일자; 류승주 2001, 209 재인용).

1948년 남과 북에 각각의 정부가 수립되기 이전까지 전력협상은 표면적으로 전력요금의 적정성, 지불방식 등이 쟁점이 되었지만, 실재로는 미군정과 소군정, 남측 과도정부와 북측 과도정부 사이에 협정주체의 혼선이 있었고 그 이면에는 제2차 미소공동위원회의 최종 결렬 이후 남북적대관계의 현실화가 놓여 있었다.

5.14단전조치

1948년 5월 14일을 기점으로 북한이 남한에 전력공급을 중단한 조치를 말한다. 북조선인민위원회 부위원장 김책은 1948년 5월 7일 담화와 5월 10일 공식성명을 통해 조선인끼리 전기수급 문제를 협상할 대표자를 5월 14일까지 파견할 것을 요구했고, 5월 13일 북조선인민위원회 산업국장 이문환이 14일 정오까지 대표자 파견이 이루어지지 않으면 송전을 중단하겠다는 최후통첩을 남긴 후, 실재로 14일 정오를 기점으로 송전이 중단되었다.

1948년 5.10선거를 앞두고 4월 남북협상을 위해 평양을 방문하고 돌아온 김구와 김규식이 서울로 돌아온 후 발표한 성명에도 전력문제는 언급된다. 이들은 성명서에서 "우리 민족끼리는 무슨 문제든지 협조할 수 있다. 앞으로 북조선당국자는 단전도 하지 아니하며 저수지도 원활히 개방할 것을 쾌락하였다"고 밝히고 있다(서울신문 1948년 5월 7일자). 김구는 단전조치가 시행된 이후인 5월 28일, 경교장에서 가진 기자회견을 통해 "단전의 원인은 남조선에서 대표를 파견하지 않은 데 있다."고 밝혔으며 지금이라도 남북한이 직접 만나 협상을 해야 한다고 주장하기도 했다(조선일보 1948년 5월 29일자). 하지만 남북한 간 전력공급 협상은 더 이상 진척되지 못했고, 한국은 이후 오랫동안 자체 전력공급원을 확충할 때까지 어려움을 겪을 수밖에 없게 되었다.

3. 해방 이후 해외동포와 월남인의 유입

일제 강점기 조선의 인구분포는 남북한의 자연 지리적 환경에 더하여 일제의 식민지 산업정책이 결과한 '북공남농(北工南農)'현상 덕분으로 극심한 불균형 상태에 처해 있었다. 1940년 국세조사 결과에 의하면, 조선의 인구는 북쪽의 황해도와 경기, 충청, 전라, 경상지역에 밀집되어 있는 반면 함경도와 강원도 등은 인구밀도가 희박했다. 이런 조건에서 해방 이후 서울, 인천, 군산, 목포, 부산 등 항구와 인접한 대도시 중심으로 해외 및 북한 유입인구가 밀집되면서 주거, 실업, 질병과 범죄 등의 많은 사회문제가 야기되었다.

1945년 일제 패망 시점 해외동포의 수는 약 5백만 명으로 조선 거주인들의 20%에 달했으며, 일본 거주자가 200만 명, 중국 거주자가 230만 명으로 추산되고 우여곡절 끝에 조선으로 귀환한 해외동포는 250만 명에 달했다(장석흥 2003, 9~10). 한편 1946년 후반기부터는 북한으로부터의 월남인의 남한 유입이 본격화되었다. 점령 초기에는 "친일파와 민족반역자"들의 월남이 주를 이루었고 '3국 외상회의' 결정 이후에는 기독교인과 우파 민족주의자들의 월남이 있었으며 북한의 토지개혁에 즈음하여서는 지주를 중심으로 한 불만세력의 이탈이 있었던 것으로 알려진다(이주철 1996, 127). 1946년 말 경 월남인의 규모는 이미 40만 명을 돌파했으며(대중일보 1947년 1월 12일자), 1949년까지 북한으로부터 유입된

[그림 2-3-1] 1940년 조선의 인구분포

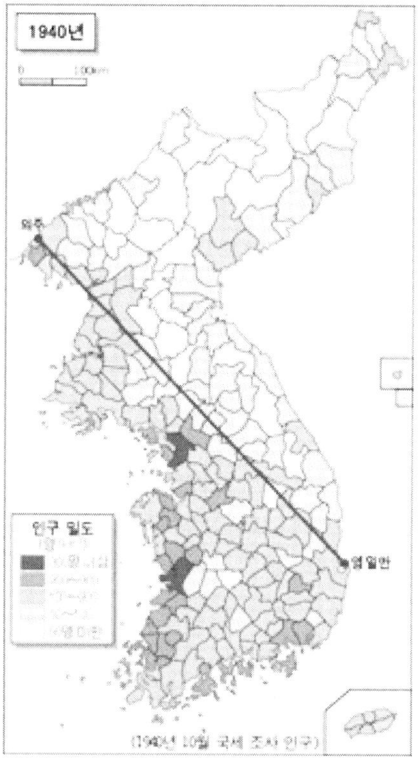

출처: http://blog.naver.com/PostView.nhn?blogId=dalbat1&logNo=40197893909

인구는 120만 명 이상으로 추산된다(이효재 1985, 235~237). 수백 만 해외동포와 월남인의 유입은 식량문제와 주택문제 등 기본적인 의·식·주문제 외에도 보건위생, 물자난, 실업, 교육문제 등 전사회적인 문제를 야기했으며 부양인구의 폭발적인 증가를 의미하는 것이다(황병주 2000).

해방 후 인천지역으로 유입된 해외동포와 월남인에 대한 한 연구에 따르면, 인천항을 통해 유입된 인구만 75만 명에 달했다고 한다. 인천은 지리적으로 중국과 가까웠기 때문에 화북지역의 동포들이 주로 인천항을 통해 귀환했지만, 1946년 1월에는 일본에 의해 강제 징병되었던 조선청년 2,531명이 귀환하기도 했고, 일제 징용으로 끌려가 싱가포르에 있던 동포 1,903명이 귀환을 하기도 했다. 1945년 9월부터 1945년 12월까지 인천으로 귀환한 전재동포는 6만 5,779명으로 집계되었으며 출발지역별로 보면 중국 4만 4,772명, 일본 1만 6,007명, 남양군도 5,700명 등으로 확인된다. 1947년 말 기준 해외나 북한으로부터 남한으로 유입된 전재동포는 81만 명에 달했는데 이 가운데 인천으로 들어온 인구는 7만에 가까웠으며 또 그 가운데 절반 이상이 인천에 잔류했다고 한다. 이 수치는 당시 인천시 전체 인구의 1/5에 육박하는 규모였다(이현주 2005, 254, 259).

미군정은 이러한 급격한 인구유입으로 도시문제가 발생할 것을 우려했다. 1946년 5월 7일 미군정 보건후생부는 38선을 넘어 남하하는 월남인의 구호를 위해 의정부, 동두천, 춘천 등에 임시 '이재민구호소'를 설치하고 이들에게 식량, 의복, 무료승차권 등을 발급하기로 결정했다. 그리고 전국적인 차원에서 수용소를 설치하여 도시인구의 집중을 억제하려고 시도했다. 실재로 서울시는 1947년 7월 1일부터 월남인의 서울거주를 금지했으며 일정비율로 각 도에 강제 분산시키는 조치를 단행했는데, 충청북도 5%, 충청남도 10%, 경상북도 20%, 경상남도 10%, 전라북도 20%, 전라남도 20%, 강원도 10%, 경기도 5%등으로 분산을 추진하기도 했다(경향신문 1947년 7월 9일자; 이현주 2005, 257 재인용).

이러한 인구유입이 1차적으로 야기한 문제는 주거문제였다. 당국은 이들을 일시에 수용할 숙소를 마련해야 했고 초기에는 일제가 버려두고 간 주택, 즉 적

[그림 2-3-2] 해방 이후 인구이동

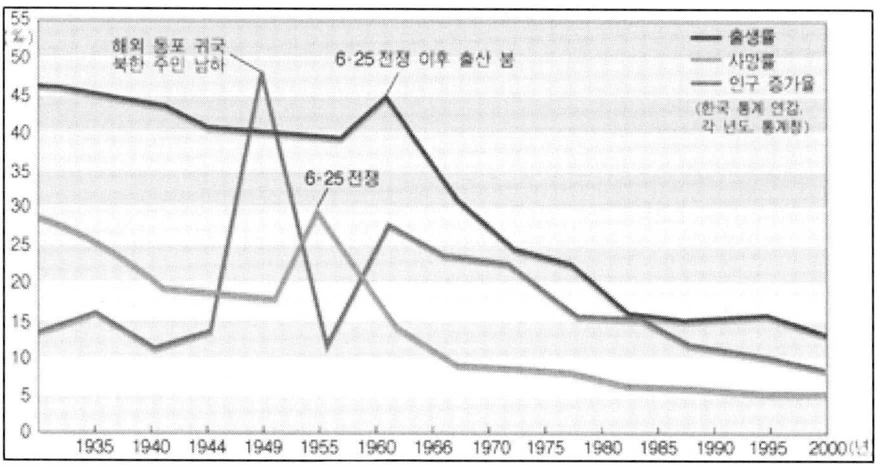

출처: http://blog.naver.com/PostView.nhn?blogId=dalbat1&logNo=40197893909

산가옥을 활용해 이들의 숙소를 마련하고자 했다. 그러나 일본인이 철수하기 전 이미 일본인 소유주택을 돈을 주고 넘겨받았던 한국인들이 있었고 이들이 소유하게 된 전 일본인 소유 주택의 규모는 당시 인천시내에 있던 적산 가운데 1/5에 달했다. 이런 조건에서 당국의 계획이 여의치 않자 거리를 배회하던 전재동포들의 동사(凍死)가 현실화되는 등 심각한 주거문제에 직면하게 되었다.

또한 당장 생계가 막막했던 동포들의 실업, 질병과 범죄 문제 또한 심각한 사회문제로 대두되었다. 해외에서 귀국한 동포들은 대개 농업에 종사하고 있었으나 귀국 후 다시 농업에 종사하려면 토지가 필요했다. 특히 중국에서 귀국한 동포들은 현지에서 농사짓던 땅을 빼앗기거나 버려두고 온 경우가 태반이어서 현금보유능력이 없었기 때문에 자력으로 농사를 지을 토지를 구매하기는 어려웠고, 결국 당국의 정책적 노력이 뒷받침되지 않는다면 실업자가 될 수밖에 없는 구조였다. 그러나 국내에서 거주하던 한국인들을 대상으로 한 농지개혁도 제대로 추진되지 못했던 미군정의 조건에서 전재동포들에게 분배될 농토의 문제는 해결이 요원한 과제일 수밖에 없었다. 주거와 생계의 문제가 해결되지 않은 전재동포들에게 질병과 범죄의 문제는 피해가기 어려운 것이었다.

전재민(전재동포)

전재민(戰災民) 혹은 전재동포(戰災同胞)는 해방 이후 해외에서 귀환하거나 북한에서 월남한 사람들을 당시 시점에서 통칭했던 용어다. 해외 귀환동포를 전재동포로, 북한에서 월남한 동포는 월남인(越南人)으로 구분하기도 했으나 양자를 통칭할 때는 전재민(전재동포)라는 용어를 사용했다고 한다.

4. 미군정의 정책실패로 인한 궁핍 심화

“9월 총파업은 대구 폭동을 계기로 경북도로 확대되고 다시 경남을 비롯한 남한 각지로 파급됐다. 대구·경북 지역이 항쟁의 발원지가 된 것은 결코 우연한 일이 아니었다. 미군정이 친일경찰을 군정의 요직에 기용하고, 경제정책 실패로 굶어 죽는 사람이 속출하며, 미소공위 휴회로 독립국가 수립에 대한 가능성이 점점 사라지는 현실에 대한 대중의 불만은 1946년 여름 하곡 수집을 계기로 최고조에 달했다. 대구 경북 지역은 미군정 정책파탄의 총체적 모순이 곪을 대로 곪아 불만 붙이면 터질 화약고와 같았다(전현수 2006, 324)."

1946년 10월 대구에서 출발해 남한 전역을 휩쓸었던 한국인들의 저항은 1945년 9월 진주한 미군정의 정책실패에서 기인한 바가 컸다. 물론 직접적인 원인은 1946년 5월 정판사 위조지폐사건 이후 미군정에 의한 공산당 불법화와 이에 대한 조선공산당의 저항에서 촉발된 것이지만, 대구, 경북, 경남, 서울, 경기, 강원도, 전남북까지를 휩쓸었던 대규모 저항으로 확산된 데에는 미군정의 인사정책, 미곡수집 등 식량정책, 물가정책 등의 실패로 인한 한국인들의 곤궁과 분노가 자리하고 있었다. 당시 한 언론사는 조선주둔 미군정 사령관 하지에게 공개장을 보냈는데 그 내용에는 "한국인들은 지금 일본 식민지 시대보다 더 고통스러워하고 있다"는 내용이 포함되었고 이를 통해서도 당시 상황의 일단을 엿볼 수 있다(조선일보 1946년 8월 31일자).

미군정이 한국인들의 불만을 사게 된 첫 번째 계기는 일제 강점기 행정 및 관료체제를 그대로 유지하면서 총독부에 근무했던 한국인들을 그대로 기용하고 친일 협력자들의 관 네트워크를 그대로 유지한 채 군정통치를 시행했기 때문이다.

미군의 진주 전 군정을 기획했던 군정기획팀은 9월 1일 '군정에 관한 기본방침'을 공표했는데, 이에 따르면 군사정부의 점령군은 한국을 통치함에 있어 기존 정부기구를 그대로 활용할 것이며 법과 질서 유지에 필요한 현재의 경찰조직과 요원들을 유지할 것이라는 내용을 담고 있었다(박찬표 2007, 61). 심지어 점령 직후에는 아베 총독을 위시하여 총독부 국장, 도지사, 도 경무국장 등도 그대로 두었다. 한국인들의 강력한 반발에 부딪히자 본국정부는 이들을 당장 해임할 것을 하달했고 이에 따라 9월 12일에서야 아베 총독이 해임되었다. 하지만 일본인 고위관료들은 미군정의 고문으로 남아 있었고 미군정의 초기 한국점령정책에 막대한 영향력을 행사했다. 한국인들의 입장에서, 해방이 되었는데도 일제에 협력했던 한국인들이 미군정하에서 그대로 지위를 유지하는 상황을 받아들이기는 힘든 것이었다.

[그림 2-3-3] 1946년 10월 항쟁 발생지역

출처: 정해구, 1988, 190.

미군정의 식량정책 실패란, 진주 직후 쌀에 대한 자유 시장 정책을 표방했다가 실패하고 통제정책으로 전환했으나 실효성을 갖지 못한 채 쌀 공급에 엄청난 혼란만 초래하게 되었던 것을 말한다.

미군이 진주하기 전 조선은 1937년 중일전쟁, 1939년 미증유의 조선 가뭄, 1941년 태평양 전쟁 시기 일제에 의한 식량공출 등으로 식량 수급이 크게 악화되어 있었다. 미군정은 진주 직후인 10월 5일 일반고시 제1호 「미곡의 자유시장」을 공포하고 10월 20일에는 일반고시 제2호 「자유시장 설치에 관한 건」을 공포하여, 일제시대의 식량통제정책을 전면 자유화 정책으로 전환하였다. 그러나 해방 이후 급격한 인구유입으로 식량수요는 급등한 반면, 쌀값 자유화 조치에 관한 정보를 미리 입수한 미곡상들의 매점매석으로 공급은 원활하지 않았고, 화폐량의 급증으로 인플레이션까지 더해져 자유화 정책은 쌀값 급등과 품귀 현상을 낳았다.

그러자 미군정은 10월 30일 법령 제19호 「국가적비상시기의선고등」을 공포하여 비상사태를 선포하고 "민중을 희생하고 폭리를 취하는 결과로 되는 필수품의 축적 및 과도한 가격의 판매"를 금지하였다. 이어 11월 19일 일반고시 제6호 「미곡통제에 관한 건」을 공포하여 미곡의 최고소매가격을 지정 고시하였다. 그러나 최고가격 설정은 오히려 암시장 유통만을 촉진하였다(국가기록원, 미군정양곡정책).

자유화 조치가 기대했던 효과를 가져 오는 것이 아니라 혼란과 불만을 야기하자 1946년 1월 미군정은 다시 미곡통제정책으로 전환했고 농가의 잉여양곡을 수집하여 배급하는 정책을 실시했다. 그러나 이미 이 시점에는 미곡농가 상당수가 비축해 둔 쌀을 헐값에 팔아넘긴 뒤였으며 미군정의 수집정책도 제대로 이루어지지 않아 할당량 551만석 가운데 69만 4천석만이 수집되는데 그쳤다. 1945년 생산된 쌀은 제대로 수집되거나 배급되지 않은 상태에서 1946년 5월 미군정은 「하곡수집령」을 내리고 1946년산 미곡수집에 나섰다. 이렇게 되자 굶주린 한국인들의 불만은 극에 달했고, 전국적으로 식량수집반대운동이 확산되었다.

또한 조선 점령정책에 대해 미 국무성과 미 육군성, 현지 점령당국의 입장이 시기에 따라서도 달라졌고, 각자의 입장에 따라서도 차이를 보였다고 한다. 미 국무성은 점령과 소요 방지라는 소극적 목표를 넘어 적극적인 경제정책의 수행이 필요하다는 입장이었고 그 재원은 미 육군성에서 감당해야 한다는 입장이었다. 반면 육군성은 최소한의 비용 이상의 예산을 지출할 의사가 없었고 실재로도 점령기간 내내 그런 입장을 유지했다.

이런 차이는 현지 점령당국 내부에서도 발견되었다. 군정의 실무책임을 맡았던 군부와 정책자문을 맡기 위해 파견된 국무성 소속 경제 고문 사이에서도 입장차이가 있었던 것이다. 1946년 초 국무성에서 파견된 번스 경제고문은 점령 당국의 소극적 정책을 비판하면서 경공업 생산을 최대화할 수 있는 경제계획을 제안했다. 이런 제안은 실재로 1946년 4월 수립된 점령당국의 계획으로 반영되었고 경공업 재건, 식량생산 최대화, 운송·통신 등 기간시설 유지를 위한 비용을 적극적으로 지출하는 계획이 입안되었다(박찬표 2007, 202~210).

그리고 1946년 1차 미소공동위원회가 결렬되면서 「한국의 미군 점령 지역 내 군정에 대하여 태평양 방면 미군 최고 사령관에게 보내는 중간 지령」이 본국에서 전달되었는데, 그 내용은 정치, 경제, 재정, 문화 등 전 분야에 걸쳐 보다 적극적인 개입정책을 강화하는 안으로 구성되었다. 그런데 이러한 경제부흥계획을 실행하려면 막대한 예산이 필요했고 예산을 지출하는 담당부서는 미 육군성이었다. 결국 1947년에 이르기까지 미 육군성은 예산편성을 거부했고 국무성의 구상은 구상만으로 남게 되었다. 이런 와중에 1947년 2차 미소공동위원회마저 결렬되면서 한국문제는 급격하게 유엔으로 이관되었고, 점령 당국의 관심은 시급한 선거 실시를 통해 정부를 구성하고 경제부흥계획 등도 새롭게 구성되는 정부로 이양하는 것으로 옮겨갔다.

정판사 위조지폐 사건

정판사(精版社)는 일제 강점기 조선은행의 지폐를 인쇄하던 인쇄소로 소공동에 위치해 있었다. 해방 이후 조선공산당은 정판사가 위치한 건물에 입주하여 기관지 <해방일보>를 발간하고 있었다. 1946년 5월 15일 당시 수도경찰청 청장인 장택상은 "조선공산당 인사들이 정판사에서 약 1천 2백만원 어치의 위조지폐를 찍어 유포한 사실이 드러났으며 관련자들을 체포했다"고 발표했고, 조선공산당은 조작사건이라며 혐의를 부인했다. 이 사건의 재판부는, 조선공산당 당원이었으며 정판사 직원이었던 김창선이 지폐 인쇄판을 가지고 있었고, 조선공산당 간부들이 연계하여 위조지폐를 인쇄한 것으로 인정하였고, 조선공산당 재정부장 이관술은 종신형을 선고받았다. 이 사건을 기점으로 미군정은 공산당을 불법화하였으며 전국의 공산당원들에 대한 검거에 돌입하였다.

10월 항쟁

10월 항쟁은 10월 1일 대구에서 본격화되었기 때문에 '대구 10.1사건'으로 불리기도 하지만, 이후 전국 각지로 확장되었기 때문에 대구로만 한정해서 보기는 어렵다. 저항은 조선공산당과 그 영향력 하에 있었던 조선전국노동조합평의회(이하 전평) 산하 산업별 노동조합이 9월 말 총파업에 돌입한 것으로부터 출발했다. 9월 23일 부산지역 철도노동자들이 파업을 시작했고, 9월 24일부터 다른 지역에서도 연대파업이 선언되었다. 10월 1일 대구지역 노동자들도 모여 메이데이 행사를 개최했고, 그 날 저녁 대구부청(당시 대구는 시가 아니라 부였다) 앞에서 기아대책마련을 요구하는 시위 과정에서 경찰의 발포로 노동자 2명이 사망하는 사건이 발생했다.

다음 날 사망사건에 대한 항의집회가 개최되었고 대구경찰서장은 무장해제를 선언, 사태를 평화롭게 마무리 지으려 했으나 흥분한 군중이 투석을 시작했고 이에 경찰들의 발포가 이어지면서 17명의 시위대가 또다시 사망했다. 미군정은 10월 2일 대구지역에 계엄령을 선포함으로써 대구지역에서는 사태가 잦아들었다.

그러나 10월 2일 경북 영천에서는 1만여 시위대가 경찰서와 관공서 등을 습격했고, 1200여 호의 가옥이 전소, 파괴되었으며 사망 40명, 중상자 43명, 피해액 10억여 원의 피해가 발생했다. 선산군(현재 구미)에서도 2천여 명의 시위대가 경찰서를 공격했으며 예천군에서도 1천여 명의 시위대가 경찰서를 습격했다. 칠곡군에서도 시위대가 경찰을 살해하는 사건이 발생했으며 1천여 명의 군중이 경찰과 교전을 벌이는 사태까지 나아갔다. 이 외에도 달성, 고령, 성주, 군위, 의성, 김천, 경산, 청도, 경주, 영덕, 안동, 상주, 문경, 영주, 봉화 지역에서 항쟁이 발생했고 약 77만 3,200여 명이 항쟁에 참여했다. 경상남도 통영, 마산, 울산, 부산에서도 시위대와 경찰이 충돌했으며 10월 6~7일 마산에서의 충돌로 14명의 사망자가 발생했고 10월 9일 부산에서도 24명이 사망하였다. 10월 중순 충남 당진, 홍성, 예산, 선안, 천안에서도 소요사태가 발생했고 홍성에서는 경찰의 발포로 4명이 사망했다. 10월 말에는 전라지역 화순, 무안, 광주, 나주, 보성, 벌교 등지로 사태가 확산되었다(정해구 1988).

제2절 1948년, 대한민국 유권자는 어떤 정치를 원했나?

1945년 8월, 일제 강점과 태평양 전쟁 동원으로 극심한 궁핍에 처해 있었던 한국인들이었지만, 이제 곧 해방된 독립국가가 건설되어 당장의 경제적 곤궁을 해결하고 일제 강점의 잔재를 청산해주기를 바라는 열망으로 가득 차 있었을 것이다.

1. 1945년 11월, 대중의 지지를 받았던 인물들은?

1945년 11월 선구회라는 단체가 시행한 대한민국 최초의 여론조사에 따르면, 당시 한국인들에게 신망이 높았던 지도자들의 면면을 확인할 수 있다. 1945년

〈표 2-3-5〉 1945년 11월 선구회 여론조사

조선을 이끌어 갈 양심적 지도자					
여운형	이승만	김 구	박헌영	김일성	김규식
33%	21%	18%	16%	9%	5%
생존 인물 중 최고의 혁명가					
여운형	이승만	김 구	박헌영	김일성	김규식
20%	18%	16%	17%	7%	5%

출처: 서중석 2013, 52-53. 복수응답이 허용되어 총합이 100%가 아님.

11월은 해외에 있던 독립 운동가들이 채 귀국을 하지 못했을 시점으로, 김구는 귀국 이전이었으며 이승만은 10월 말 귀국을 한 상태였다. '조선을 이끌어갈 양심적 지도자'를 묻는 질문에 대해 응답자의 33%는 여운형을, 21%는 이승만을, 18%는 김구를 꼽고 있었다.

일제 말기까지 국내활동을 전개했고 해방 직후 건국준비위원회 활동으로 대중적 인지를 높였던 여운형의 인기를 실감할 수 있는 결과다. 해외에서 활동했던 독립 운동가들 중에는 단연 이승만과 김구가 꼽혔으며 '최고의 혁명가'에서는 여운형과 큰 차이를 보이지 않을 만큼 지지를 받고 있음을 알 수 있다. 여운형과 마찬가지로 국내활동을 전개했던 박헌영의 경우 최고의 혁명가로는 여운형과 큰 차이 없는 지지를 받았지만, 향후 조선을 이끌어갈 지도자로는 여운형의 절반 정도의 지지를 받는 것에 그치고 있다. 이는 한편으로 일제 강점기 공개적인 대중 활동을 할 수 있었던 여운형에 비해 비공개 활동을 했던 박헌영의 이력의 특성에서 이해해 볼 수도 있겠고, 다른 한편에서는 당시에도 여운형과 박헌영의 이념적 편향성에 대해 다른 인식의 기준을 가지고 있었을 것이라는 추정도 가능하다.

이 결과에서 흥미로운 것 중 하나는 남측의 한국인들 가운데에서도 김일성이 대중적으로 인지되고 있었다는 점이다. 이 시대에 대한 한 증언에 따르면, 일제 강점기 한국인들 내에서 '김일성 장군'에 대한 이야기는 전설처럼 떠돌았다고 한다.

"일제시대 … 식민지 아이들이 알고 있던 독립운동의 '영웅'이 있었다면 오직 한 사람 '긴이치세이(金一成)'또는 '긴니치세이(金日成)'장군이었다… 누군가가 어디에서 얻어들은 전설적 영웅 김일성 장군의 얘기를 친한 친구끼리 부풀려 가며 귀엣말로 주고받으면서 숨 막히는 감동을 나눠 갖곤 했다 … (최정호 1999, 240)"

최정호에 따르면 10월 14일 평양에서 개최된 '조선해방축하집회'에서 김일성이 처음 등장했을 때 엄청난 충격을 받았다고 한다. '백발의 노장'이 나타날 줄 알았는데 33세의 청년이 나타났던 것이다. 서대숙에 의하면, 1934년부터 1940년까지 만주에서 김일성이 벌였던 유격전, 그 가운데서도 1937년 6월에 있었던 '보천보 전투'로 그의 이름이 널리 퍼지게 되었고, 그의 항일투쟁은 조선의 국내 신문에 소개되기도 했다고 한다(서대숙 2000, 43~45). 영웅 김일성의 전설은 독립을 갈망했던 식민지 한국인들의 염원이 투영되어 만들어진 한 산물일 것이다. 강준만은 이에 대해 "오랜 세월 수난을 겪어온 한국인들이 그 어떤 초인적인 영웅을 갈구해 온 심리상태였다. 훗날의 역사가 입증하지만 이런 심리 상태는 이성보다는 감성에 휩쓸리는 선동 정치의 토양이 되었다(강준만 2004, 105)"고 진단한다.

반면 일제 강점 초기부터 독립운동에 전념해 온 김규식에 대해서는 그의 활동 비중에 비해 대중적 인지도가 크게 높지 않았음을 확인하게 된다. 김규식은 일제 강점 이전 미국 로노크 대학과 프린스턴 대학교에서 수학하였고, 일제 강점 직후에는 상하이 등지에서 독립자금 모금활동 등을 벌였으며 1918년 신한청년당이 결성될 당시 여운형, 조동호 등과 함께 창립에 관여하였고 1935년 민족유일당 추진 과정에서 형성된 조선민족혁명당의 중앙집행위원이 되기도 했다. 1945년 11월 임시정부 인사들의 귀국 때 민족혁명당 대표이자 임시정부 부주석 자격으로 함께 들어왔다. 해외활동이 많았던 것은 이승만과 유사했지만 국내 지지기반이 약했던 것은, 해방 이후 중도파 활동이나 좌우합작위원회, 남조선과도입법의원 활동과 남북협상에 이르기까지 통일독립국가 수립을 위한 그의 노력에도 불구하고 그만큼 영향력을 발휘하기 어렵게 만들었다.

반면 해방 이후 정치세력들에게뿐 아니라 일반 대중들 사이에도 인지도가 높았던 김구와 이승만의 운명은 미국과 소련의 관계, 3국 외상회의 결과를 둘러싼 탁치논쟁과 남한단독정부 수립의 본격화 과정에서 극명하게 엇갈렸고, 결국 김구는 암살로 생을 마감했으며 이승만은 대한민국 초대 대통령이 되었다.

해방 직후 김구의 이러한 대중적 인지도는 미군정에게도 영향을 미쳤다. 1945년 11월 2일 주한미군 사령부 참모회의 석상에서 하지는 김구에 대해 "스튜에 필요한 소금이 될 것이고 그의 출현은 우리에게 도움이 될 것"이라고 말했으며, 11월 24일 귀국한 김구를 처음 소개하는 기자회견장에서도 하지는 "조선을 극히 사랑하는 위대한 영도자"로 소개한 바 있었다(정용욱 2003, 216). 미군정의 이런 태도는 임시정부의 명망성 때문이었다.

> "임정은 한국 독립운동의 신적 존재다. 한국의 어린이들은 25년 간 임정이 독립의 날을 가져오기 위해 일하고 있다고 비밀리에 배워 왔다. … 비록 임정 관리들이 기여할 수 있는 것이 그들의 명성뿐이라 하더라도 이러한 한국 독립운동의 신적 존재가 지금 시점에서 출현하는 것은 의심할 바 없이 건전한 한국 행정부를 발전시키는데 도움이 될 것이다 … (정용욱 2003, 236~237)"

1945년 11월 선구회의 여론조사나 당시 시점 미군정의 인식으로 볼 때, 당대 한국인들에게 임시정부의 영향력은 의심할 바 없는 것이었다.

한편 선구회는 동 여론조사에서 '조선의 내각을 조직하라 하면 어떠한 인물을 어떠한 지위로 추천하여야 조선 장래가 제일 잘 발전할 것인가?'를 물었고 아래는 각 지위에 가장 다수 지지를 얻은 사람들을 모아놓은 것이다.

[그림 2-3-4] 내각이 조직될 경우 적당한 인물(선구회 조사결과)

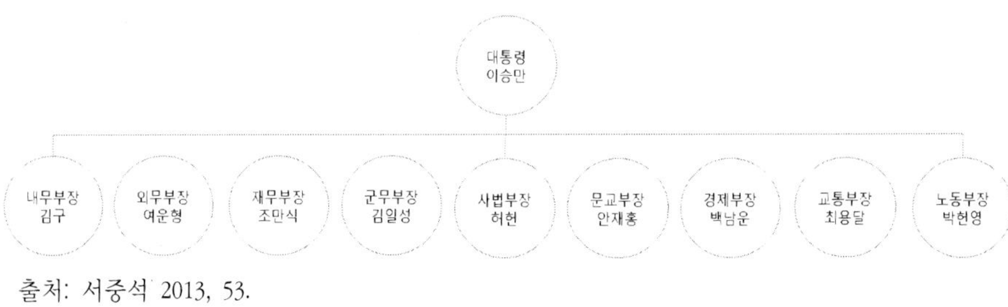

출처: 서중석 2013, 53.

이 결과는 당시 한국인들에게 각 독립 운동가들의 장점이 어떻게 인지되고 있는지를 보여준다. 항일무장투쟁으로 인지도를 높였던 김일성은 군무부장에, 조선공산당 활동을 벌였던 박헌영은 노동부장에 꼽혔다. 상해 임시정부 외무부 차장을 맡기도 했던 여운형은 식민지 시기에도 일본을 자유롭게 드나들며 일본 관료들과 교류가 가능했던 독특한 지위를 가지고 있었다. 소련, 중국과 외교활동을 벌였으며 중국혁명에 관여하기도 했고 1933년에는 조선중앙일보 사장에 취임하기도 했다. 1940년에서 42년 사이 일본 정부는 여운형을 일본으로 다섯 차례나 불러 들였고, 중국과 휴전협정을 도와달라는 요청을 했으며, 이 과정에서 여운형은 일본의 패망을 확신했고 측근들에게 조선의 독립준비를 지시했다고 한다(정병준 2010, 157).

한편 문교부장으로 꼽힌 안재홍은, 1927년 민족주의 계열과 사회주의 계열의 협력으로 탄생했던 신간회 활동에 관여했고 1945년 해방 직후 건국준비위원회 부위원장을 역임했으며 후일 좌우합작운동에도 참여했다. 그러나 그는 기본적으로 우파 민족주의자였다. 그는 건국준비위원회에서 조선공산당 계열이 득세를 하자 건준을 이탈하였고 1946년 2월 미군정의 민주의원에도 참여한 바 있었다. 하지만, 3국 외상회의 결정에는 신탁통치 반대와 연합국에 대한 적대를 구분해야 한다는 신중한 태도를 취했고 우파들이 분단정부 수립에 나서자 좌우합작운동을 통해 통일독립정부 수립 활동에 적극적이었던 민족주의자였다.

재무부장으로 꼽힌 조만식은 개신교 민족주의자였다. 일제 강점기 3.1운동에 적극 참여였고 교육활동과 물산장려운동에 나섰으며 한국인 자본으로 대학을 설립하자는 민립대학 기성회운동을 추진하기도 했고 신간회 활동에도 결합했던 인물이다. 해방 직후 건국준비위원회 평안남도 위원장을 역임했고, 후일 3국 외상회의 결정에 대해 신탁통치 반대활동을 펴다가 감금되기도 했다.

사법부장으로 지목된 허헌은 후일 대한민국 초대 대법원장을 지낸 김병로, 초대 법무부장관을 지낸 이인과 함께 일제 강점기 손꼽히는 변호사로 활동했다. 독립 운동가들의 변호나 한국인들의 고용, 임금문제 등에 대해 무료 변론활동을 벌였으며 해방 직후에는 건국준비위원회에 참여하였고 건준이 인민공화국으로 전환된 이후에는 인민공화국 국무총리에 추대되기도 했다. 후일 남조선노동당 활동을 하다가 북으로 건너갔고 더 나중에는 김일성대학 총장을 역임한 것으로 알려져 있다.

경제부장으로 지목된 백남운은 일제 강점기 연희전문학교의 경제학과 교수였으며 대표적인 사회주의 경제학자로 꼽혔던 인물이다. 후일 남북협상 차 북한으로 건너가 정착했으며 북한 최고인민회의 의장을 지내기도 했다. 교통부장으로 꼽힌 최용달은 법학을 전공하고 보성전문학교 교수로 지냈으며 건국준비위원회에 관여하였고 이후 월북하였다.

선구회 여론조사 결과를 자신의 저서를 통해 소개했던 서중석에 의하면, "선구회가 우파 성향의 조직임에도 불구하고 장차 조직될 임시정부 내각 명단에 추천된 인물은 좌익이 여섯 명, 우익이 네 명으로 좌익이 우익보다 많았"으며, "한민당 관련 인물이 단 한 명도 1위를 차지하지 못한 것은 당시 한민당에 대한 대중적 지지도를 잘 보여주는 결과"라고 진단하기도 한다(서중석 2013, 53).

해방 후 좌우대립이 본격화되기 직전 시점에 조사된 위 결과는, 당대 한국인들이 독립 운동가들에 대해 가졌던 인식과 함께 해방 직후 조선이 가졌던 인적 자원에 대해서도 확인을 시켜주는 것이다. 만약 미군과 소련군에 의한 분할 점령과 미소 냉전체제의 본격화라는 국제질서의 변동이 없었더라면, 혹은 1947년 3월 트루먼 독트린으로 미국의 대소봉쇄정책이 공식화되기 이전에 '3국 외상회의' 결정사항이 미소공동위원회를 통해 이행될 수 있었더라면, 위 언급된 인물들은 남북한으로 나뉘지 않고 하나의 독립국가에서 유권자들을 대표하여 정부를 구성할 수 있지 않았을까?

그 구성이 어떠하든, 아마도 당대 한국인들은 좌우를 망라하여 독립운동에 기여했던 주요 활동가들이 함께 이끄는 정치와 정부를 원했을 것이다. 박헌영과 김구가, 김일성과 이승만이 국무회의에서 함께 앉아 정부를 이끌 수 있다고 생각했던 당대 한국인들의 입장에서, '3국 외상회의' 결정 이후부터 본격화된 좌우대립이나 그로 인한 남북한 분단정부의 수립은 이해하기도, 받아들이기도 어려운 상황이었을 것이다.

트루먼 독트린과 한반도

트루먼 독트린은 1947년 3월 12일, 당시 미국 대통령이었던 해리 트루먼(Harry Truman)이 '그리스·터키 원조법안'의 통과를 위해 행한 의회연설에 표명된 미국의 외교정책노선을 말한다. 이 연설은 미국 정부가 그리스와 터키에 대한 군사, 경제적 원조를 해야 한다는 주장을 담은 것으로, 전체주의 체제(당시 소련)로부터 자유주의 체제를 지키기 위한 명분을 제시했으며, 이후 미국이 대소봉쇄정책을 본격화함으로써 미·소 냉전체제가 시작된 출발점으로 평가받는다.

1946년 말까지 미국은 중국에서 국공합작—국민당과 공산당의 합작—에 의해 미국의 이해관계를 보장받는 것을 우선으로 하는 정책을 추진했고, 같은 맥락에서 한반도에서도 모스크바 3상회의의 결정내용을 존중하는 선에서 미소공동위원회를 통해 좌우합작에 의한 남북한 통일정부 수립을 노선으로 가지고 있었다. 중국에서 국공합작에 의해 미국의 이해관계를 보장받으려면 소련과 대결정책은 피해야 했기에 한반도에서도 대소협조노선이 유지되었던 것이다.

그러나 중국에서 국공합작이 결렬되면서 아시아 지역에서 대소협조노선을 지속할 필요가 없어졌고, 소련이 유럽과 아시아에서 세력을 팽창하는 것을 견제하기 위해 대소봉쇄정책을 공식화한 것이 트루먼 독트린의 의미다. 1947년 3월 이후 미국의 대 한반도 정책도 전환을 맞이하게 되며, 1947년 5월에 개최되었던 제2차 미소공동위원회도 더 이상 그 이전과 같은 의미를 부여받을 수 없게 되었다.

2. 해방 이후 한국인들은 어떤 정부를 원했나?

미군정에서는 정기 혹은 부정기로 한국인들의 정치사회인식을 확인하기 위해 여론조사를 실시했는데, 그 자료들을 통해 해방 후 한국인들이 어떤 정부를 원했는지, 각 정책현안에 대해서는 어떤 입장을 가졌는지를 유추해볼 수 있다.

우선 1946년 3월 16일~29일 사이 서울거주민 4,177명을 대상으로 한 여론조사(서울의 정치동향 통계분석)의 결과를 통해 당시 미군정 및 소련군정에 대한 태도를 살펴볼 수 있다(군사실문서철 Box. 34; 송재경 2014, 43). 응답자들에 의하면, 지금 곧 미군이나 소련군이 철수한다면 내전이 일어날 것이라고 믿는 사람이 39%, 그렇지 않다고 생각하는 사람이 40%로 나타났다.

39%에 이르는 상당수의 응답자들이 내전 가능성을 믿고 있었다는 것이다. 동 조사가 시행되던 시점은 제1차 미소공동위원회 개최 전후 시점으로, 제1차 미소공위는 1946년 3월 20일부터 개최되어 5월 6일 무기휴회에 들어갔다. 1945년 12월 말 '3국 외상회의' 직후 한편으로 신탁통치반대운동이 격렬하게 전개되었고, 다른 한편으로 3국 외상회의 결정과 미소공동위원회 개최를 지지하던 입장이 대립했다. 12월 27일 '동아일보 오보 사건'은 소련 측이 신탁통치를 주장했다는 왜곡된 정보를 제공했고, 신탁통치 반대 입장에서는 3상회의 결정을 지지하는 것이 신탁통치에 찬성하는 것이고 공산주의와 소련에 동조하는 것이라는 비난을 함으로써 반소, 반공의 주장을 강화해 나갔다. 이 와중에 3국 외상회의 결정에 대해 신중한 입장을 취했던 송진우가 12월 29일 암살을 당하는 사건이 발생하기도 했다. 이런 극심한 좌우대립의 연장에서 내전의 가능성까지 내다보는 응답의 근거를 추론할 수 있다.

동아일보 오보 사건

동아일보 오보 사건은 1945년 12월 27일, 동아일보가 1면 기사로 '소련이 신탁통치를 주장했으며 미국은 즉시독립을 주장했고 소련이 신탁통치를 주장한 이유는 38도선을 유지'하려는 욕심 때문이라는 오보를 내보낸 사건이다. 보도 직후 김구, 이승만 등 임시정부 요인들은 긴급회의를 가지고 신탁통치에 대한 입장을 토의했고, 이 자리에서 김구와 송진우는 입장차이로 격렬한 논쟁을 벌인 것으로 전해진다. 그 이튿날 송진우 암살사건이 발생했다. 오보사건 이후 반소 감정이 격렬해지자 스탈린은 타스 통신을 통해 신탁통치를 주장한 것은 일관되게 미국이었으며 소련은 즉시 독립을 주장했다는 입장을 적극 개진하기도 했지만, 신탁통치반대와 반소 주장이 가라앉지는 않았다.

다음으로, 동 조사는 내전 가능성을 믿거나 모르겠다고 응답한 60%의 응답자에게 '그럼에도 불구하고 미군, 소군의 철수를 원하는가?'를 물었다. 그 결과 내전이 일어난다고 생각하거나 모르겠다고 응답한 사람들 중 70%는 그럼에도 철수를 원한다고 답한 것으로 확인된다.

[그림 2-3-5] 미군정 공보부 조사결과: 미군과 소련군에 대한 인식(1946.03)

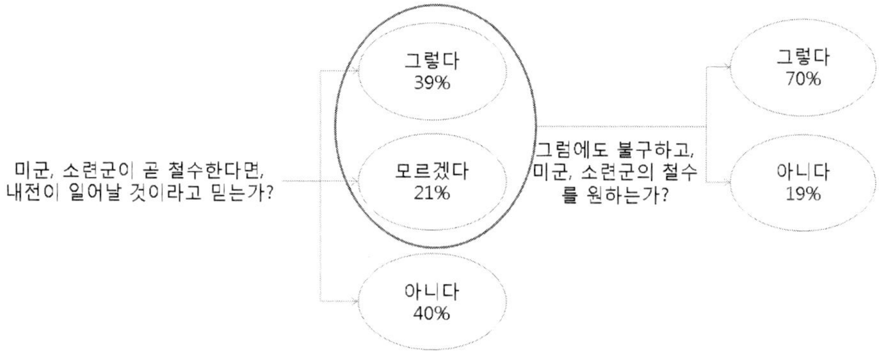

위 결과는 내전을 감수하겠다는 적극적인 의사표명이라기보다, 그만큼 미군정과 소련군정에 대한 반감이 컸던 것으로 해석할 수 있다. 해방과 즉각 독립, 한국인들의 독립국가 건설이라는 경로는 당시 한국인들에게 너무나 자명한 경로였기에 예상할 수 없었던 양국의 점령정책에 대한 반감은 그만큼 컸을 것으로 추정할 수 있다.

한편, 1946년 7월 미군정 공보부의 '미래 한국 정부형태와 구조에 대한 조사'자료는 국내에도 비교적 많이 알려져 있다. 이 조사는 서울 거주민 8,476명을 대상으로 실시되었으며, 선호하는 경제체제, 정부가 가져야 할 경제권한의 정도, 일본인 소유 토지에 대한 처리방식, 일제 강점기 한국인 대지주의 토지 처리방식 등의 문항을 포함했다(신복룡 편 1993; 송재경 2014, 28 재인용).

이 조사에 따르면, 응답자의 70%는 사회주의를 선호한다고 답했고, 13%는 자본주의를, 10%를 공산주의를 선호한다고 답했다. 이 조사결과에서 흥미로운 부분은 사회주의에 대한 압도적 지지도 있지만, 응답자 성향 분류에 따른 선호 분포다. 우익으로 분류된 응답자의 69%가 사회주의를, 좌익으로 분류된 응답자의 64%가 사회주의를 선호한다고 답했고, 중립 분류 집단의 77%도 사회주의라고 답을 했다는 것이다. 이 결과에 따르면 좌익보다 우익이 더 사회주의를 선호하고 중립 집단은 그보다 더 사회주의를 선호했다는 것이다.

[그림 2-3-6] 미군정 공보부 조사출처: 선호하는 경제체제(1946.7)

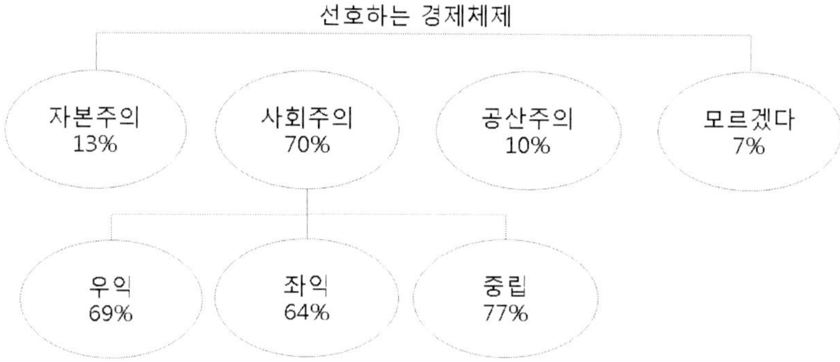

출처: 송재경 2014, 27.

이런 결과를 해석하는 한 가지 방법은 응답자들이 서로 다른 종류의 경제체제를 이해하고 구분한 다음 사회주의를 더 선호했다는 것이다. 또 다른 해석은 서로 다른 경제체제에 대해 구분하지 못하나 사회주의라는 용어에 훨씬 노출이 많이 되어 있었기 때문에 인지도에 따른 응답을 했다는 해석이다.

우선 후자의 해석을 뒷받침할 수 있는 근거를 살펴보면, 당시 언론지형에서 좌익이 우세했으며 따라서 '자본주의'보다는 '사회주의'라는 용어에 노출될 확률이 더 높았다는 것이다. 해방정국에서 발간된 25개 주요 일간지의 정치적 성향 분류를 보면 좌익이 7개, 우익이 8개, 중립이 10개였지만 발행부수로는 좌익 성향 신문이 22만 300부, 우익성향 신문이 14만 4천 부, 중립 성향 신문이 2만 7천부로 좌익이 더 우세했다고 한다(이상철 1982, 178). 당시 언론환경에 대한 미군정의 보고서는 다음과 같이 평하고 있다.

> "… 대부분의 신문 경향은 분명히 좌로 기울어 있다. 급진적인 신문들이 보다 많이 생겨나고 있고 현재도 급진적인 신문들이 많다는 것은 의심의 여지가 없으며 … 어떤 노선을 따라 연주를 되풀이해 대면 그 여파가 사람들의 사고에 영향을 미치리라는 것은 자명한 이치이다(최진섭 2000, 198; 강준만 2004, 162 재인용)."

김일영은 이 결과에 대해 "당시의 사회주의는 스탈린식 사회주의나 공산주의를 의미하는 것이 아니라 독립운동에 크게 공헌했던 주체로서 중도적 이미지의 사회주의를 의미한다(동아일보 2005년 10월 3일자 4면; 강준만 2004, 164 재인용)"

고 해석했으며, 전상인도 "광복 직후 혼란기에 자본주의와 사회주의를 구분할 정도로 국민의식이 높았는지 의문(중앙일보 2005년 10월 3일자 3면; 강준만 2004, 164 재인용)"이라는 해석을 한 바 있다. 이런 해석은 좌우익, 중도를 막론하고 사회주의를 선호했다는 점에서 상당한 설득력을 가진다고 하겠다.

그런데 함께 조사된 다른 문항에 대한 응답을 보면, 용어를 어떻게 사용하든 간에 일정한 정책적 경향성을 가지고 사용하고 있음을 발견하게 된다. 미군정 공보부는 같은 조사에서, 정부가 어느 정도 경제 권력을 행사해야 하는지를 확인하기 위해 다음 각 정책에 대한 찬반 의견을 물었다.

[그림 2-3-7] 미군정, 해방 후 한국인들의 정책선호 조사결과(1946.7)(찬성 비율)

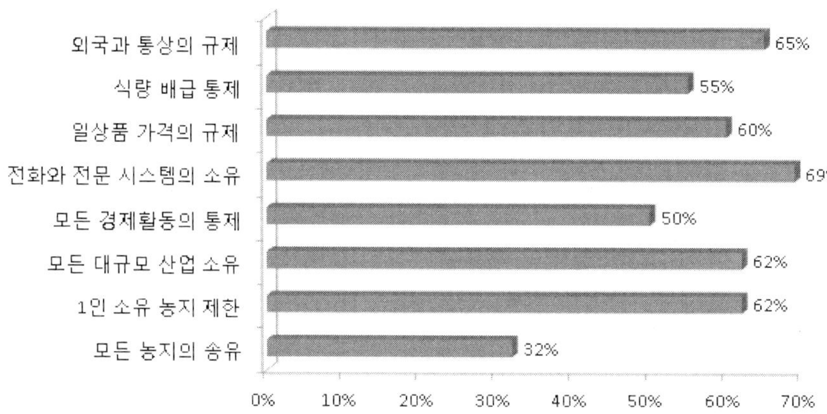

출처: 송재경 2014, 27~28.

조사결과, 서울 거주 응답자들은 모든 대규모 산업을 정부가 소유해야 한다거나, 1인 소유 농지를 제한, 전화와 전문 시스템을 소유, 일상품 가격 규제, 외국과의 통상 규제, 식량 배급과 통제 등에 대해 50% 이상의 찬성률을 보이고 있었다. 1945년부터 1948년까지 미군정 공보부 여론조사 자료를 분석했던 송재경에 따르면, 대규모 산업 국유화나 모든 산업 국유화에 대한 지지는 분석대상 기간 다른 조사에서도 일관되게 높은 지지를 받고 있었다고 한다(송재경 2014, 29).

해방 직후 한국인들은 자유 시장 경제를 경험해 본 바가 없었고, 일제 강점기의 경제운용은 점령당국의 소유나 규제로 이루어졌기 때문에 이런 응답은 당연한 결과일 수 있다. 그렇다 하더라도, 즉 제한된 경험적 기반 위에서 갖는 정책선호라 하더라도, 당대 한국인들이 앞으로 수립될 정부의 경제정책으로 위와 같은 내용을 선호했다는 것은 변함이 없다. 또한 그들이 어떤 용어에 담았던 간에, 이런 정책기조를 가진 정부를 지칭하는 것으로 선호하는 경제체제를 사용했을 것이라는 점도 분명해 보인다.

한편 같은 조사에서 정부수립 이후 예전 일본인 소유토지의 처리방안을 물었다. 응답자들은 '정부가 보유해야 한다' 36%, '소작농에 판매해야 한다' 31%, '소작농에게 분배해야 한다' 30%, '모르겠다' 3%로 응답했다고 한다. 또한 일제 강점기 토지보유자의 토지에 대한 처리방안에 대해서는, '현재 소유자가 갖도록 허락해야 한다' 12%, '각 지주는 특정한 양의 토지를 제한받고 나머지는 정부에 적당한 가격에 판매해야 한다' 48%, '각 지주는 특정한 양의 토지를 제한받고 나머지는 정부가 압수해야 한다' 22%, '모르겠다' 3%로 나타난다. 전체적으로 경자유전 원칙에 따라 경작자에게 토지가 분배되어야 한다는 것, 하지만 무상으로 제공되어야 한다는 생각보다 일정한 대가를 지불하는 안에 대한 지지가 상대적으로 높다는 것으로 해석할 수 있으며, 이후 이승만 정부에서 추진된 농지개혁의 주된 내용과도 맥이 통한다고 할 수 있겠다.

제3절 대한민국 최초의 유권자들

1. 선거인 등록을 당한(?) 유권자들

제헌국회 선거는 3월 30일부터 4월 16일까지 진행된 유권자등록[1]으로부터 시작되었다. 제헌국회 선거에서는 유권자들이 직접 선거인등록을 해야만 투표할

1 유권자등록제는 투표하기 전에 유권자들이 스스로 등록을 해야만 투표권을 행사할 수 있는 제도로, 제2대국회부터는 폐지되어 지금처럼 자동등록제가 되었다.

[그림 2-3-8] 제헌국회 선거에 투표하는 유권자들

출처: 서울특별시사편찬위원회 「대한민국 수도 서울의 출발(1945~1961)」.

자격이 주어졌는데, 다음 자료를 통해 당시 선거인등록 관련 상황을 유추해 볼 수 있다.

한국여론협회는 서울 충무로, 종로 통행인 1,262명을 대상으로 5.10선거에 투표하기 위해 선거인 등록을 했는가에 대한 설문조사를 시행했다(새한민보, 1948년 5월 상·중순호; 서중석 2013, 87 재인용). 조사결과에 따르면 응답자 중 74%는 등록을 했다고 응답했고 26%는 하지 않았다고 답했다. 등록 응답자에게 자발적으로 등록을 했는가, 강요에 의한 것이었나를 물었을 때 91%가 강요에 의한 등록이었다고 응답했다. 또한 동 조사에서 강요당했다는 응답자들에게 누구에게 강요당했는가를 물었는데, '청년단체 또는 반장에게 강요당했다'는 응답이 55%를 차지한 것으로 나타났다.

[그림 2-3-9] 제헌국회 유권자등록 관련 여론조사(새한민보 1958년 5월)

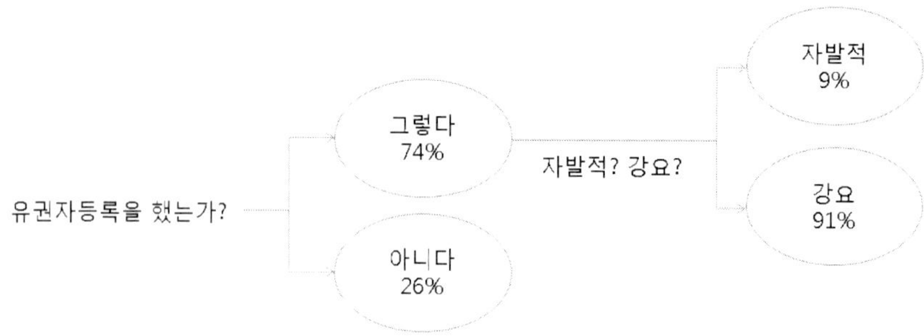

이 조사결과가 공표되었을 때, 미군정 공보부는 조사의 공정성을 인정할 수 없다고 강력히 반박한 바 있었다(조선일보 1948년 4월 16일자). 그러나 유엔한국위원회의 기록은 이와 조금 다르다. 유엔한위는 "미곡배급통장을 발급하는 지방행정사무실에서 등록을 실시하고 미곡배급통장을 몰수하겠다고 위협하여 강제 등록을 시키며, 경찰 및 청년 단체가 등록을 강제한다는 등의 불평을 접수했지만, 구체적 증거는 발견하지 못했다"고 밝히고 "등록 반대자 중에는 주위에서 그들의 애국심을 의심할까 두려워 등록한 자도 있었을 것으로 사료된다"고 기록하고 있다(국제신문사출판부 1949, 166~167).

과연 당시 유권자등록의 진실은 무엇이었을까? 제헌국회 선거과정에 대한 한 연구에 따르면, 미군정은 총선거에 대비해 한편으로 회유책을 사용했고, 다른 한편으로는 강압적 방법을 사용했다고 한다(송유경 1995, 208~209). 회유책은 선거 직전 미군정 소유 토지를 매각하는 부분적 토지개혁을 단행함으로써 소작농들의 선거참여와 지지를 얻고자 했다는 것인데, 1948년 3월 22일자 군정법령 제173호 '귀속농지매각령'이 그것이다. 매각령에 따라 미군정이 신한공사를 통해 가지고 있던 구일본인 소유농지 31만 4천 정보 가운데 1948년 9월 15일까지 19만 9천 정보를 매각하였는데, 매각령의 시기가 선거 유권자등록일 직전이었다는 것이다.

미군정이 사용한 강압적 방법은 두 가지로 제시된다. 그 하나는 군정경찰을 '비상경비총사령부'로 편재한 다음, 이들을 통해 선거준비를 도모해나간 것이다. 실재로 경찰들을 전면에 내세워 선거등록을 강요하고 등록 거부자를 모략, 협박, 검거하는 방법을 사용해 강제동원 체제를 운영했다는 당대 증언들이 있었다(노력인민, 1948년 4월 21일자).

또 다른 방법은 '향토보위단(향보단)'을 조직해 경찰의 선거동원 기능을 보조하도록 한 것이다. 당시 미군정청 경무부장이었던 조병옥의 회고록에 따르면, 향보단 발상은 그로부터 비롯되었다고 한다. "5.10선거를 치르기 위하여 100만 명의 보조경찰제도를 설치"하여 선거대비를 해야 한다고 하지중장에게 건의했다는 것이다(조병옥 1959, 202). 미군정은 이 건의를 받아들여 4월 16일 군정장관 딘 소장의 지시로 경무부 협조 하에 남한 전역의 부락단위까지 향보단을 조직한다는 발표를 하게 된다. 향보단은 1)만 18세~55세까지 모든 남자는 의무적으로 가입해야 하며, 2)만 15~65세 이하 남녀는 향토방위에 대한 공동책임이 있고 3)향보단 운영에 필요한 경비는 각 지역 주민의 의연금으로 충당하도록 되어 있었다(제주신보, 1948년 4월 18일자; 송유경 1995, 209 재인용).

선거기간 향보단은 '선거등록 강요, 투표강요 등 선거를 성공적으로 치르기 위해 경찰이 전면에 나설 수 없는 일들을 도맡아'했다고 한다. 군정경찰과 향보단의 선거동원 활동은 유엔한위에 접수된 불만사항의 내용과 일치한다. 또한 선거가 끝난 후 5월 13일 유엔한국임시위원단 임시의장이었던 시리아 대표 무길(Yasin Mughir)은 투표 당일에도 향보단의 위법활동이 있었음을 증언하고 있다.

> "우리들은 투표소 내와 그 주변에서 향토보위단을 발견한 일이 있다. 그들은 투표자의 자유를 제한한 것 같다. 어떤 투표소에서는 경찰이 투표소 안에 있었다. 청년단체 회원들도 투표소 둘레나 안에 정복을 입은 채로 서 있었다(동아일보 1948년 5월 14일자; 송유경 1995, 212 재인용)."

대한민국 최초 유권자들의 상당수는 이렇게 경찰과 향보단 활동을 통해 만들어졌다는 것이다. 또한 투표당일에조차, 그 비율이 어느 정도이든 간에 '자유롭고 공정한 분위기에서 비밀투표'를 보장받지 못한 유권자가 있었다는 것이다.

2. 대한민국 최초의 선거, 투표율은 96.4%?

그렇다면 경찰과 향보단을 통해 동원된 체제에서 투표참여는 어떻게 되었을까? 제헌국회 선거의 투표 관련 정부 공식 집계자료는 중앙선거관리위원회가 발간한 「대한민국 선거사 제1집」(1973)에 수록되어 있다. 이 자료에 의하면 제헌국회 투표율은 95.5%, 유효투표율은 96.4%로 확인된다(중앙선거관리위원회 1973, 616). 그런데 동 자료는 1948년 기준 총인구 가운데 선거법 상 명시된 21세 이상 선거권자의 총수가 명기되어 있지 않고, 등록유권자수를 선거인수로 기록하고 있으며, 등록유권자수를 기준으로 투표자수의 비율을 투표율로 산정한 것이다. 즉 공식집계기록 96.4%의 유효투표율은 등록유권자총수 대비 유효투표자수의 비율이므로, 유권자 자동등록제를 시행하고 있는 현재 시점과 투표율 산정방식이 다른 것이다.

그렇다면, 당시 기준에서 총 선거권자 대비 등록유권자의 비율과 총 선거권자 대비 투표참여자의 비율은 어떻게 산정될 수 있을까?

당시 "UN한국임시위원단에 관한 미국 연락장교의 보고서" 자료에서 관련 추정치를 발견할 수 있다. 자료에 따르면, 당시 총인구를 기준으로 등록한 유권자는 전체 유권자의 79.7%정도였던 것으로 파악된다[2](박찬표, 2007, 395에서 재인용). 유권자등록이 시작되었던 1948년 3월 기준 국내에 거주했던 인구에 대한 정확한 조사수치는 없다. 따라서 동 보고서는 1946년 9월 조사 총인구를 기준으로 자연인구증가분을 합산한 다음 1946년 9월 이후 1948년 3월까지 해외나 북한으로부터 남한에 유입된 인구를 추가로 합하여 총인구수를 산정하였다. 그리고 1947년 기준 전체 인구 가운데 21세 이상 인구의 비율을 곱하여 총 선거권자의 수를 추산하였고, 이를 기준으로 등록유권자의 비율을 계산해 보면 대략 선거권자의 79.7%정도가 등록을 했다는 결론이다. 그리고 총선거권자 기준 투표자의 비율은 71.6%정도로 나타난다. 총선거권자 10명 중 8명이 등록을 했고 7명이 투표를 했다는 것이다.

---

2 등록유권자총수에 대한 기록도 동 보고서와 중앙선거관리위원회가 제공하는 데이터는 약간의 차이가 있다. 중앙선관위 자료에 의하면 전국 등록유권자 총수는 7,840,871명인데 반해 동 보고서에서는 7,837,504명이다. 각 지역별 등록유권자수도 곳곳에서 차이를 보인다. 예컨대 서울의 등록유권자수는 568,291로 동일하지만 경기지역은 선관위 기록에 따르면 1,088,515명인데 반해 동 보고서는 1,085,470명이다. 이런 방식으로 충북, 경북, 경남에서도 등록유권자수에 약간씩의 차이가 발견된다.

〈표 2-3-6〉 5.10 선거 투표 현황(명, %): 미국 측 자료

	총인구 (48.04.01)	유권자	등록자 (유권자 대비 등록률)	투표자 (등록자 대비 투표율)	투표율 (유권자 대비)
서울	1,247,000	616,000	568,291④ (92.2)	488,304(92.8)⑨	79.2
경기	2,575,000	1,269,000	1,085,470⑤ (85.4)	981,638(96.6) ⑨	77.3
강원	1,167,000	575,000	467,554(81.3)	458,038(98.0)	79.7
충북	1,147,000	565,000	461,885(81.8)	444,632(96.3)	78.7
충남	1,992,000	982,000	794,392(80.9)	760,694(95.8)	77.5
전북	2,093,000	1,032,000	801,988⑥ (77.7)	727,718(96.7)⑨	70.5
전남	3,058,000	1,508,000	1,106,397⑦ (73.3)	908,879(93.6)⑨	60.2
경북	3,260,000	1,607,000	1,227,597⑧ (76.4)	992,036(92.1)⑨	61.7
경남	3,300,000	1,627,000	1,287,890(79.2)	1,242,750(96.5)	76.3
제주 ①	108,000	53,000	37,040(69.8)	32,062(86.6)	60.5
총계	19,947,000②	9,834,000③	7,837,504(79.7)	7,036,750(95.2) ⑨	71.6

출처: Report of the Military Governor on the Holding of Elections in South Korea on 1948.5.10. Inclosure No.4 & Inclosure No.55; "UN한국임시위원단에 관한 미국 연락장교의 보고서" 91면; 박찬표 2007, 395에서 재인용

①: 제주는 선거 무효가 된 북제주군을 제외한 남제주군만의 통계.

②: 1946년 9월 현재 총인구(19,369,270명)+1946년 9월부터 1948년 3월까지 남한으로 유입된 인구(228,369명)+자연 인구증가분(523,240명, 증가율 년 1.8%로 계산)

③: 1947년 21세 이상인 자의 등록(750만 대상)에서 도출된 49.3%에 기초.

④: 단독 입후보 1개 선거구(등록자 42,021) 포함.

⑤: 단독 입후보 2개 선거구 (등록자 68,755) 포함.

⑥: 단독 입후보 1개 선거구(등록자 49,149) 포함.

⑦: 단독 입후보 3개 선거구(등록자 135,292) 포함.

⑧: 단독 입후보 5개 선거구(등록자 150,405) 포함.

⑨: 단독 입후보 선거구의 유권자 제외.

그런데 위 보고서의 추정치도 지적하고 있듯이 1948년 5월 10일 제주도 3개 선거구 가운데 2개 선거구의 투표는 선거무효가 되었고, 등록 선거인수나 투표수에 포함되지 않았다. 그렇다면 제주도는 어떤 상황이었을까?

〈표 2-3-7〉 1948년 5월 10일 선거 제주도 투표상황

선거구	북제주군 갑구	북제주군 을구	남제주군	제주도 전체
인구수	–	–	–	–
유권자수	–	–	–	–
등록자수?	27,560명	20,917명	37,040명	85,517명
투표인수	11,912명(43%)	9,724명(46.5%)	32,062명(86.6%)	53,698명(62.8%)
총투표구	73개소	61개소	87개소	221개소
미실시	42개소(57.5%)	29개소(47.5%)	1개소(1.2%)	72개소(32.6%)
결과	선거무효	선거무효	오용국 당선	2개선거구 무효

출처: 조선일보 1948년 5월 20일자; 송유경 1995, 206 참고 재작성.

당시 한 신문자료에 의하면, 북제주군 갑 선거구의 투표소 중 42개소, 을 선거구 투표소 중 29개소가 투표를 실시하지 못했다고 한다. 이 두 개 선거구는 1년 뒤인 1949년 5월 10일 선거가 다시 시행되었다. 그런데 제주도의 1949년 투표의 공식집계자료도 신뢰도는 매우 떨어진다. 중앙선거관리위원회가 제공하는 1949년 자료를 보면, 등록선거인 총수가 없고 총투표수도 없다. 단지 각 후보들이 얻은 표수와 유효투표수 총합에 대한 기록만이 있을 뿐이다. 이 기록을 1948년 위 신문보도 자료와 비교해 보면, 북제주군 갑구의 총 유효투표수는 34,881로, 1948년 5월 등록선거인수보다 7300여 표가 더 많다. 북제주군 을구의 총 유효투표수는 23,847로, 1948년 등록선거인수보다 8천여 표가 더 많다. 1948년 5월 10일 북제주군에서는 투표가 제대로 시행되지 못했을 뿐 아니라 선거인등록도 제대로 이루어지지 못했다는 것이다. 1948년 5월 10일 선거를 앞두고 '4.3항쟁'이 발발했고 그 후 1년여의 과정을 거치면서 전체 제주인구의 1/10정도가 학살당한 것으로 추정되고 있다. 이런 상황을 고려한다면 더더군다나 위 신문자료는 많은 것을 말해주고 있다.

CHAPTER 04 1948년 대한민국 최초의 후보자들

제1절 미군정기 정당등록제와 정당 현황

1948년 5월 10일, 200명의 의원을 선출했던 제헌국회 선거에서 후보를 낸 정당·단체의 수는 총 48개, 후보자 총수는 948명이었다. 현재의 시점에서 보면, 1945년 8월 15일 해방된 이후 불과 3년여 만에 어떻게 이렇게 많은 정당·단체들이 만들어졌는지 의문이 들 수 있다. 그러나 당시 미군정에 등록된 정당의 수는 이보다 훨씬 많았다. 미군정 진주 직후 점령군 사령관 하지는 1945년 9월 11일 입국 후 첫 기자회견에서 "나는 통일된 의견과 방책을 듣고자 12일 오후 2시 반에 부민관에서 각계 각 조직체의 대표 2인씩을 만나 나의 일에 협조할 것을 희원하고자 한다."는 의견을 밝혔는데, 한 연구자는 하지의 이런 발언이 "'정당이여, 오라!'는 뜻으로 받아들여져 정당의 난립을 초래했다"는 진단을 내리기도 한다(김기협 2011). 아무튼 미군정은 진주 직후 남한 내에 활동하는 정당이나 단체에 대해 특별한 조치를 취하지 않았다.

1946년 제1차 미소공동위원회의 개최를 앞두고 남북한 통일정부 수립과정에 참여할 남측의 정당·단체들에 대한 파악이 필요했던 미군정은, 1946년 2월

23일 「군정법령」 제55호 '정당에 관한 규칙'을 공포하고 정치활동을 할 목적으로 결성된 3인 이상의 단체들의 등록을 의무화했다. 그 결과 1946년 6월 미군정청에 등록된 정당의 수는 107개로 집계되며, 1946년 제2차 미소공동위원회와 정부수립 논의에 참여할 것을 신청한 정당·단체들 가운데 미군정이 인정한 단체의 수만 422개에 이르렀다고 한다.[1] 미군정 하에서 정치단체의 수가 급격하게 늘어나게 된 원인에 대해, "(미군정이 미소공위에서 미군정의 입장을 대변하는 남측 인사들의 대표로 내세우기 위해 준비했던) 민주의원은 대표성이 극히 박약했고, 가장 두드러진 문제가 좌익 배제였다. 민주의원을 앞세워 미소공위에 임하려면 좌익의 항의와 반대가 불을 보듯 빤한 일이었다. 좌익의 조직적 활동을 억압하는 데 이 법령의 목적이 있었다는 것은 감출 수 없는 사실 … (김기협, 2011)"이라는 진단이 존재하기도 한다.

미군정이 요건을 갖추어 정당등록을 요구하자, 당시 활동하던 정당들 내에서는 이 시도가 정당에 대한 규제나 미군정의 호불호에 따라 정당 활동을 억압하겠다는 것으로 받아들여졌고 독립동맹 등 40여개 단체는 공식적으로 군정법령에 대한 항의를 표시했다(서울신문, 1946년 2월 28일자). 정당들의 이런 항의를 일부 반영하여 1946년 4월 30일 미군정은 「군정법령」 제55호 중 정당회계 및 자금에 관한 사항을 등록요건으로 했던 조항을 삭제한 「군정법령」 79호를 공포했고, 이후 이 「군정법령」 제79호는 대한민국 정부 수립 이후 1960년까지 존속하면서 사실상 정당들을 규제하는 법률로서 기능했다.

제2절 제헌국회 선거에 대한 각 정치세력의 입장

유엔 감시 하에 전국 총선거를 소련이 거부하면서 남한 단독선거가 결정되자 좌–우의 민족주의 진영은 단독선거 저지를 위해 남북협상을 추진했고, 남

---

1 한국민족문화대백과. '정당', http://terms.naver.com/entry.nhn?docId=795486&cid=46626&categoryId=46626(2015년 1월 20일 검색).

〈표 2-4-1〉 단독선거 과정에서 각 정치 세력의 입장

	좌파진영	중도진영			우파진영	
	좌파	중간좌 (근민당)	민독당 (홍명희)	중간우 (김규식)	김 구	이승만 한민당
유엔 감시 전국 총선	반대	반대	지지	지지	지지	지지
유엔 감시 남한 단선	반대	반대	반대	반대	반대	지지
남북협상	찬성	찬성	찬성	찬성	찬성	반대
양군 철수	즉시철수	즉시철수	–	철수	즉시철수	주둔
5.10선거 대응	저지	반대	반대	불참	불참	참여
체제 선택	북한			남한		

출처: 박찬표 2007, 389 <표 14> 재구성.

북협상에 적극적이었던 정치세력들은 대개 단독선거에 적극적인 반대활동을 벌이거나 불참전략을 천명했다.

남조선노동당은 적극적인 단독선거 저지투쟁에 나섰으며 이른바 '2.7구국투쟁'에 나설 것을 천명했고, 이후 약 3개월 동안 전개된 단독선거 저지투쟁으로 740여 명에 달하는 사망자가 발생하는 등 격렬한 저지활동을 벌였다. 한편 좌우합작운동에 함께 했던 중도좌–우파 민족주의 세력들은, 한국 문제가 유엔으로 이관되고 미국의 유엔개입에 의한 선거 실시 방침과 소련의 미·소 양군 철수와 조선 문제의 한국인 처리방침이 대립하게 되면서 중도파도 좌우로 분열이 일어나기 시작했다. 근로인민당 등 중간 좌파 세력은 한국문제의 유엔 이관 방침 자체에 반대했기 때문에 남북한 전체이든 남한 단독이든 유엔 개입에 의한 선거실시에 반대하는 입장이었고, 제헌국회 선거에도 불참입장을 취했다.

한편 중간우파 진영은 유엔 감시 전국 총선에는 찬성하는 입장이지만 단독선거에는 반대하는 입장이었으나, 1948년 2월 유엔에서 남한 단독선거가 최종 결정되자 복잡한 양상을 띠었다. 홍명희의 민족독립당은 단독선거 반대 입장을 분명히 한 반면 김규식은 단독선거 참여에 대해 신중한 입장을 취했다. 결국 김규식은 남북협상에 나서게 되지만, 남북협상이 성과 없이 끝난 뒤 돌아오게 되었다. 결과적으로 제헌국회 선거에는 참여하지 않았지만 1950년 제2대 국회의

원 선거에는 참여입장을 밝히게 된다.

한편 '3국 외상회의' 결정 이후 이승만과 함께 신탁통치 반대운동을 했고 1946년 6월 이승만의 남한 단독정부 수립 노선이 천명된 이후에도 행보를 함께 했던 김구는 최종적인 순간 남북협상을 선택했다. 그는 한국문제가 유엔으로 이관된 이후 '미·소 양군 철수 후 유엔 감시 하에 남북 지도자들 간의 합의에 의한 전국 총선'을 하자는 입장(경향신문, 1948년 1월 29일자)을 밝혔지만, 결국 남한 단독선거로 결론이 남에 따라 남북협상노선으로 돌아서게 된다.

중도파와 김구 등 민족주의자들이 5.10선거를 앞둔 최종 순간까지 단독선거와 단독정부 수립을 막기 위해 여러 모색을 했던 반면, 이승만과 한민당은 1946년부터 일관되게 남한 단독선거에 의한 정부수립노선을 천명했고 결과적으로 이 두 세력만이 안정적인 선거준비에 전념할 수 있었다. 남북협상에 기대를 걸었다가 실망하고 돌아온 민족주의자들 중 일부는 서울로 돌아온 뒤 동료들의 선거참여에 반대하지 않았을 뿐 아니라 적극적인 입장으로 선회하기도 하지만, 시기적으로 보아 조직적인 준비를 할 수 있는 시점을 이미 지나 있기도 했다. 이런 우여곡절 끝에 1948년 제헌국회 선거는 이승만, 한민당 세력만이 조직적으로 준비된 상태에서 시행을 맞이하게 되었다.

제3절 제헌국회 선거에 입후보한 후보자들

200개 선거구에 입후보한 후보자들은 총 948명이었으며 이 가운데 여성후보자는 18명으로 1.9%를 차지했다.[2] 정당·단체를 기준으로 보면, 대한독립촉성국민회(이하 독촉) 235명, 한국민주당 91명, 대동청년단 87명, 민족청년단 20명 순이었으며 후보자들이 내건 정당 및 단체의 숫자는 48개였다. 하지만 가장 많은 417명의 후보자들은 무소속으로 출마했으며 가장 많은 당선자를 낸 집단도 무소속이었다.

2 『대한민국 선거사 1집』(1973) 기준이다.

〈표 2-4-2〉 제헌국회 출마 후보자: 정당·단체 기준(당선자가 있는 경우)[3]

	대한민국 선거사 1집(1973)				중앙선관위 선거통계시스템
	후보자		당선자		후보자
	수	비율	수	비율	수
무소속	417	44.0	85	42.5	–
대한독립촉성국민회	235	24.8	55	27.5	194
한국민주당	91	9.6	29	14.5	86
대동청년단	87	9.2	12	6.0	71
조선민족청년단	20	2.1	6	3.0	18
대한노동총연맹	12	1.3	1	0.5	10
대한독립촉성농민총연맹	10	1.1	2	1.0	10
조선민주당	5	0.5	1	0.5	4
대한청년단	4	0.4	1	0.5	2
한국독립당	3	0.3	1	0.5	3
교육협회	2	0.2	1	0.5	2
단민당	2	0.2	1	0.5	2
대성회	1	0.1	1	0.5	1
전도회	1	0.1	1	0.5	1
민족통일본부	1	0.1	1	0.5	1
조선공화당	1	0.1	1	0.5	–
부산일오구락부	1	0.1	1	0.5	–
당선자 없는 단체 후보	55	5.8	0	0.0	–
합계	948	100.0	200*	100.0	948

*1948년 5월 10일 선거에서는, 제주도 3개 선거구 가운데 북제주군 2개 선거구의 선거가 무효처리 되었고 1949년 5월 10일 재선거가 다시 시행되어, 1948년 기준으로 의원정수는 198명이어야 하나 통계에는 1949년 제주 2개 선거구 선거결과를 합산하여 200명이 된 것임.

3 중앙선거관리위원회가 공식 집계한 제헌국회 선거통계를 인쇄본으로 발간한 가장 최근의 책은 『대한민국 선거사 제1집』(1973)이다. 그러나 이 자료상의 각종 통계와 현재 중앙선거관리위원회 홈페이지에서 제공되는 중앙선거관리위원회 선거통계시스템 [역대선거정보] 수록 통계수치의 차이가 작지 않다. 이하에서는, 필요한 경우 두 종의 데이터를 병기하여 이 책을 읽는 독자들이 두 종의 데이터를 비교하면서 볼 수 있도록 하고자 하되, 본문기술은 『대한민국 선거사 제1집』(1973)이 제공하는 데이터를 기준으로 한다. 중앙선거관리위원회 데이터베이스 자료는 2014년 12월 20일자로 확인된 데이터를 기초로 한다.

당시에는 지금과 달리 정당추천제가 없었고 모든 후보들은 선거인추천제를 통해서만 입후보할 수 있었기 때문에 정당 구속력이 없었다. 제헌국회 선거에 출마한 정당 및 단체 가운데 단 1명의 후보만을 내세운 단체가 25개나 되었으며, 복수의 후보를 내세운 정당 및 단체들도 구속력이 없기는 마찬가지였다. 예컨대 독촉의 경우 범정당·단체의 성격을 가졌기 때문에 한 후보가 독촉 소속이면서 ○○청년단 소속이고 한민당 소속인 경우도 많았다는 것이다.

〈표 2-4-3〉 제헌국회 출마 후보자: 지역별

	의원정수	후보자수	경쟁율		의원정수	후보자수	경쟁율
서울	10	83	8.3	경북	33	128	3.9
경기	29	160	5.5	경남	31	147	4.7
충북	12	54	4.5	강원	12	43	3.6
충남	19	123	6.4	제주	3	18	6.0
전북	22	100	4.5	–	–	–	–
전남	29	92	3.2	합계	200	948	4.7

출처: 중앙선거관리위원회 1973.

각 지역별 경쟁률을 보면 서울이 8.3 대 1로 가장 높았고, 다음 충남이 6.4 대 1, 경기 5.5 대 1, 경남 4.7 대 1, 충북과 전북이 각각 4.5 대 1 순이었으며 전남이 3.2 대 1로 가장 낮았다.

『대한민국 선거사 제1집』에 따르면, 제헌국회 후보자들의 학력은 중학졸업자가 28.7%로 가장 많았으며 다음으로 대학졸업자가 23.9%로 많았다. 소학교 졸업자와 전문학교 졸업자가 그 다음을 차지했으며 한문수학자도 58명에 이르렀다. 당시 학력수준을 고려할 때 전체 유권자 대비 상대적으로 고학력자들의 입후보가 많았음을 알 수 있다. 특히 대학중퇴나 졸업자의 경우 당시 국내에는 대학이 많지 않았으므로 대개 해외 대학 학력을 가졌던 것으로 확인된다.

예컨대 서울 제1선거구(중구) 출마자 박정근과 윤치영은 각각 동경대와 미국아메리칸대학, 제3선거구(종로을) 출마자 장면과 최성장은 각각 맨하튼대학과 일본경도대학, 제4선거구(동대문갑) 출마자 이승만은 와싱턴대와 하버드대학을,

〈표 2-4-4〉 제헌국회 출마 후보자: 학력 기준

대한민국 선거사 제1집(1973)			중앙선관위 선거통계시스템		
학력구분	후보자수	비율	학력구분	후보자수	비율
미상	114	12.0%	미기재	119	12.6%
한문수학	58	6.1%	독학	53	5.6%
소학졸업	118	12.4%	초졸	117	12.3%
중학중퇴	13	1.4%	중퇴	6	0.6%
중학졸업	272	28.7%	중졸	227	23.9%
전문중퇴	12	1.3%	고퇴	5	0.5%
전문졸업	116	12.2%	고졸	47	5.0%
–	–	–	전문대졸	75	7.9%
대학중퇴	18	1.9%	대퇴	22	2.3%
대학졸업	227	23.9%	대졸	277	29.2%
합계	948	100.0%	합계	948	100.0%

제7선거구(서대문구) 출마자 김활란은 콜럼비아대학을 졸업한 것으로 확인된다. 또한 제1선거구 출마자 황애덕과 강용희, 제6선거구 출마자 백남훈, 제7선거구 출마자 나명균, 제8선거구 출마자 유진산은 일본 조도전대학을 졸업했거나 중퇴한 것으로 기재되어 있다. 경남지역 출마자들도 해외대학 학력자들이 다수 있었다. 제1선거구 출마자 김춘광과 문시환은 각각 명치대학과 모스크바대학, 제2선거구 출마자 김국태와 제3선거구 출마자 박성수, 제4선거구 김필애는 일본대학, 제8선거구 출마자 이시목과 제10선거구 하기석, 제12선거구 박해극, 제25선거구 최용근은 명치대학을 졸업했다.

한편 제헌국회 출마 후보자들의 직업군을 보면, 가장 많은 후보자를 낸 직업군은 농업으로 377명, 39.8%를 차지했다. 다음으로 회사원 10.3%, 상업 및 운수업 9.1%, 언론출판업 7.0% 순이었으며, 전직 민주의원 및 입법의원 출신도 36명이 출마한 것으로 확인된다.

〈표 2-4-5〉 제헌국회 출마 후보자: 직업 기준

대한민국 선거사 1집(1973)			중앙선관위 선거통계시스템		
직업구분	후보자수	비율	직업구분	후보자수	비율
민주의원/입법의원	36	3.8%	정치인	58	6.1%
농업	377	39.8%	농·축산업	386	40.7%
상업/운수업	86	9.1%	상업	56	5.9%
			운수업	3	0.3%
광공업	26	2.7%	광·공업	47	5.0%
수산업	2	0.2%	수산업	3	0.3%
–	–	–	건설업	2	0.2%
			금융업	5	0.5%
			약·의사	53	5.6%
법조인	19	2.0%	변호사	14	1.5%
종교인	25	2.6%	종교인	30	3.2%
회사원	98	10.3%	회사원	102	10.8%
교육인	18	1.9%	교육자	24	2.5%
–	–	–	공무원	6	0.6%
언론출판업	66	7.0%	출판업	61	6.4%
공익사업	22	2.3%	–	–	0.0%
무직	74	7.8%	무직	68	7.2%
기타	99	10.4%	기타	30	3.2%
합계	948	100.0%	합계	948	100.0%

〈표 2-4-6〉 제헌국회 출마 후보자: 연령 기준

대한민국 선거사 1집(1973)			중앙선관위 선거통계시스템		
연령구분	후보자수	비율	연령구분	후보자수	비율
15세~29세	18	1.9%	15세~29세	21	2.2%
30세~39세	209	22.0%	30세~39세	209	22.0%
40세~49세	386	40.7%	40세~49세	380	40.1%
50세~59세	247	26.1%	50세~59세	248	26.2%
60세 이상	88	9.3%	60세 이상	90	9.5%

제헌국회 후보자 중 최고령자는 76세였고 최연소자는 26세였다. 가장 많은 연령대는 40대로 40.7%를 차지했으며 다음으로 50대, 30대 순이었다. 민주화 이후 한국선거에 출마한 후보자들의 연령기준과 비교해 보면, 제헌국회 출마자들의 연령이 상대적으로 젊은 것을 알 수 있다.

CHAPTER

05 대한민국 최초의 국회의원들

제1절 제헌국회 국회의원들은 누구였나?

정당들이 난립했고 한 후보가 여러 단체에 속한 경우도 많았기 때문에, 제헌국회 선거결과를 어떻게 해석해야 하는가에 관한 문제는 지금도 어려운 과제로 남아있다. 또한 한민당 소속이면서 무소속으로 출마한 후보들이 다수 있었다는 것은 당시에도 공공연한 사실이었다. 미군정 당국의 보고서는 "(다수의 무소속 후보자들은) 남한 지역에서 인기 없는 한민당과의 연관이 가져올 피해를 회피하려는 사실상의 우익 분자들"이라고 보고하고 있다(UN한국임시위원단에 관한 미국 연락장교의 보고서, 86; 중앙선거관리위원회, 1964, p.383 재인용). 이런 조건에서 제헌국회 선거결과를 어떻게 해석해야 할 것인가에 관해서는 상반된 입장들이 있다.

첫 번째 해석은, 좌파와 중도파들이 5.10선거 불참을 결정한 것에 비추어 한민당과 이승만 세력이 압도적 다수를 구성했으며 무소속의 경우도 대개 이승만-한민당 세력일 것이라는 추정이다(강정구 1993; 1994). 반면 5.10선거는 이승만-한민당 세력의 압승으로 끝난 것이 아니며, 이 세력은 과반이상의 의석 확보에 실패함으로써 국민적 신임을 얻지 못한 것으로 평가해야 한다는 견해도 한 축을 이룬다(전상인 1994; 최장집 1994, 93). 이 견해에 따르면, 당초 5.10선거는 좌익의 참여가 원천적으로 봉쇄되고 김구, 김규식 등이 보이콧을 한 가운데 실시되었기 때문에 당초부터 이승만-한민당 세력에 대한 신임투표의 성격을 가졌는데, 과반다수 의석 확보에 실패함으로써 불신임을 받은 것으로 해석해야 한다는 것이다. 이런 견해는 당시 선거 직후 평가를 통해서도 확인이 된다. 1948년 제헌국회 선거결과에 대한 한 견해에 따르면, '5.10 선거는 문자 그대로 한민당의 독천장(獨擅場)으로 예상되었으나 … 한민당의 부위원장 백남훈, 사무국장 함상훈 등 주요 간부들까지 대거 탈락하는 일종의 비극에 가까운 현상'이 나타났다고 평가한다(문창성 1948, 26).

한편 선거결과가 이승만-한민당 정부수립 연합세력의 성공으로 볼 것인가, 패배로 볼 것인가 와는 다른 차원에서, 제헌국회 원내 활동을 통해 각 정치세력의 규모를 추산하는 견해도 다양하게 제시된 바 있다. 당시 선거관리를 책임졌던 국회선거위원회의 의견을 참조하여 작성된 미군정 정보보고서에 따르면, 무소속을 포함하여 한민당이 실질적으로 차지한 의석은 76석, 대한독립촉성국민회의가 61석으로 기록하고 있다(송유경 1995, 211). 김득중은 무소속의원들의 과거 소속정파에 대한 개인별 분석을 근거로 한민당 47명, 순수무소속 50명으로 추정한다(김득중 1993, 80~84). 서병조는 제헌국회 국회 부의장 선거에서 한민당의 김동원이 대동청년단 이청천을 물리친 점을 들어 한민당의 실제 의석이 70석 정도일 것으로 추산한 바 있다(서병조 1981, 145~148). 심지연은 치안부독립안, 미군주둔 요청안 등 한민당이 주도했던 법안의 표결결과를 분석하였고 이를 근거로 한민당의 규모를 대략 80명 정도로 추정했다(심지연 1986, 478).

김일영은 국회부의장 선거결과, 부통령 선거결과 및 원내 쟁점법안에 대한 표결자료들을 분석하여 대략 한민당 65~70석, 독촉 55~60석, 무소속 50석 정도의 추산을 하고 있다(김일영 1995, 307~308). 5월 31일 개원식에서 있었던 국회부의장 선거에서 한민당 후보 김동원이 얻은 표는 69표였고 신익희는 76표, 이청천은 33표를 얻었다. 그리고 7월 중순 정부조직법안 심의과정에서 한민당은 46명의 연서로 치안부 독립안을 제출했고 표결결과 80명의 찬성표를 얻었다. 이런 결과로 보아 한민당 계열은 대략 65~70석 정도가 될 것이라는 추산이다.

또한 무소속의 성향을 추정할 수 있는 원내 활동으로 부통령선거를 든다. 7월 20일 정·부통령 선거에서 김구는 두 번 모두 60표를 획득했는데, 이것이 순수 무소속의 규모를 추정할 하나의 근거가 된다는 것이다. 이렇게 보면 이승만-한민당 세력은 130석 정도로 무소속 50석보다 우위를 차지했다는 것이다.

이상의 논의를 통해 알 수 있는 것은 5.10선거를 어떤 기준에서 평가하든 간에 제헌국회 무소속 의원들의 성향과 활동, 규모가 중요한 근거가 되고 있음을 알 수 있다. 무소속 후보들에 대한 궁금증은 또 다른 근거에서도 발견된다. 당시 5.10선거 국면, 중앙정치 수준에서 선거불참을 결정했던 중도파들의 다른 행보들 때문이다. 중도파 정치세력들은 공식적으로 선거반대 혹은 불참을 입장으로 채택했지만, 선거구 단위에서 개별후보자들의 상황은 조금 달랐던 것 같다. 무소속 후보들 가운데 일부 혹은 상당수가 이들 중도파 후보들이었다는 사실은, 당시 한민당, 독촉, 『동아일보』 등 우파진영이 선거기간 단독선거에 반대하면서 입후보한 중도파들을 강력히 비난했던 것에서 확인할 수 있다. 또한 김규식은 남북협상에 참여하면서 제헌국회 선거 불참을 선언하기는 했지만 자신이 속했던 민족자주연맹 당원들에게 비밀리에 연락하여 선거참여를 독려하기도 했던 것으로 전해진다(서중석 1996, 23). 다음 절에서는 제헌국회 원내 활동을 통해 제헌국회 선거 당선자들, 특히 무소속 당선자들의 성향을 추정해보도록 한다.

제2절 제헌국회 '소장파'와 이승만 정부

제헌국회가 개원한 이후 원내에서는 다양한 의원집단들이 생겨났는데, 이 가운데 '무소속 구락부'를 중심으로 원내 정치활동이 활발하게 전개되기 시작했다. 1948년 6월 13일 헌법안의 상정을 앞두고 52명의 의원이 무소속구락부를 결성하였다. 6월 29일에는 원내 또 다른 의원단체로 90여 명의 의원들로 구성된 '3.1구락부'와 무소속구락부가 통합을 하면서 그 명칭은 무소속 구락부로 유지하기로 했다. 그러나 150여 명의 의원을 포괄했던 거대 의원단체는 양원제와 내각책임제안과 이승만이 주장했던 단원제, 대통령제안에 대한 찬반을 둘러싸고 갈등을 빚었고, 동인회, 성인회, 청구회, 이정회 등으로 분열하게 되었다. 이후 이들 원내단체들은 쟁점안건에 따라 찬반을 가르며 협조체제를 구성하다가, 비교적 동질적인 정책선호를 가진 집단으로 형성되었고 '소장파'라는 명칭으로 불리게 되었다.

이들은 제헌국회에서 친일잔재 청산을 목적으로 하는 '반민족행위특별조사위원회' 활동과 남북평화통일 및 미소양군 철수를 주장하는 활동을 전개했는데 그 활동에 대한 평가에 따라 그 범위는 50명에서 86명까지로 추산된다(백운선 1992; 김일영, 1995; 전상인, 1994). 중도파의 정확한 규모를 추산하기는 어려우나, 제헌국회에서 이승만-한민당 계열을 견제하면서 원내에서 활동했던 독립적인 세력이 존재했던 것은 기록으로 확인되고 있다.

우선, 제헌국회 소장파는 미군철수와 통일에 대한 입장을 둘러싸고 이승만-한민당(→민국당)세력과 수차례 갈등을 빚었다. 그 첫 번째가 1948년 6월 13일 무소속 구락부 건설의 공표였는데, 이 당시 구락부는 '남북통일과 자주독립을 평화적으로 전취하기 위하여 행동통일을 도모하고 균등사회 건설에 매진하기 위하여 정치이념을 같이 하는 동지일동이 연락 친목기관을 조직'한다는 목표를 천명하고 52명의 의원들의 명단을 공표했다(조선일보 1948년 6월 15일자).

다음으로 1948년 10월 13일 국회 제87차 회의에서 45명의 의원 연서로 '정부가 미소 양군 철회를 UN에 요청하게 하자'는 긴급동의안을 제출한 사건이다. 당시 미국은 유엔 감시 하에 선거도 끝났고 북한지역에서 소련군도 철군을 결정하면서 1949년 6월 30일까지 한국에 주둔하던 전투부대를 철수하기로 결정한 상태였다. 당시 이승만과 민국당은 미군철수안에 반대 입장을 천명했으며 청년, 학생들을 동원해 반대 시위를 조직하는 등 적극적인 반대활동에 나서고 있었다. 이런 조건에서 철군을 지지하는 긴급동의안이 제출됨으로써 이승만-민국당 세력과 갈등을 빚게 된 것이다.

그러나 이 동의안은 본회의를 통과하지 못했으며, 오히려 11월 20일 "대한민국의 방비상태가 정비될 때까지 미군 주둔의 필요를 인정"하는 긴급결의안이 98명의 찬성으로 본회의를 통과했다. 이 때 세 번째 집단행동이 있었는데 동 긴급결의안의 처리에 반대하면서 회의장을 나간 13명의 의원이 있었다. 이들은

'외군주둔을 자진 요청하는 자주국가와 문화민족은 동서고금에 없다'고 주장하며 이 결의안이 통과되는 것은 '국시를 모독하고 민의에 배치되는 것'이라는 성명서를 발표했다.

네 번째 집단행동은 1949년 2월 5일 '남북화평 통일에 관한 결의안'이 71명의 연서로 국회에 제출된 것이다. 해를 넘겨서도 미군철수에 대한 찬반을 둘러싼 제헌국회 내 갈등은 가라앉지 않았으며 동 결의안은 남북화평통일을 위해 한국 내 주둔하는 외군의 즉시 철수를 UN한국위원회에 요구할 것을 내용으로 하고 있었다. 그러나 이 결의안 역시 부결되었다.

제헌국회 소장파의 원내 활동을 분석했던 백운선에 따르면, 위 4가지 집단행동에 참여범위로 볼 때 소장파의 범위는 최소 30명에서 최대 70명 정도까지 추산할 수 있다고 한다. 비교적 지속적인 입장을 띤 30여 명, 소극적 참여자를 포함하면 50여 명, 가장 넓게 잡았을 때는 70여 명 선이 된다는 것이다(백운선 1992, 124~125).

이들은 통일문제와 미군철수 문제 외에도 농지개혁과 국가보안법, 친일문제 처리에 대해서도 비교적 유사한 정책적 입장을 취했다. 제헌국회 산업노동위원회의 농지개협법안을 비판하면서 지가보상율이나 상환기한 등을 소작농들이 농지를 가지는데 부담이 덜한 방향으로 변경해야 한다는 주장을 펼쳤으며, 국가보안법 제정에 대해서는 일체 하 치안유지법과 같은 악법으로 반대 입장을 가졌고, 새로운 국가 건설에서 친일세력 숙청은 민중의 신뢰를 얻기 위한 시급한 과제로 정부가 국회 반민특위 활동을 방해하는 것을 비판해 나갔다.

소장파의 범위를 어느 정도로 추산하든 이들의 활동방향은 이승만 정부가 수용할 수 없는 것이었고, 급기야 이승만은 대통령 취임사에서 '좌익으로 주목받은 의원이 여럿 있다'는 발언으로 경계심을 표명하게 되었다. 그리고 이승만 정부와 제헌국회 소장파 간의 갈등은 결국 '국회 프락치 사건'으로 막을 내렸다. 그 결정적 계기는 국회의 친일파 청산작업이었다. 국회가 친일파 청산 작업에 본격적으로 나서게 되면서 국회와 이승만 정부의 갈등이 표면화되었고, 이승만 정부의 다각도의 노력에도 불구하고 국회의 반민법 통과와 반민특위 활동을 제어할 수 없게 되자, 친일파 청산활동의 중심에 섰던 소장파 의원들을 사법부를 동원해 국회에서 제거했던 것이 '국회 프락치 사건'이다.

[그림 2-5-1] 반민특위 공판모습

출처: https://commons.wikimedia.org/wiki/File:%EB%B0%98%EB%AF%BC%ED%8A%B9%EC%9C%84.jpg

제헌국회의 친일파 청산작업은 남조선과도입법의원으로 거슬러 올라간다. 입법의원에서 논란 끝에 「부일협력자·민족반역자·전범·간상배에 대한 특별조례법률」이 통과되었으나 군정장관의 거부로 시행이 보류되었다는 점은 앞서 소개한 바 있다. 제헌국회가 개원되면서 친일파 청산문제는 다시 핵심의제로 떠올랐고, 1948년 7월 국회를 통과한 헌법에는 국회가 이 문제를 다룰 근거조항이 포함되어 있었다. 당시 헌법 제101조에는 "이 헌법을 제정한 국회는 단기 4278년 8월 15일 이전의 악질적인 반민족행위를 처벌하는 특별법을 제정할 수 있다"고 명시하였던 것이다.

1948년 8월 5일 국회 제40차 본회의에서는 반민족행위를 처벌하기 위한 법을 기초할 특별위원회가 제안되었고 재석의원 155명 가운데 찬성 105명, 반대 16명으로 가결이 되어 '특별법기초위원회'의 위원이 구성되었다. 특별법기초위원회는 입법의원이 제정한 '특별조례법률'을 토대로 초안을 마련하여 8월 16일 국회에 상정하였다. 입법의원에서와 마찬가지로 처벌의 범위 및 정당성, 처벌의 강도 등을 둘러싼 논란이 있었지만 「반민족행위처벌법(이하 반민법)」은 9월 7일 찬성 103명, 반대 6명으로 국회를 통과했다.

반민법 제9조에 따라 10월 23일 반민족행위의 예비조사를 위한 특별위원회(이하 반민특위)가 구성되었으며, 12월 7일에는 「반민족행위 특별조사기관 조직법(이하 특별조사기관법)」과 「반민족행위 특별 재판부 부속기관 조직법(특별재판부법)」이 국회를 통과했다. '특별조사기관법'은 특별위원회가 중앙사무국을 두고 각 도 사무분국을 둘 수 있도록 하였으며, 중앙사무국 및 도 사무분국에 배치된 조사관에게 사법경찰관 직무를 수행할 권한을 부여했다. 이 때 반민특위 산하 조사업무를 담당했던 사법경찰관리를 특별경찰대(이하 특경대)라고 불렀다. '특별재판부법'은 반민족행위 특별재판부 및 특별검찰부의 부속기관으로 각각 특별서기국을 두어 독자적인 재판업무를 담당할 수 있도록 하였다.

반민특위는 그 활동기간에 반민족행위자 7천여 명을 파악했고, 1949년 1월 8일부터 취급한 조사건수는 682건에 이르렀다. 이 중에 체포 305건, 미체포 193건, 자수 61건, 영장취소 30건, 검찰송치 559건 등이 있었다. 각 도별 송치건수를 보면, 중앙서울 282건, 경기 32건, 황해 26건, 충남 25건, 충북 26건, 전남 27건, 전북 35건, 경남 50건, 경북 34건, 강원 19건 등이었다(대한민국 친일반민족행위진상규명위원회, 2009).

법에 따라 국회가 활동을 시작하자, 대통령 이승만은 수차례 담화와 연설을 통해 이 활동이 위헌이라거나 사회갈등, 분열을 유발한다는 이유로 친일파 처벌을 유보해야 한다는 의견을 피력하면서 활동에 제동을 걸었다(대한민국공보처 1962, 13; 28; 32). 국회가 계속 조사를 활동을 지속해나가자 '반민법' 개정안을 국회에 제출했으며, 결국 1949년 4월 16일에는 반민특위 활동을 중지할 것과 특경대의 해산을 직접 지시하였다(대한민국공보처 1962, 38). 1949년 9월 22일 국회는 '특별조사기관법'과 '반민법' 개정안을 통과시켰고 10월 4일에는 반민특위, 특별검찰부, 특별재판부가 모두 해체되었다.

이 와중에 반민특위 활동의 핵심을 구성했던 '소장파' 의원들이 검거되는 사건이 발생한 것이다. 당시 한 언론인의 회고록에 의하면, 이승만 전 대통령이 반민특위 활동을 제한하는 법 개정안을 발의했으나 국회에서 폐기되자 검찰이 그 직후 소장파 의원들을 국가보안법 위반혐의로 체포했음을 들어, 반민특위 무산기도와 소장파 제거가 연계되어 있었다고 한다(오소백 1981). 제헌국회 '소장파'는, 한편으로 평화통일과 주한미군 철수를 주장함으로써 통일정부 수립이 무산되고 단독정부가 수립되는 과정에서 주도적인 역할을 담당했던 이승만-한민당 세력의 대중적 약점을 건드렸고, 다른 한편으로 친일파 청산작업을 주도함으로써 이승만 정부의 국내정치기반의 약화를 가져올 수 있었다. 이승만-한민당 세력의 입장에서는 공존하기 어려웠던 세력이었던 셈이다.

한편 '소장파 프락치 사건'이 발생한 후 체포된 의원의 석방요구 결의안이 국회에 상정되었고 표결에 부쳐진 바 있는데, 이 당시 표결결과를 통해 제헌의회의 전체적인 세력분포를 추정해 볼 수 있다. 당시 재석의원 184명 가운데 석방요구안 찬성자가 88명, 반대자가 95명으로 동 결의안은 부결되었다. 이 사건은 해당의원들이 체포되던 시점부터 많은 의문이 제기되었던 사건으로, 석방결의안에 대한 반대표는 이승만-한민당 세력에 의해 조직적으로 결집된 표로 해석이 가능하다. 이렇게 볼 때 대략 제헌국회 내에서 이승만-한민당 연합세력과 그렇지 않은 세력 간의 힘 관계는 이승만-한민당 세력의 약간 우세 정도가 아니었을까 추정된다.

국회 프락치 사건

'국회 프락치 사건'은 1949년 6월 검찰이 국회 내부에 남조선노동당 공작원들이 활동하고 있다는 혐의로 국회부의장 김약수 등을 검거하기 시작해 총 15명의 의원을 구속한 사건을 말한다. 당시 검찰은 이들의 혐의에 대해 '미소양군 철퇴, 남북정치범 석방, 남북정치회의의 구성 등 남로선노동당 7원칙을 시인하고 이의 실시를 모의'한 것이라고 밝혔다(국회사무처 1971, 141). 당시 구속된 의원은 김약수, 이무원, 최대규, 이구수, 노일환, 강욱중, 김옥주, 김병희, 박윤원, 황윤호, 서용길, 신성균, 배중혁, 김봉두, 차경모 등 15인으로, 대부분 원내 소장파 활동을 주도했던 인물이었다. 재판부도 이들의 혐의를 인정하여 3년~10년까지의 실형을 선고했지만, 많은 의문을 남긴 사건이다.

재판과정에서 피고인들은 모두 공소사실을 부인하며 무죄를 주장했다. 당시 주한 미국부영사 헨더슨도 이 사건의 재판과정에서 피고인들의 반정부적인 전복이나 친공산당 활동이 입증되지 않았다고 보고하고 있다(매트래이 1985, 구대열 역 1989, 241). 당시 구속되었던 서용길 의원은 후일 이 사건이 이승만 정부의 "멀쩡한 정치적 장난"이라고 회고하였으며(동아일보사 1975, 55), 연루 혐의를 받았던 김영기 의원은 '외국군 철수안을 국회에 상정한 것에 대한 보복이며 터무니없는 조작'이라고 증언하고 있다(이호진·강인섭 1988, 88).

제3절 대한민국 최초 야당의 탄생: 민주국민당

제헌국회가 구성되고 난 후 이승만은 윤치영, 장택상 등을 중심으로 국회 내 자신의 지지기반을 결집하려는 노력을 전개했다. 태백구락부, 한민당 탈당파, 민족청년당계, 독촉 정통파, 대통령 추종파 등을 규합하는 한편 명제세, 배은희, 유진산 등에게 민간조직의 구성을 지시했다고 한다(강영수 1948, 28). 그러나 제헌국회 기간 동안 집권당이 결성되지는 못했다.

반면 한민당은 1948년 7월 20일 국회에서 이승만이 대통령으로 당선된 이후 정부운영에서 자신들의 지분을 보장받을 수 있을 것으로 기대했다. 한민당의 입장에서 보면, 남한 단독선거와 단독정부 구성을 추진했던 초기단계에서부터 이승만-한민당 연합체제로 움직였고, 제헌국회 헌법 제정과정에서 당초 의회제 정부형태로 마련되었던 것을 국회선출방식이긴 하지만 대통령제로 전환시키는데 결정적 공헌을 했기 때문에, 이승만세력과 공동정부 운영은 당연해 보였다.

당초 한민당은 내각제와 양원제 헌법제정을 의도했었지만 6월 22일 이승만이 헌법기초위원회에 출석하여 "국회가 만일 내각책임제나 양원제를 채택한다면 … 국민운동이나 벌일 것이며 정부수립에도 참여하지 않겠다"는 강경발언을 하고 퇴장한 후 한민당의 헌법안도 대통령제로의 수정을 보게 된다(윤석오 외 1976, 76). 한민당은 그의 발언이 있은 직후 내각책임제를 포기하고 대통령제 헌법안을 준비하기로 했으며 김준연이 '5분 만에 내각책임제와 양원제를 삭제하고 대통령제로 헌법안을 조정(서임특 1971, 94)'함으로써 다음 날 23일 본회의에는 대통령제 헌법안이 상정되었다.

그러나 정부구성과정에서부터 한민당의 기대는 어긋나기 시작했다. 한민당은 국무총리와 내각의 과반을 요구했고 한민당 위원장이었던 김성수가 국무총리로 입각하기를 기대했다. 그러나 이승만은 김성수가 아니라 이범석을 국무총리로 지명했고, 한민당은 이범석의 국무총리 입각을 돕는 조건으로 한민당의 내각지분을 협상했다(희망출판사 1966, 86~87). 그러나 이범석의 국무총리직 통과 이후 내각구성에서 한민당의 김도연만 재무장관으로 입각하게 됨으로써 공동정부 운영 구상은 무산되었다. 이후 한민당은 제헌국회 안팎에서 별도의 세를 규합하여 민주국민당을 창당함으로써, 공동정부의 운영자가 아닌 이승만 정부의 야당의 길을 걷게 되었다(이기하 외 1987, 203).

민주국민당은 한민당과 지청천(池靑天)의 대한국민당, 신익희 세력 등이 함께 결성했고, 한민당은 1949년 2월 10일 공식 해산되었다. 민국당은 '소장파 프락치 사건'으로 소장파 대열이 와해되자 일부 소장파 의원들을 흡수하여 원내에서 이승만 정부를 견제하는 제1야당의 지위에 올라섰으며, 민국당 소속 김효석, 임병직, 윤보선, 허정, 신성모, 장기영 등이 내각에 입각을 하였고, 신익희, 김동원 부의장이 원내정치를 주도하면서 세를 공고히 하였다(국회사무처 1971, 133).

민국당은 이어 이승만에 대한 견제방안으로 이승만과의 공조를 위해 협조했던 대통령제 정부형태를 당초의 의회제로 되돌리고자 했다. 1950년 1월 27일 민국당은 원내 다른 세력들과 공조를 거쳐 개헌안을 국회에 제출했고, 3월 14일 개헌안은 국회 표결에 부쳐졌으나 통과되지는 못했다.

개헌안 제출 이후 이승만은 개헌안에 대한 노골적인 반대 입장을 표명했으며, 표결 직전인 3월 3일에는 '개헌안이 통과되더라도 국민투표에 부칠 것'이라는 담화를 발표하기도 했다. 한편 개헌안 상정 이후 원내 세력구도에 변화가 발생했는데, 친 이승만 계열 세력들이 대한국민당으로 결집함으로써 그 세가 강화된 것이다. 대한국민당은 1948년 12월 창당되어 이승만 정부의 여당이 되고자 했으나, 이승만의 지원이 없어 뚜렷한 성과를 얻지 못했다. 그러다 민국당의 개헌안 제출에 힘입어 일민구락부, 신정회, 노농당 소속 일부의원들이 결합하게 되면서 그 세가 확장되었고, 3월 9일 원내 교섭단체 소속의원 숫자로는 당시 70명이던 민국당보다 1인이 더 많은 71명의 제1당이 되었다.

3월 14일 개헌안에 대한 무기명 표결결과는 재석의원 179명 중 찬성 79표, 반대 33표, 기권 66표로 부결이었다. 그러나 민국당이 이승만세력을 견제하기 위한 주요 소재로 헌법 개정을 택했던 것은, 이승만 정부 내도록 대통령제와 의회제를 둘러싼 개헌파동을 설명하는 한 고리가 된다. 대통령 권한을 더욱 강화하는 개헌을 추진한 이승만과 대통령 권한의 유명무실화 혹은 의회제 정부형태로의 전환을 추진했던 야당세력 간의 힘겨루기는 이승만의 무리한 개헌파동으로 이어졌고, 1955년 민국당이 헌법개정갈등을 둘러싸고 민주당으로 확대될 수 있는 계기가 되었으며, 결국 제2공화국의 헌법 개정으로 귀결되었다. 반면 이승만세력과 민국당은 제헌국회 내 다른 갈등쟁점, 특히 소장파세력과 갈등을 형성했던 미군철수나 남북관계, 친일파 청산, 국가보안법 등의 쟁점에 대해서는 철저히 공동보조를 취해 나감으로써 정부수립동맹에서의 관계를 지속해 나갔다. 대한민국 최초의 야당은 국가운영의 기본 정책적 방향에서는 반공, 보수 우위의 지향을 공유하면서도 권력구조를 둘러싼 갈등을 핵심쟁점으로 형성되었던 것이다.

제 3 부 전쟁과 선거

CHAPTER 01 전쟁 전야의 5.30선거

제1절 분단정부 수립의 여진(餘震)

제헌국회에서 헌법, 국회법, 정부조직법, 국가보안법 제정 등 대한민국 정부구조의 기본 틀이 주조되는 동안에도 분단정부 수립의 여진은 계속되고 있었다. 1948년 5.10선거조차 제대로 시행되지 못했던 제주 항쟁의 여파는 지속되고 있었고, 남북협상에서 돌아온 김구, 김규식, 조소앙 등은 여전히 단독정부의 정당성에 의문을 제기하며 통일정부 수립을 위한 대안을 요구하고 있었으며, 남조선노동당은 북한과 연계하여 본격적인 무장투쟁에 나섰다.

김구가 이끄는 한국독립당은 원외에서 남북협상을 통한 통일노선을 견지했으며, 1948년 7월 21일 김규식 등과 함께 '통일독립촉진회(이하 통촉)'를 결성했다. 통촉은 김붕준, 엄항섭, 여운홍, 배성룡 등으로 상무위원을 구성하고, 통일정부 수립을 위한 행동강령을 채택했다.

> 첫째, 통일독립을 목적하는 중심기구로서 조직을 정비하고 독립운동을 추진할 것
> 둘째, 통일독립의 이념과 방향을 전 국민에게 철저히 각성시킬 것
> 셋째, 우리 민족의 요구를 국제여론에 호소할 것 … (조죽봉 1948, 34)

이들은 북한이 제의한 제2차 남북협상 회의의 문제를 지적하였고 북한에 인민공화국 선포를 철회할 것을 요구했다. 그러나 이미 남북에 각각 정부가 수립된 상황에서 북한이 이 요구를 받아들일 리도 없었고, 한국 내에서도 대중적 동력을 얻기는 어려웠다. 한편 현실정치 참여를 둘러싸고 김구, 조완구, 엄항섭 등 한독당 내 강경파와 조소앙을 중심으로 한 세력 간의 갈등은 깊어졌다. 조소앙은 5.10선거 이후에도 한독당 내 강경파가 현실정치 참여를 거부하자, '현실을 통해 자주와 통일을 실현'할 것을 주장하면서 한독당을 탈당을 한 뒤 사회당을 창당했다. 이 과정에서 현실정치 참여를 원했던 한독당 당원들을 중심으로 사회당으로의 이탈이 일어났고, 전남, 전북, 충남 등 한독당 지방조직이 사회당 조직으로 재편되기도 했다(김재명 1986, 421).

1949년 6월 26일 김구의 암살은 그가 이끌었던 한독당만이 아니라 반(反)이승만−한민당 세력의 구심이 상실되는 중대한 결과를 초래했다. 그뿐 아니라 여전히 단독정부 수립에 동의할 수 없었던, 혹은 통일독립정부 수립에 기대를 걸고 있었던 유권자들에게도 충격이 아닐 수 없었다. 그의 사망 후 조문객은 124만 명, 장례식장 인파는 40만여 명이었고 대전에서는 그 지역인구의 1/3인 4∼5만 명, 수원·청주·목포 등지에서도 수만 명이 조의를 표했다고 한다(서중석 2013, 87).

김구의 죽음과 국회 프락치 사건으로 위기를 느낀 중도 진영은 '민족진영강화위원회(민강위)'를 구성하고 중도파의 단결과 본격적인 현실정치 참여를 모색했다. 민강위 제1차 총회에는 민국당, 조선민주당, 국민당, 국민회, 민련, 한독당, 사회당, 신생회, 대한노농당, 불교, 기독교계 등 12개 정당·단체 대표들이 참여했으나, 총회장에서 발생한 갈등으로 민국당은 퇴장하고 탈퇴를 표명했으며 국민당도 이탈해 나갔다(이임하 1993, 16). 민강위는 적극적인 현실참여 방향의 강령을 채택하고 구심력을 마련하고자 했으나 김규식의 의장사퇴 등 세를 규합해 내는 데는 실패했다. 결국 이들은 1950년 1월부터 5.30선거 준비에 돌입했지만, 중도파 혹은 민족진영의 단일한 대오를 갖추기보다는 각개 약진하는 형태로 선거참여가 이루어졌다.

한편 남측 중도파들이 선거참여로 입장을 전환하는 동안, 남조선노동당은 남측 정부를 무력화하기 위한 무장투쟁에 돌입했다. 제주 4.3항쟁이 지속되는 동안 여순사건이 발생했고 이를 계기로 호남, 지리산, 태백산, 영남 등지에 광범위한 유격지구가 형성되었고 인민유격대가 편성되었다. 남로당 모든 조직은 무장투쟁조직으로 전환되었으며 각 지역 산악지대로 이동하여 무장투쟁을 전면화했다(김남식 1984, 395).

무장투쟁은 1949년 9월부터 각 지역 관공서, 경찰서, 군사령부를 파괴했고 일부 지역을 점령하여 토지개혁을 단행하기도 했다. 이승만 정부는 정부 예산의 50% 이상의 막대한 비용을 들이며 무장투쟁의 진압에 나섰고, 1948년 12월 제정된 국가보안법을 토대로 남로당 당원들에 대한 검거와 구속, 회유를 시도해 나갔다. 이승만 정권이 남로당원들을 전향시키고 조직을 파괴하기 위한 과정에서 등장한 것이 '국민보도연맹'이었다. 전향한 당원들은 보도연맹에 가입했고, 아직 체포되지 않은 당원들을 검거하는데 협조했으며, 경찰은 이들을 앞세워 남로당 당 조직을 파괴해 나갔다.

남로당은 5.30선거를 저지하기 위해 경북, 전남, 충북, 강릉 등 전국적으로 유격전에 나섰지만 1949년과 1950년대 초를 거치면서 이승만 정권의 총력전으로 남로당 조직은 거의 와해되었고 5.30선거를 저지하겠다는 목표도 성공하지는 못했다. 폭력적인 방법으로 이승만 정권을 무력화하려던 남로당의 전략은 이승만 정권의 국가기구를 더욱 폭압적으로 만들었고, 무소불위의 국가보안법과 더욱 비대해진 강권통치기구를 남겨놓게 되었다.

1948년 12월 1일 공포된 「국가보안법」은 이승만 정부가 분단정부 수립의 여진 속에서 한국사회를 통제하는 유력한 수단이 되었다. 1949년 한 해에만 국가보안법으로 체포된 사람이 118,621명에 이르렀으며(박원순 1997, 103), 당시 국회기록에 의하면 "1년에 10만 건 정도를 검사가 기소하는데 그 중에서 8할이 좌익사건(제헌국회 제5회 제 56차 회의록, 1390)"이었다고 한다. 또 1949년 8월 기준 한 언론사의 보도에 따르면, 전국 각 도시 형무소들은 수감능력의 2~3배에 이르는 인원을 수감하고 있었으며, 서대문 형무소는 매일 50~60명씩 수감자가 증가하고 있었다.

〈표 3-1-1〉 1949년 8월 기준 형무소 수감능력과 수감인원

형무소	수용능력	수감 인원	형무소	수용능력	수감 인원
서대문	3,500	6,600	광주	800	1,560
대전	1,500	3,856	목포	600	1,330
군산	450	800	대구	1,500	3,060
전주	800	1,686	부산	800	2,031

출처: 조선일보 1949년 8월 5일자, 8월 7일자, 8월 8일자, 8월 9일자; 이임하 1993, 22 인용

여순사건

여순사건은 1948년 10월 19일 여수에 주둔한 국군 제14연대 병사들이 제주4·3사건 진압명령을 거부하고 단독정부 수립반대, 미군 철수를 주장하며 여수, 순천 등 전라남도 동부지역을 점령한 사건이다. 이 사건은 이승만 정부가 국가보안법을 제정하고 강력한 반공국가 구축에 나서는 계기가 되었다. 반란군에 대한 국군의 진압 과정에서 다수의 민간인이 피해를 입었고 재산피해액도 상당했다.

국민보도연맹

'좌익전향자를 계몽해 국민으로 받아들이는 것'을 목표로, 정부 주도로 만들어진 관변단체다. 법적 근거는 없었으며, 조직을 실질적으로 지도하고 운영하는 주요직책은 모두 군·검·경의 간부들이었다. 주 가입대상자는 국가보안법 관련자와 남로당원, 노동조합전국평의회, 인민위원회, 민주주의민족전선, 조선민주애국청년동맹 등 남로당 외곽 단체 구성원들이었다. 창설 초기 보도연맹 가입자는 전향자가 대부분이었으나 조직 확대과정에서 좌익과 관련이 없는 국민들도 대규모로 가입이 이루어졌다. 보도연맹 결성을 관장했던 검찰과 경찰 주요 간부들은 그 규모를 약 30만 명에 달하는 것으로 증언했다. 6·25전쟁이 발발하자 정부는 보도연맹원 등을 곧바로 소집·구금하였고, 전황이 불리해지자 후퇴하면서 이들을 집단학살했다. 이는 정부가 위험인물로 분류해오던 보도연맹원을 연행해 법적절차 없이 살해했다는 점에서 '즉결처형' 형식을 띤 정치적 집단학살이었다. 국민보도연맹 결성 이후 그 조직 규모에 비춰봤을 때 사망자 수를 정확히 가늠하기는 어렵지만, 대체적으로 수만 명에서 20만 명 내외의 보도연맹원이 죽은 것으로 추정되고 있다.

제2절 이승만 정권의 정권 재창출 시도와 선거법 개정

이승만 정부는 2대 국회의원선거를 앞둔 1950년 1월 28일, 제헌국회선거에 적용되었던 미군정 법령 제175호를 대체할 선거법안을 제출했다. 그 핵심내용은 1) 제헌국회 선거법에 따라 제한되어 있던 '반민족행위자'에 대한 참정권 제한을 해제하는 것과, 2)호별방문, 선거운동원 등 선거운동 제한요건을 도입하는 것 3) 선거관리기관에 대한 중앙-지방 행정기관의 개입권한을 강화하는 것 4)월남 동포를 위한 특별선거구제를 도입하는 것이었다(제헌국회속기록 제8권 712~713).

후보자의 선거운동 제한이나 선거관리 기관에 대한 행정 권력의 개입권한을 강화하는 것, 특별선거구제를 도입하는 것은 모두 2대 총선에서 이승만 정권에 대한 우호적 후보들의 당선을 용이하게 하기 위한 목적에서 추진된 것이었다. 특별선거구제는 입법의원 선거법 논의과정에서 법제사법위원회안으로 제출되었다가 유엔한국위원회에 의해 삭제당한 그 내용을 부활시키고자 했던 것이다. 당시 월남자들이 청년단체 등에 가입해 활동하면서 이승만 정권의 지지기반이 되고 있었기 때문에, 이들에게 별도의 선거권을 부여하면 이승만 정부를 지지하는 의원수를 늘일 수 있을 것으로 기대한 것이다.

제헌국회 선거법 심의과정에서 특별선거구 설치는 신익희, 지청천, 김동원, 김준연 등 민국당 중진의원들의 지지를 받았으나, 결국 철회되었다. 월남자들이 일정지역에 집단 거주하고 있지 않았기 때문에 선거관리의 어려움에 관한 문제가 대두되었고, 거주 지역 선거권과 특별선거구 선거권을 2중으로 행사하는 문제가 제기되었기 때문이다(『국회 속기록』 제6회, 723).

선거공영제와 선거운동 제한 조항은 내무치안위원회와 법사위 연석회의에서 일부 삭제하는 것으로 수정되었고, 본회의에서는 일부 채택, 일부 삭제로 결론이 났다. 남은 쟁점은 '반민족행위자'에 대한 피선거권 제한문제였다. 이 역시 입법의원 선거법 심의과정에서 가장 첨예한 쟁점으로 드러났던 부분이다. 관선 입법의원들은 '친일파처벌법'을 먼저 통과시킨 다음 선거법을 통해 이들의 참정권을 제한하고자 했던 반면, 우파의원들과 미군정은 선거법을 먼저 통과시키고

〈표 3-1-2〉 제헌국회 선거법과 제2대 국회의원 선거법(1950)

	제헌국회 선거법	제2대 국회 선거법
선거권 결격요건	- 일본정부로부터 작을 받은 자 - 일본제국의회 의원이었던 자	선거권 제한 해제
피선거권 결격요건	- 일제시대에 판임관 이상의 경찰관급·헌병·헌병보 또는 고등경찰의 직에 있던 자와 밀정행위를 한 자 - 일제시대 중추원의 부의장·고문 또는 참의원이었던 자 - 일제시대에 부 또는 도의 자문, 결의기관의 의원이었던자 - 일제시대 고등관으로서 3등이상의 지위에 있었던 자 혹은 훈 7등 이상을 받은 자	다음의 각호에 해당하는 자는 입후보자가 될 수 없다. - 일본정부로부터 작을 받거나 습작한 자 - 일본제국의회 의원이었던 자 - 중추원 고문 또는 부의장과 참의원이 되었던 자 - 고등관 3등 이상의 지위에 있었던 자 - 고등경찰 및 헌병보 이상의 지위에 있었던 자
유권자등록	유권자등록제	자동등록제
선거관리	- 국회의원선거위원회 15인 - 각도 및 서울시 선거관리위원회 11인 - 선거구선거위원회 9인 - 투표구선거위원회 9인	- 중앙선거관리위원회 9인, 대통령 위촉 - 도, 서울시 선거관리위원 7인 시장과 도지사 추천 - 선거구선거위원 7인은 구청장, 시장, 군수의 추천 - 투표구선거위원회 5인은 읍·면·동장 추천
후보등록요건	선거인 200인 이상 추천	선거인 100인 이상 200인 이하 추천
선거운동	후보자는 자유롭게 선거에 관한 선전을 할 수 있다.	- 선거사무소1개, 선거연락소 20개, 선거사무장 1인을 둘 수 있다. - 선거문서는 1회 무료 - 선거공보는 매 세대 1매 - 합동연설회는 구·시는 1회 이상, 군은 읍·면마다 1회 개최하고 개인연설회는 자유로이 개최
투표	오전 7시~오후 7시	오전 7시~5시

출처: 이임하 1993, 29~31 <표 1> 참조 재작성.

친일파처벌법을 무력화하고자 했고 결국 친일파처벌법은 입법의원을 통과했으나 미군정의 인준보류로 시행되지 못했었다. 선거법이 먼저 통과되면서 당시 우파의원들과 관선의원들의 타협으로 삽입된 것이 '일제 시대 판임관 이상의 경찰관 급 헌병, 헌병보 또는 고등경찰의 직에 있든 자 급 기밀정행위를 한 자, 중추원의 부의장, 고문 또는 삼의가 되었든 자, 부, 또는 도의 자문 혹은 결의기관의 의원이 되었든 자, 고등관으로서 3등급 이상의 지위에 있든 자 또는 훈7등 이상을 받은 자. 단, 기술관 급 교육자는 제외함(입법의원 선거법 제3조)'이었다.

제헌국회 선거법 개정과정에서 일민구락부, 국민당, 민국당 등은 '반민자'의 피선거권 제한을 해제해야 한다는 주장을 폈으며, '더 이상 친일파도 없는 조건에서 그들을 적대시하는 것은 민족분열을 조장'하는 것이라는 등의 논리를 전개했다. 결국 제헌국회의 제한조항에 수정이 가해졌다. 새롭게 개정된 '반민자'의 제한요건은, 제헌국회 제한요건 중 '일제시대에 부 또는 도의 자문, 결의기관의 의원이었던 자'나 '일제시대 판임관 이상이 경찰관'등의 대상이 삭제됨으로써 제한대상자의 범위가 최소화되었고, 실재 2대 총선에서는 이들에 대한 피선거권 제한이 거의 이루어지지 않는 결과를 초래했다.

이승만 정부가 '반민자'의 피선거권 제한을 해제하려 했던 이유는, 일제 강점기 친일행위를 했던 경찰, 관료 등이 미군정에 이어 이승만 정부에서도 행정부의 주요 요직을 차지하고 있었으며, 특히 1949년 내도록 이승만 정권을 부담스럽게 했던 남로당의 무장투쟁을 진압하는 과정에서 경찰력에 대한 의존이 점점 더 커지고 있었던 상황이었고 친일 이력이 있는 경찰들의 참정권 제한을 풀어주는 조치가 시급했기 때문이다. 선거법 개정과정에서 비록 무산되기는 했지만 특별선거구 설치 문제 역시 남로당 무장투쟁을 진압하는 문제와 밀접한 연관이 있었다. 남로당을 와해시키고 남아 있는 좌파의 지지기반을 와해시키기 위해 시도된 국민보도연맹을 조직하고 운영하는 일은, 월남자들로 구성된 청년단체들이 주도하고 있었다. 빈약한 재정적 기반 하에서 경찰력을 충원하는 등의 방식으로 남로당 문제에 대응하기 어려웠던 이승만 정권은, 월남자들의 자발적 동원에 의존해야 했고 이들에게 노력에 상응하는 정치적 보상을 해야 할 필요성이 있었기 때문이다.

2대 총선을 앞두고 이승만 정권이 시도했던 선거법 개정노력은, 당시 이승만 정권이 처했던 정부 안팎의 상황을 반영한 것이었고, 정권 입장에서는 정권 재창출을 위해 시급하고도 불가피한 선택이었던 셈이다. 그러나 불안정한 지지기반을 경찰력과 친일경력을 가진 관료집단, 그리고 월남자들을 통한 강압적 통치로 유지해나가려는 정권의 선택은, 선거제도의 왜곡을 가져왔을 뿐 아니라 이승만 정권 자체를 점점 더 권위주의 체제로 이끌어가고 있었다.

제3절 피할 수 없는 선택, 농지개혁

제헌국회의 임기가 끝나가고 2대 총선이 다가오면서, 이승만 정권은 한편으로 경찰력과 월남자들을 중심으로 한 강압통치 기반을 확충하고 다른 한편으로 대중적 지지기반을 창출하기 위한 선택을 하게 되는데 그 핵심조치가 농지개혁이었다.

농지개혁은 해방 직후부터 한반도 남쪽을 지배했던 핵심적인 사회갈등의 한 축을 구성했던 의제였다. 식민지에서 해방된 한국사회는 해방 직후부터 식민잔재 청산과 독립국가 건설이라는 피할 수 없는 의제를 떠안고 있었다. 식민잔재 청산은 일제 강점기 한국인들에게 피해를 입혔던 제도적, 인적, 물적 기반을 청산하는 것으로, 그 핵심 내용은 입법의원에서 표면화되었고 제헌국회에서 되풀이된 반민족행위자 처벌과 토지소유구조의 재편이었다. 토지개혁이 일제 식민지배를 거친 한국사회의 물적 기반을 재편하는 것이었다면, '반민자' 문제를 해결하는 것은 정치·경제·사회·문화 각 분야에서 식민지배를 떠받치고 있던 상부 구조적 관계를 재편하는 과제에 해당했다.

또한 토지개혁이 지주-소작관계라는 계급적 갈등을 해결하는 문제였다면, 친일잔재 청산은 사회의 가장 기층부문까지 형성되어 있던 친일부역자와 식민지배하 피해자들 간의 갈등관계를 독립된 국가에서 해결하는 과제의 성격을 가졌다. 만약 해방 후 독립국가 건설과정이 분단을 거치지 않았다면 우리사회는 비교적 단순한 이 두 가지 갈등구조만을 안은 채 출발할 수 있었을 것이다. 그러나 분단은 이산가족 문제를 포함하여 분단문제의 시급하고도 평화적인 해결을 원하는 사회적 열망과 사회적 분단 상태를 지속시키는 정치적 힘 간의 갈등 구조를 빚어냈다.

이승만 정부는 해방정국에서부터 분단정부의 출범을 주도한 세력들로 출발했기 때문에 분단문제의 적극적 해결자로 나서기에는 원천적 한계를 가지고 있었다. 또한 친일잔재 청산 문제 역시 친일문제로부터 결코 자유로울 수 없는 한민당을 정치적 파트너로 채택하고 있었고 친일 경력의 관료와 경찰, 월남자들의 행정력에 의존하고 있던 상황이었기 때문에 주도적 해결은 불가능한 상황이었다. 따라서 해방 및 분단으로 주어진 3가지 과제 가운데 남은 하나, 토지개혁의 문제를 해결해야만 이제 막 대한민국의 국민이 된 대중들의 지지를 얻을 수 있는 조건에 처해 있었던 것이다. 또한 이 문제는 곧 다가올 2대 총선에서 제1공화국의 첫 유권자가 될 국민들의 지지를 동원하기 위해서도 결정적인 것이었다.

이승만이 집권 직후 토지개혁문제를 해결과제의 최우선 순위에 놓았고, 그 실행시기의 시급함을 지속적으로 강조했던 것은 그의 행적 곳곳에서 발견된다. 그에게 토지개혁의 지연은 "공산분자가 전국을 파괴"할 시간을 벌어주는 것이었고, 반공체제를 확립하기 위해서 가장 시급한 문제는 "농토개혁을 통해 제일 많은 민중의 힘"을 얻는 것이었다(『제헌국회속기록』 4권, 831). 토지개혁은 막 수립된 정부에 있어, 농민들의 지지를 얻음으로써 체제존속을 보장받을 수 있는 관건적인 문제였던 것이다. 그 배면에는 1946년 이미 토지개혁을 실시했던 북한의 존재가 있었고, 이 사실에 자극받은 남한 농민들의 동요가 있었다.

또한 토지개혁이 구체제를 해체하는 방식은 자본주의 경제체제가 허용하는 한 파격적인 것이 그에게 유리했던 것으로 보인다. 지주-소작관계라는 구체제에 이해관계를 갖지 않았던 이승만에게, 토지에 긴박된 지주계급의 잔존은 자본주의 체제로의 전환을 어렵게 할 뿐 아니라 의회 내 강한 거부세력의 온존을 의미했기 때문이다. 초대 내각구성에서 한민당 세력의 의도적 배제와 조봉암을 통한 토지개혁의 추진은 당시 제헌국회를 삼분하고 있었던 '소장파'의 협조를 얻어 예상되는 한민당의 반대를 무력화하기 위한 시도로 해석할 수도 있다. 실제 1949년 최초 통과된 법률안은 '국회 프락치 사건'으로 소장파 세력이 위축되기 이전인 4월 25일 통과되었고, 의회 내 비(非)한민당 계열 의원 60여 명은 정부안을 지지했다.

한민당(민국당)의 핵심전략은 토지개혁 자체에 대한 거부라기보다 지연을 통해 지주세력들이 사전방매를 하거나 다른 용도의 토지로 변경할 시간을 벌고, 토지매수로 인한 자본을 산업자본으로 전환할 수 있도록 정부의 지원을 얻는 것이었다. 지연 전략은 1949년 6월 국무회의로부터 되돌아온 법안을 1950년 2월에야 통과시킨 사실로부터 확인된다.

그러나 의회 내에서 한민당에 의한 토지개혁안 통과지연은 의회 밖에서 농민들의 강한 저항을 불러 일으켰다. 조봉암은 '농림부안'을 의회에 제출한 직후인 1949년 1월 전국적으로 지방공청회를 실시함으로써 농민들의 지지를 얻어나갔다(동아일보편 1975, 316). 이미 정부의 토지개혁안을 접한 농민들은 지연에 항의했고, 농림부는 지연기간동안 지주의 토지강매를 금지시키는 '농지개혁임시조치법'을 발의했다. 하지만 민국당은 이마저도 의회상정 자체를 봉쇄함으로써 토지개혁입법이 1949년을 넘기도록 만들었다. 우여곡절 끝에 토지개혁은 1950년 5.30 선거를 앞둔 2월에야 국회를 통과했고 3월에야 시행이 되었다.

해방 이후 공식기관에 의해 제출된 토지개혁안은 1948년 제헌국회를 앞두고 미군정이 단행했던 귀속농지 처분안, 1948년 이승만이 조봉암을 농림부장관

〈표 3-1-3〉 해방 이후 제출된 토지개혁안에 대한 비교

	귀속농지 (미군정) 48.3.22	농림부안 (농림부) 48.11.12	정부안 (기획처) 49.2.4	국회안 (산업위) 49.3.10	최초법률 (국회) 49.4.25	개정안 (산업회) 49.7.1	개정법률 (국회) 50.2.2
농지소유상한	2정보	2정보	3정보	3정보	3정보	3정보	3정보
지가보상기간	15년	10년	10년	10년	5년	8년	5년
지주보상지가	30할	15할	20할	30할	15할	24할	15할
농민상환지가	30할	12할	20할	30할	12.5할	24할	15할
정부지원		3할			2.5할		

출처: 김성호 2001, 264, <표 1> 참조 재작성(일자는 국회통과일을 기준으로 함)

으로 발탁한 후 조봉암의 주도로 마련된 농림부안, 1949년 기획처가 마련한 정부안, 1949년 3월 국회 산업노농위원회가 성안해 제출한 안, 1949년 2월 국회를 최초로 통과했던 법률, 1949년 7월 국회 산업노농위원회가 제출한 개정안, 1950년 2월 2일 국회를 통과한 개정 법률의 총 7종으로 나누어 볼 수 있다.

토지개혁안의 핵심쟁점은 지주들에게 보상되는 지가(地價)와 농민들이 지불해야 하는 지가, 보상기간과 정부지원문제였다. 지주보상지가와 농민상환지가가 낮을수록, 보상기간이 길수록, 정부지원이 있는 것이 농민들에게는 유리했다. 이 기준에서 보면 위 안(案) 중 '농림부안'이 가장 농민들에게 유리하게 작성되었음을 알 수 있다. 지주보상지가가 15할로 가장 낮으며, 정부지원이 3할로 설정되어 있어 실제 농민들이 지불해야 하는 지가는 12할로 위 안들 중 가장 낮게 제안되어 있다. 반면 농민들에게 가장 불리한 제안은 국회 산업노농위원회가 처음 제출한 안이었다. 정부지원이 없으며 농민상환지가가 30할로 설정되어 있었기 때문이다.

전자가 이승만에 의해 발탁된 초대 농림부 장관 조봉암의 재임기간 중 만들어진 것이고, 후자는 한민당(→민국당) 의원들이 주축이 된 국회 산업노농위원회에서 만들어진 것이다. 제헌국회 산업노농위원회는 전체 43명이었고, 한민당(→민국당) 12명, 일민구락부 6명, 노농당 5명, 이정회 5명, 동성회 4명, 사회당 5명, 무소속 6명으로 다양한 구성을 가지고 있었다. 숫자상으로 민국당이 차지하는 비중은 1/3에 불과했지만 민국당이 산업위원회안을 주도할 수 있었던 요인은 아직 밝혀져 있지 않다(김성호 외 1989, 51).

국회에서 1949년 1월 통과된 '최초 법률안'과 1950년 2월 통과된 '개정 법률안'은, 정부지원제도가 없어졌지만 보상지가와 상환지가가 15할로 유지되어 '농림부안'에 근접함을 알 수 있다. 반면 1949년 7월 1일, 1차 통과된 '최초 법률안'이 국무회의의 부결로 의회로 재이송된 후 새롭게 제출된 산업위원회 안은 '농림부안'이나 최종 통과된 법률안과는 여전히 큰 거리를 갖는다. 보상지가를 30할에서 24할로 낮추었지만, 15할과 비교하면 여전히 높은 지가를 제시하고 있기 때문이다.

그렇다면 1950년 5.30선거에 임박해서야 국회를 통과했던 개정 법률이 선거 전에 시행되어 이승만 정권이 원하는 효과를 발휘했던 것일까? 기존연구들은 의회절차와는 별도로 이승만 정부가 이미 토지개혁의 실무적인 과정을 진행하고 있었으며, 1950년 시·읍·면 사무소에서 '농가별 분배농지일람표'를 공람토록 했음을 밝히고 있다. 또한 농림부는 5월 27일 분배농지에 대한 상환대장을 작성토록 했는데, 이는 농지의 실질적인 분배가 그 이전에 이미 이루어졌음을 의미한다(김성호 외 1989, 601~602). 또한 충청남도 서산군 근흥면에 대한 사례연구는 중앙정부 차원에서 진행된 토지개혁의 실행과정이 지방에서 그대로 집행되고 있었음을 경험적으로 확인해 준다(장상환 1985). 그리고 이 시점 부산·대구·대전·인천의 지방신문에서 토지개혁에 대한 보도를 소재로 실제 지방차원에서 토지개혁진행경과를 추적한 또 다른 연구는, 적어도 의회에서 최종 법률안이 통과되기 이전 정부의 농지분배 일정이 농민들에게 고지되었음을 밝히고 있다(김성호 2001).

이러한 일련의 상황은 당시 토지개혁의제가 의회 내 정치 수준에 한정되었던 것이 아니라, 농민대중들이 시작 시점부터 의회 내 진행과정을 알고 있었으며 그 지연의 책임이 한민당에 있음을 분명히 인지하고 있었음을 추정하게 한다. 당시 토지개혁 진행과정이 농민대중들에게 어느 정도 공개되었을까? 그리고 농민들이 토지개혁을 둘러싼 행정부와 의회 관계로부터 어떤 정치적 판단을 내렸는가? 라는 문제는 전후 1950년대 선거정치를 설명하는데 중요한 함의를 갖는다. 전후 이승만 정권의 권위주의화를 경험하면서도 왜 농민들은 선거에서 지지를 보낼 수 있었는가? 그리고 자유당이 몰락한 1960년 7.29 선거에서조차도 왜 농민들에게 민주당은 유력한 정치적 대안이 되지 못했는가에 대해 새로운 시각을 제공하기 때문이다.

경험연구들이 남긴 당시 농민들의 정서는 "이 박사 덕분에 쌀밥을 먹게 되었다"는 증언으로 집약할 수 있다(김성호 외 1989, 360). 이 단편적인 증언으로 당시 농민들의 정치적 결정을 모두 추론할 수는 없다. 하지만 1948년 11월 조봉암에 의해 '농림부 안'이 제출되고 농민대중들에게 공개된 이후, 1949년과 1950년을 거치면서 농민들에게 토지개혁문제 만큼이나 첨예한 이해관계를 가지고 주시했던 사안은 없었을 것이다. 토지개혁의 지연이 불러온 대중적 저항이 의회에서 임시입법을 상정하게 했던 것은 그 저항의 수준을 짐작하게 한다.

이 와중에서 누가 토지개혁을 주도했고 누가 반대했는가는 농민들의 초기 정치적 선호를 형성하는데 결정적 영향을 미쳤을 것이라고 가정할 수 있다. 1950년 2대 총선에서 민국당의 저조한 득표율과 의석율이 토지개혁의 정치적 결과라는 기존의 주장(김일영 1995)을 받아들인다면, 전후 농촌유권자의 투표결정 역시 그 연장에서 재고되어야 한다. 적어도 한민당－민국당－민주당에 대한 농민들의 낮은 지지가, 민주주의에 대한 무관심 혹은 무지나 권위주의 정권의 동원에 대한 수동적 순응으로만 해석되는 관점은 재고될 필요가 있다는 것이다.

제헌국회에서 토지개혁이 처리된 이후, 전쟁이 없었다면 한국사회에서 지주계급의 몰락은 그처럼 급격하게 진행되지는 않았을 것이다. 한민당은 토지개혁입법을 지연시키면서 지주계급이 토지매각대금을 활용해 산업자본으로 전환하는데 정부가 지원해 줄 것을 요구했고, 개정 법률안에 이를 삽입하는데 성공했다. 최종 개정 법률안 제2장 제10조는 토지를 매각한 지주계급이 "국가경제발전에 유조한 사업에 우선 참획케 간선할 수 있다"고 하여 한민당의 제안을 담아내고 있다. 또한 15년 동안 상환하게 되어 있는 농민상환지가가 그대로 집행되었다면, 지주계급이 산업자본가로 전환하는데 필요한 자본을 형성할 수 있었을 것이다. 그러나 전쟁은 토지만이 아니라 산업적 기반까지도 철저히 파괴함으로써, 지주계급의 물적 기반을 단시간 내에 해체시켜 버렸다. 그리고 전후 이들을 대표했던 한민당은 보수적 상층 정치엘리트 집단으로만 남게 되었다.

제4절 5.30선거와 그 해석

1. 2대 총선의 유권자

헌법제정의 임무를 마친 제헌국회가 2년의 임기를 끝내고, 1950년 5월 30일 대한민국 정부수립 이후 첫 국회선거인 제2대 총선이 실시되었다. 그런데 이 선거가 있은 지 한 달이 채 못 되어 전쟁이 발발했다. 1973년 발간된 『대한민국선거사』 제1집에는 '전쟁으로 인해 관계 자료가 소실 또는 분실되었기 때문에 공식투표통계를 갖고 있지 못하다'고 밝히고 있고, 후보자나 정당 관련 자료만이 수록되어 있을 뿐 유권자의 투표 관련 자료는 수록되어 있지 않다. 그러나 1963년 발간된 『역대국회의원선거상황』과 1964년 발간된 『대한민국선거사』에는 불완전하나마 투표관련 자료가 수록되어 있으며, 이임하는 이 자료와 당시 신문보도 자료를 활용해 2대 총선 투표상황을 재구성하였고 이하 그 내용을 소개한다.

1950년 5월 9일 중앙선관위는 유권자수에 관한 자료를 발표하였고 당시 신문들은 이 자료를 통해 유권자수 관련 보도를 하였다. 2대 총선은 앞서 살펴본 바와 같이 제헌국회에서 선거법 개정으로 유권자가 직접 등록한 후 투표를 해야 하는 방식이 아니라 자동등록제가 적용된 상태에서 진행되었다. 유권자 명부

〈표 3-1-4〉 5.30선거 시·도별 투표자수와 득표수

	유권자수	입후보자명단 득표수	정당·단체 득표수	1948년 유효 투표수
서울	704,163	505,101	527,967	501,911
경기	1,179,824	713,487	718,978	1,029,479
충북	515,929	438,621	438,522	432,605
충남	912,685	616,632	630,049	737,048
전북	922,718	692,364	725,877	749,599
전남	1,369,099	1,033,303	1,044,279	997,954
경북	1,442,790	1,192,837	1,182,894	1,087,695
경남	1,410,673	1,219,743	1,216,106	1,198,094
강원	512,453	410,384	410,362	451,194
제주	114,565	91,986	91,986	30,563
합계	9,084,889	6,914,458	6,987,040	7,216,942

출처: 이임하 1993, 57 <표 5> 재구성; 이임하는 각 지역별 자료를 <경향신문> 1950년 5월 10일, 6월 6일, 6월 11일, <조선일보> 5월 10일, 중앙선거관리위원회 『역대국회의원선거상황』 1963년 69면, 71면, 175면에서 재구성했다고 밝히고 있다. '입후보자 명단'의 득표수는 『역대국회의원 선거상황』에서 추출했으며 '정당·단체 득표수'는 『대한민국 선거사』의 공식 자료를 사용했다고 한다.

작성은 각 지방 행정기관 담당자가 하도록 되어 있었고, 선거일 전에 10일간 행정기관이 작성한 유권자 명부를 열람할 수 있도록 하였다.

그런데 중앙선관위가 발표한 통계는 1948년 통계와 비추어 볼 때 차이가 매우 크다. 제헌국회 선거는 유권자가 직접 등록을 해야 했고 공식통계에는 전체 선거권자수 통계가 없이 등록유권자수 통계만 있었다. 위 표에는 중앙선관위가 발표한 2대 총선 자료와 제헌국회 투표자수 자료가 비교되어 있다. 선거가 끝난 후 중앙선관위는 투표율이 92.2%라고 발표하였는데, 이를 중선관위 발표 유권자수에 적용하면 8,376,268명이 투표를 했어야 한다. 그러나 입후보자명단 기준 득표수는 6,914,458표로 1,461,810표의 큰 차이가 있다. 또한 경기, 충남, 전북, 강원지역의 경우 1950년 입후보자들의 득표수가 1948년 제헌국회 유효투표수보다 더 작은 것으로 확인된다. 이 차이는 중앙선관위가 밝힌 대로, 전쟁으로 인해 투표 자료가 유실되어 유권자가 실재 투표를 했음에도 집계자료가 사라져 파악되지 못한 것으로부터 한 원인을 찾을 수 있다.

그러나 당시 신문자료를 보면 자료유실 이외의 다른 원인이 존재했다. 자동등록제를 시행하면서 집단적인 등록누락사태가 발생하는가 하면, 유권자등록은 되어 있어도 유권자에게 투표고지서가 발송되지 않아 투표에 참여하지 못한 사례도 있었던 것으로 확인된다. 서울 창신동의 투표소에서는 20명, 전주 고사동 지역에서는 40명의 집단적 등록누락자가 발생했고 군부대에서는 투표준비가 제대로 되지 않아 집단적인 기권이 발생하기도 했다. 한편 서울 동대문구에서는 동일세대 7명의 유권자 중 4명만 투표고지서를 받고 3명은 고지서를 받지 못해 투표를 할 수 없는 상황이 발생하기도 했다고 한다. 또는 투표고지서를 지참하고 투표소를 방문한 유권자가 투표등록이 되어 있지 않다고 하여 투표를 하지 못하고 되돌아가는 사태도 있었다. 당시 조선일보는 '… 사무담당자의 실수라면 그 수가 너무 많음에 놀라지 않을 수 없고, 만약 여기에 불순한 간섭이 있다고 하면 이는 어떤 개인, 집단의 정치적 목적으로 남의 공민권을 탈취한 것이니 당국에서 철저히 조사하여 엄벌해야 한다."고 지적하여, 자동등록제 첫 시행으로 인한 단순실수가 아닐 수도 있다는 추정을 내놓고 있다(경향신문 1950년 5월 31일자, 조선일보 5월 31일자, 조선일보 6월 2일자, 조선일보 6월 3일자; 이임하 1993, 56~57 재인용).

조선일보가 추정했던 '불순한 간섭'이란 무엇일까? 유권자등록제를 채택하고 있는 미국 선거정치를 보면, 유권자등록은 그저 자발적인 참여로만 이루어지지 않는다. 당선을 목적으로 하는 후보자와 정당이 지지 동원의 타깃 집단을 중심으로 유권자등록을 안내하고 투표장으로 이끄는 주요엔진이었다. 반면 경쟁하는 정당들이 모두 지지 동원의 대상으로 삼지 않는 집단들은 자연스럽게 유권자등록에서 배제되었다. 이런 현상이 제헌국회 선거와 5.30선거에서도 벌어졌을 가능성을 추정할 수 있다.

미군정 측 자료에 따르면 제헌국회 선거권자 중 등록유권자의 비율은 79.7%로 추정되었다. 나머지 20%정도의 유권자는 등록을 위한 동원에서 배제되거나 누락된 것이다. 5.30선거에서는 자동등록제를 택했지만 지방단위 행정기관이 누구에게 포획되어 있었는가에 따라 적극적인 등록대상이 된 유권자집단과 누락되어도 좋았을 유권자집단이 갈렸을 수 있다. 현재로서는 이 가능성을 추정할 수만 있을 뿐 선거권을 가져야 했지만 투표에 참여하지 못했던 유권자의 범위가 어느 정도인지를 파악할 방법은 없다. 그러나 분명한 것은 2대 총선까지도 보통선거권 체제는 제대로 확립되어 있지 않았고, 상당수 유권자들에게 참정권은 당연히 누려야 하는 권리가 아닌 국가적 의무였거나 국가가 베푸는 시혜였을 가능성이 높았다는 것이다.

2. 2대 총선의 후보자

2대 국회의원 선거에 입후보한 사람의 숫자는 2,209명으로, 제헌국회 입후보자 948명보다 2.3배가 더 많았다.[1] 정당·단체의 숫자는 39개, 단 1명의 후보만을 내세운 정당·단체의 숫자는 18개로 제헌국회보다 다소 줄었지만, 무소속 후보자는 1,513명으로 제헌국회 417명보다 3.6배가 늘었다. 불과 2년 만에 급격히 늘어난 이 국회의원 입후보자들은 과연 누구였을까?

---

1 이 자료 역시 『대한민국 선거사』제1집에 따르면 2대 선거 출마후보자는 총 2,209명이지만 (p.1105), 중앙선관위 홈페이지 [역대선거정보시스템]에는 1,696명으로 되어 있다.

〈표 3-1-5〉 2대 국회의원선거 후보자의 제헌국회 선거 입후보 경력

	2대 총선 후보자수	1대 후보자 비율	1대 입후보자들 가운데 소속별 비율				
			무소속	한국민주당	독촉	대동청년단	기타
총출마자	2,209	21.5	52.6	11.4	21.8	6.8	7.4
대한국민당	165	50.0	56.5	3.3	33.7	4.3	2.2
민주국민당	154	48.0	31.0	39.4	14.1	7.0	8.5
무소속	1513	15.5	65.5	7.7	14.9	4.7	7.2

총 입후보자 2,209명 가운데 제헌국회 선거에 출마했던 사람의 비율은 21.5%에 불과했고 나머지 78.5%는 신규 입후보자들이었다. 전체 정치엘리트 수준에서 1대 선거와 2대 선거의 연속성은 매우 낮았다고 볼 수 있다. 반면 1950년 시점에서 의회 내 이승만 지지 세력들로 구성되어 있었던 대한국민당과 한민당의 후신인 민주국민당은 각각 1대 출마자 50.0%, 48.0%로 2대 선거 후보자를 충원하였다. 이들 중 대한국민당은 56.5%, 민주국민당은 31.0%의 무소속을 충원하였는데, 이 사실은 1대 선거에서 양대 세력의 지지자였음에도 무소속으로 출마했던 후보들의 비중을 짐작할 수 있게 한다.

반면 2대 선거에 출마한 무소속 후보들은 그 84.5%가 1대 선거에서 출마하지 않았던 후보들로 구성되었다. 1대에서 무소속으로 출마했던 후보들은 2대에서 대한국민당과 민주국민당 후보로 다수 충원되었던 반면, 2대에서 무소속으로 출마했던 후보들은 대부분 1대에 출마하지 않았던 새로운 후보들이었던 것이다. 새로이 등장한 이 후보들은 누구였을까?

이들에 대한 경쟁하는 두 가지 설명은 1대에 이어 2대에서도 '유권자의 특정 정당 혐오를 피하기 위한' 이승만-한민당 계열 후보의 무소속 출마가설과 1대 선거에서 불참전략을 폈던 중도파들의 선거참여 가설이다. 이승만-한민당 세력이 1947년 중반 이미 각 지방차원에서 선거참여를 위한 준비를 완료했으며 1대 선거가 중앙정치 차원에서는 두 세력의 참여 속에서만 이루어졌음을 고려할 때 양대 세력이 동원할 수 있는 충분한 정치엘리트들은 제헌의회 선거에 이미 참여했을 것이라고 가정할 수 있다. 이런 조건을 감안할 때 2대 선거에서 두 세력의 후보들이 새로이 무소속으로 참여했다 하더라도, 2대 선거 전체 후보자

의 50%를 넘는 새로운 무소속 후보군을 구성할 수 있었을까?

반면 후자의 가설, 2대 선거에서 한민당－이승만 계열이 아닌 제3세력이 "압도적인 다수의 무소속 후보로 출마했고 이들이 통일 지향적이며 진보적인 당선자들을 배출했다(강정구 1993)"는 것은, 전쟁으로 2대 국회의 온전한 구성과 의정활동을 확인할 수 없는 조건에서 경험적으로 증명되기가 힘든 문제가 있다. 하지만 적어도 1대와 2대 무소속 후보자들의 불연속성은 확인되었으며, 이들은 62.9%의 득표율과 60.0%의 의석을 얻어 적어도 정치엘리트 차원에서는 1대 국회와는 다른 국회의 구성을 결과했다.

3. 2대 총선의 당선자

선거결과, 무소속이 126명으로 전체의원 정수 210명 가운데 60%를 차지했으며, 대한국민당과 민주국민당이 각 24명, 국민회 14명, 대동청년단 10명, 대한노동총연맹 3명, 사회당 2명, 일민구락부 3명, 민족자주연맹과 대한부인회, 불교, 여자국민당이 각 1명의 당선자를 냈다. 당선자를 낸 대한국민당, 국민회, 대동청년단, 대한노동총연맹, 일민구락부, 대한부인회 등은 이승만 계열 의원들로 분류되며, 1951년 자유당의 창당과정에 합류하게 된다.

2대 총선 결과가 각 정치세력들의 입장에서 어떻게 평가되어야 하는가에 대해서도 의견은 갈린다. '극우세력(이승만－한민당 세력)이 참패하고 중도 진보세력이 약진한 선거(강정구 1993; 서주석 1990, 136~137; 박명림 1989, 50)'라는 평가는 126명의 무소속 당선자 가운데 상당수가 제헌국회에 불참했다가 2대 총선에 참여한 중도파 성향일 것이라는 가정에 근거를 둔다.

반면 민국당은 참패했으나 이승만 세력이 위기에 처했던 것은 아니라는 평가(김일영 1995)도 상당한 근거를 갖는다. 그는 우선 이승만 세력의 범위 추정에 이견을 제기한다. 그에 따르면 대한국민당이 여당임을 자임하고자 했던 것과는 달리 이승만은 대한국민당을 유일한 집권당으로 인정한 바가 없으며, 제헌국회 선거에서와 마찬가지로 다양한 정치세력들로부터 지지기반을 삼았다는 것이다. 5.30선거에서는 국민회, 대한청년당, 대한노총, 일민구락부, 대한부인회, 중앙불교위원회, 여자국민당 등이 사실상 이승만의 지지세력이었다는 주장이다.

강정구도 이 점은 인정하고 있으며, 5.30선거에서 당선된 '친여극우세력'은 57석을 차지했고 민국당이 24석을 얻었으니 도합 81석이 이승만−한민당 세력 의원들이 당선되었다고 본다. 반면 김일영은 원구성 직후 실시된 의장단 선거와 2대 국회 원내교섭단체의 구성을 들어 무소속의 성격이 압도적으로 중도파였을 것이라는 추정은 타당하지 않다고 주장한다.

의장선거 1차 투표에서 총 투표수 209표 중 신익희가 96표, 조소앙이 48표, 오하영이 46표 등을 얻었고 2차 투표에서는 신익희가 109표를 얻어 당선되었다. 부의장 선거는 3차 투표까지 가서 장택상과 조봉암이 당선되었는데, 3차 결선 투표에서 장택상이 104표, 조봉암이 96표를 얻어 장택상이 우선 당선되었으며, 나머지 1명의 부의장직을 두고 다시 실시된 투표에서 조봉암이 104표, 이청천이 81표를 얻어 조봉암이 당선되었다. 의장으로 당선된 신익희는 당시 민국당 대표였다. 물론 여기에도 해석의 여지는 존재한다. 신익희는 민국당 대표이긴 했지만 임시정부 요인이었고 제헌국회 의장을 역임했기 때문에 소속정당 혹은 지지 정치세력의 범위를 넘어선 다른 지지요인이 존재했을 수 있다. 그렇다 하더라도 부의장 선거에서 장택상이 얻은 지지는 다른 설명을 요하는 부분이다. 이런 근거들로 해서 김일영은 무소속 가운데 중도진보 계열은 대략 50여 석에 조금 못 미치는 것으로 추산한다.

2대 국회는 선거 후 한 달이 채 못 되어 개시된 전쟁과 함께 전시국회로 전환되었다. 6월 25일부터 9월 27일 서울이 수복될 때까지 총 210명의 의원 중 35명이 사망하거나 사라졌다. 중앙선관위 자료에 따르면, 이 시기에 사망자가 3명, 납치되거나 행방불명된 의원이 27명, 수복 후 사망한 의원이 5명이었다고 한다(『대한민국 선거사』 제1집, 460). 이들이 누구였는지 또한 낱낱이 밝혀져 있지는 않다. 제헌국회 원내 활동을 통해 당선자들의 정치성향을 구분했던 것과는 달리, 전란 속 2대 국회의 파행적 운영을 통해 2대 총선 당선자들의 정치성향을 구분해내는 것은 신중할 필요가 있다. 전쟁 이전 남북관계나 국내 좌파들의 정치, 정책노선에 대해 해방 이후 중도파의 노선을 견지했던 사람이라 할지라도, 전쟁이 발발한 이후에는 생각이 변했을 가능성이 있기 때문이다. 전쟁은 이전과 이후 한국사회와 정치를 바꾸어놓았기 때문에, 그 직전 실시된 2대 총선의 진실은 여전히 많은 부분 베일에 싸여 있다는 점을 인정할 수밖에 없다.

CHAPTER 02 전쟁과 유권자

제1절 전쟁의 전개

전쟁이 어느 날 갑자기 발생한 것은 아니었다. 1950년 6월 25일 북한의 공격이 시작되었을 때, 서울과 도쿄에서는 1949년 내도록 발생했던 무력충돌의 연장선이라고 파악했다가 국지공격이 아니라 전면공격으로 판명되면서 경악했다고 전한다. 1949년 주한미군군사고문단의 보고에 따르면, 1949년 1월부터 10월까지 개성·고랑포 126회, 춘천 112회, 옹진 95회, 주문진 55회, 청단 49회, 포천·동두천 43회, 원대리 42회, 연안·배천 41회 등 38선 곳곳에서 남북한의 무력충돌이 이어졌다(정병준 2006, 86; 209). 1950년 들어 그 빈도는 더욱 늘어났으며 결국 6월 25일 전면전으로 이어졌다. 남북한에 각각의 정부가 들어서고, 한국에서는 2번의 선거가 치러지는 동안에도 분단의 상흔은 한반도를 휘감고 있었던 것이다. 38선 인근지역 거주민들뿐 아니라 한반도 남쪽 전체 국민들은 정부수립 이후에도 하루하루 불안하고 불안정한 삶을 영위할 수밖에 없었고, 급기야 전쟁은 가혹했던 일제 강점 이후 그나마 남아 있던 삶의 마지막 터전마저 철저히 붕괴시키고야 말았다.

[그림 3-2-1] 전쟁의 참상

출처: http://blog.naver.com/PostView.nhn?blogId=shin00512&logNo=220041377875.

전쟁의 속도는 급격했으며 그 속도만큼이나 참상은 가혹했다. 6월 25일 발발한 전쟁은 불과 두 달여 만에 남한 전역을 휩쓸었으며, 유엔군의 참전과 9월 15일 인천상륙작전으로 서울을 탈환한 뒤에는 파죽지세로 북한지역을 뚫고 지나가 압록강변에 이르렀으나, 중국군의 참전으로 12월 30일엔 유엔군이 다시 38선 이남으로 후퇴했다. 불과 6개월도 되지 않은 시간 동안 한반도 남측의 국민들은 북한군의 남하와 유엔군의 북상, 다시 유엔군의 38선 이남으로의 퇴각을 경험했던 것이다.

이 과정에서 남진하는 북한 인민군에 의한 통치와 인민재판, 민간인 학살을 겪어야 했을 뿐 아니라, 퇴각하는 국군과 미군에 의한 민간인 학살까지 경험해야 했다. 남진하는 북한군에 협조할 가능성 때문이었다. 게다가 유엔군이 북진하는 과정에서는 남진하던 북한군에 협조했다는 이유로 부역자가 되어야만 했고, 대규모 체포와 탄압을 감당해야 했다. 또한 북으로 퇴각하는 인민군에 끌려 북행을 하게 되었던 남측의 청년들은, 인민군복을 입고 전선에 서거나 전쟁포로가 되어 모진 시간을 견뎌야만 했다. 모진 추위와 유엔군의 공습 속에서 포로수용소에 갇혀 생을 마감했거나, 원치 않았지만 목숨을 부지하기 위해 북한체제를 선택하고 잔류하기도 했다.

1951년 3월 국군이 서울을 재탈환한 뒤, 7월부터는 2년여 간의 지루한 정전협정이 시작되었다. 양 측이 정전협정을 진행하는 와중에도 전선에서는 남북한의 젊은이들이 무참히 죽어갔으며, 조금이라도 자국에 더 유리한 지점에 국경을 긋기 위해 목숨을 건 고지전이 벌어졌다. 군사분계선을 어디에 설치할 것인가, 정전협정을 실행할 감시기구를 어떻게 꾸릴 것이며 누구를 참여시킬 것인가, 전쟁포로의 송환문제를 어떻게 처리할 것인가를 두고 단계 단계마다 갈등은 이어졌다.

〈표 3-2-1〉 전쟁 경과와 정부활동 주요일지

		전선	정부
1950	6.25	새벽 4시 전쟁 발발	
	6.27	유엔 안보리, 군대파견 결의	정부, 대전으로 이전
	6.28	북한군, 서울 점령	
	7.14		이승만, 맥아더에게 작전통제권 양도
	8.18		정부, 부산으로 이전
	9.2	북한군, 낙동강 일대 총공격 개시	
	9.15	인천상륙작전	
	9.28	서울 탈환	
	9.29		정부, 서울로 귀환
	10.1	한국군, 38선 돌파	
	10.10	유엔군, 원산 점령	
	10.22		서울에서 부역혐의자 9,900명 체포
	11.24		정부, 국민방위군 설치 법안 제출
	11.27	북동전선 유엔군 후퇴	
	12.3		국방장관, 유엔에 원폭사용 요청
	12.30	유엔군, 38선 이남으로 철수	
1951	1.4	유엔군 서울 철수(1.4후퇴)	
	2.11		거창 민간인 학살사건

	3.14	국군, 서울 재탈환	
	3.29		국회, 국민방위군 사건 폭로
	3.31		국회, 거창민간인학살사건조사위구성
	5.5		국회, 정전 반대 만장일치 의결
	7.8	정전회담 양측 대표단 확정	
	11.30		이승만, 양원제·대통령직선제 개헌안 제출
	12.17		원외 자유당 발기인 대회
1952	2.2		경상남북 9개군 비상계엄
	3.13		거제도 포로수용소 집단시위
	4.17		국회의원 121명, 의회제 개헌안 제출
	5.25		부산 정치파동 시작
	7.4		발췌개헌안 163 대 0으로 가결
	8.8		정·부통령 직접 선거 완료
	12.3	유엔총회, 포로문제 인도의 결의안 가결	
1953	2.6		1952년 빨치산 토벌성과 발표
	2.15		통화긴급조치 공포(화폐개혁)
	4.8	상병 포로 교환 개시	
	5.24		정부, 정전 반대 성명서 발표
	6.8	포로교환 협정 조인	이승만, 전투 계속 성명 발표
	6.18		이승만. 반공포로 석방
	7.21		한국, 휴전협정조인식에 대표 파견하지 않겠다고 선언
	7.27	미8군 사령관, 정전명령 발표	

출처: 군사문제연구소 1991 <한국전쟁일지>; 박태균 2005, 386~393 참고 재작성.

한국정부는 갈등의 매 고비마다 정전협정을 반대하는 입장에 섰고, 그 상징적 사건이 1953년 6월 18일에 있었던 '반공포로 석방사건'이었다. 전쟁포로 문제는 1년 6개월여를 끈 가장 어려운 난제였다. 1949년 제네바 협정에 따르면 전쟁이 종료된 후 모든 포로들은 본래 소속국으로 무조건 돌려보내져야 했다. 그런데 포로교환을 위한 명부 교환단계에서부터 문제가 발생했다. 유엔군 측이 공산군에 전달한 공산군 포로 숫자는 13만 명에 달했던 데 반해 공산군 측이 전달한 유엔군 포로는 1만 1천명에 지나지 않았기 때문이다.

유엔군은 공산군이 포로의 숫자를 축소했다고 주장했고, 공산군이 밝히지 않은 포로들의 규모를 밝혀내기 위해 여러 제안들을 건네지만 이는 모두 벽에 부딪혔다. 공산군 측에서는 유엔군의 공중폭격으로 수용소에 있던 포로들이 대거 사망했다고 주장했고, 일각에서는 북한군이 포로들에게 식량을 제대로 지급하지 않아 다수의 포로들이 기아로 사망했다는 가설을 제기하기도 한다. 당시 북한 상황을 추정해 보면 상당히 설득력 있는 가설이기도 하다. 남한과 마찬가지로 북한도 일제 강점기를 막 벗어나 정부를 수립한 상태였고, 북한의 전쟁계획도 단기전에 승부를 건 것이었다. 장기전에 대비할 정도로 군비가 충분하지 못했던 북한 입장에서 북한군과 함께 참전해 주었던 중국 인민군을 먹여 살리기에도 버거웠을 것이며, 이런 와중에 남측과 유엔군의 전쟁포로에게까지 최소한의 인간적 대우를 할 여력은 없었을 것이기 때문이다.

사실 이런 상황은 남측도 예외는 아니었다. 각 지역마다 포로수용소를 짓고 대규모 수용을 했지만, 식량과 의복 등 최소한의 지원이 부족한 것은 마찬가지였다. 포로수용소에서는 반공포로와 북측포로 사이에 갈등이 벌어졌으며 대규모 유혈사태가 빚어지기도 했다.

한편 이승만 정권은 미국이 중국 및 북한과 진행하던 정전협정에 대해 일관되게 반대 입장을 표명하고 있었다. 표면적인 이유는 정전반대와 유엔군에 의한 북진통일의 달성이었다. 이승만 대통령은 전쟁 발발 직후인 7월 14일, 자발적으로 유엔군 사령관 맥아더에게 서신을 보내 한국군의 작전 통제권을 이양한 바 있었고, 유엔군이 전쟁을 중단하지 말고 북진통일을 해 줄 것을 요구했다.

그러나 1953년 정전협정 진행 중 미국에 대한 요구를 통해 보면, 북한으로부터의 안보위협에 대한 안전장치의 마련이 실재적 요구였음을 알 수 있다.

1949년 6월 미군철수 당시에도 이승만은 철수반대 관제시위를 조직했으며 북한에 대한 선제공격으로 한반도의 안보위기를 미국에 각인시키고자 시도했다. 하지만 이승만의 이런 시도는 오히려 미국과의 갈등을 불러왔고 대한원조의 감액과 애치슨 선언에서 한반도가 방위라인에서 제외되는 결과로 이어졌다(이완범 2009).

이런 경험을 통해 이승만은 정전협정 이전에 미국으로부터 분명한 안보동맹의 확답을 받아야 한다고 판단한 것이다. 1953년 6월 1일 이승만은 정전성립 전에 한미상호방위조약이 체결되면 정전반대를 철회할 용의가 있다고 미국 측에 제의했으나, 확답을 얻을 수 없었다. 그리고 6월 18일 거제 포로수용소에 있던 포로를 일방적으로 석방하는 조치를 취함을 통해 정전협정 반대의사를 다시 한 번 천명했고, 덜레스 미 국무장관은 한국정부의 포로석방이 유엔군의 권한을 침범한 것이라는 성명을 발표했다. 6월 27일 유엔군 발표에 따르면, 25일 현재 탈주 포로가 2만 7,312명에 달했다고 한다(박태균 2005, 393).

결국 한국정부는 휴전협정조인식에 대표를 파견하지 않았으며, 협정에는 유엔군 사령관과 중국 인민군 사령관, 북한군 사령관 등의 서명만 있을 뿐 한국은 협정 대상국에서 제외되었다. 한국정부의 휴전협정 불참은 현재까지도 남북관계에 심대한 영향을 미치고 있다. 휴전협정이 평화협정으로 대체되기 위해서는 휴전협정 당사자들 간의 평화회담이 진행되어야 하나, 한국은 당사자가 아니므로 북한은 일관되게 미국과의 관계개선을 통해 안보위협을 해결하려는 노선을 택해 왔고 그 과정에서 한국정부는 제3자의 입장에서 북미관계에 접근할 수밖에 없는 위치가 된 것이다.

작전지휘권

"대한민국을 위한 유엔의 군사적인 공동 노력으로 귀하(맥아더)가 유엔군 총사령관에 임명되어 대한민국과 그 인접지역에서 싸우고 있는 모든 유엔군이 귀하의 작전 지휘권 하에 편입된 사실에 비추어, 본인은 현재의 전쟁상태가 지속되는 동안 대한민국 군의 작전 지휘권을 귀하에게 … 이양하게 된 것을 다행으로 생각하는 바 …"– 이승만 대통령이 맥아더 원수에게 보낸 서신(1950.7.14.)

1953년 한미상호방위조약에서 한국군의 작전통제권 이양이 다시 확인되었고, 유엔의 승인을 거쳐 유엔군 사령부 관할사항이 되었다. 1978년 작전통제권은 유엔군 사령부에서 한미연합사령부로 이관되었다. 이후 한국군의 작전지휘권을 미군사령관으로부터 반환받는 문제는 1988년이 되어서야 공론화되었다. 1988년부터 작전통제권 환수 협상이 시작되었으며, 1992년 말 한국군의 작전통제권은 전시작전 지휘권과 평시 작전 지휘권으로 분할되어 평시 작전 지휘권만 한국에 반환되기로 결정되었고 1994년 12월 1일 평시작전지휘권은 환수되었다. 2006년 9월 한미정상회담에서는 전시작전지휘권 환수에 대한 합의가 이루어졌고 2007년 2월 전시작전권 환수시점이 2012년으로 합의되었다. 그러나 2010년 6월 한미정상회담에서 전시작전지휘권 환수시점을 2015년 12월로 연기했으며 2014년 10월 한미연례안보회의에서 전시작전권 환수시점은 무기한 연기가 결정되었다.

제2절 전쟁의 참상

전쟁으로 남측 100만여 명, 북측 150만 명 도합 총 250만여 명의 사상자가 발생한 것으로 추정된다. 그리고 남측에서는 37~8만여 명이 사망했고, 23만여 명이 부상당했으며, 38~9만여 명이 납치되거나 실종되었다. 병력 피해를 보면, 국군과 UN군 피해가 77만여 명, 북한과 중국군이 120만~150만여 명 사상한 것으로 확인된다. 소련 측의 통계에 따르면, 당시 북한인구의 11.1%가 사망했고 산업시설 및 공공시설의 80%가 파괴되었으며 정부 건물의 3/4, 민간가옥의 1/2이 파괴되거나 손상되었다고 한다.

전쟁은 전선의 군인들에게만 잔혹한 것이 아니었다. 특히 한국전쟁처럼 전선이 한정된 공간에 제한되어 있지 않고 한반도 전 영토를 몇 차례에 걸쳐 휘감았던 조건에서는 군인과 민간인의 피해가 따로 있을 수 없었다.

[그림 3-2-2] 국민보도연맹사건

출처: https://commons.wikimedia.org/wiki/File:Bodo_League_massacre_mass_grave_US_ARMY_1950.jpg

전쟁 초기 북한군이 영남지방을 제외한 38선 이남 대부분을 장악하면서, 점령지역을 대상으로 행정권 및 사법권을 행사했다. 이들은 국군장교와 판검사는 무조건 사형에 처하고, 면장, 동장, 반장은 인민재판에 회부하여 처리하도록 했는데 인민재판에서는 뚜렷한 근거도 없이 즉결처형 등의 판결이 내려졌고 북한군에 의한 학살이 자행되었다. 또 북한군은 인천상륙작전 이후 북쪽으로 퇴각하면서 대전형무소에 수감했던 정치범들을 대량학살하고 떠나기도 했다. 정부 공식발표에 의하면 북한군의 남한 점령기간 동안 민간인 학살자 규모는 12만 9천여 명에 이른다고 한다.

한편 국군에 의한 대표적인 민간인 피해사건으로 거창민간인학살사건, 문경민간인학살사건, 산청·함양 민간인학살사건, 국민보도연맹사건 등을 들 수 있다. 국민보도연맹사건은 앞에서 살펴본 바처럼 1949년부터 격화된 남조선노동당의 무장투쟁을 진압하는 과정에서 좌익 전향자들로 구성한 국민보도연맹을 전시에 집단학살한 사건을 말한다. 전쟁이 발발하자 북한군이 진주할 경우 이들이 협력할 것을 우려해 국군이 집단학살을 한 사건으로, 국민보도연맹 자체가 정부기관이 아닌 청년단체 등이 주도하는 민간 기관이었으므로 전체 국민보도연맹원의 숫자 및 학살로 사망한 사람들의 숫자에 대한 정확한 추계는 존재하지 않는다. 현재까지 밝혀진 집단학살사건만 10여 건이며 지금도 새로운 증언과 피해 상황이 나오고 있기 때문에 앞으로 피해자의 숫자는 더 늘어날 가능성이 크다(박태균 2005, 320).

거창민간인학살사건은 1951년 2월 경남 거창 신원면에서 국군이 공비 소탕을 명목으로 719명의 민간인을 학살한 사건을 말한다. 이 사건의 이면에는 1949년부터 1950년 초까지 남로당 중심의 무장투쟁의 일환으로 전개된 일명 '빨치산투쟁'이 놓여 있다. 이승만 정부는 전쟁 이전 이들 '무장공비'를 토벌하는데 전력을 다했으며 1950년 초에 이르면 대략 토벌이 완료된 것으로 보고되었다. 그러나 전쟁이 발발한 이후 이들의 활동은 다시 재개되었다.

1950년 9월 인민군이 북쪽으로 퇴각한 이후 인민군 패잔병, 전쟁 이전에 활동하던 무장유격대, 북한군이 남하할 당시 협조했던 사람들 등이 입산하여 산간 지대에 근거지를 마련하였는데, 한 때는 전국적으로 5만~8만여 명에 이르는 것으로 추산될 정도로 입산자의 숫자는 불어나기도 했다. 이후 이들 중 당초 인민군 병력이었다가 낙오한 사람들은 대개 북상한 것으로 알려지며 그 수는 대략 2만 5천 명 정도로 추정된다. 반면 북상에 실패하거나 북상을 택하지 않은 사람들은 계속 남아 유격대활동을 지속하다가, 한국 정부에 의해 토벌되었다. 이 사건은 전쟁 중에 알려져 국회 차원의 진상조사단 조사를 거쳐 관련자 처벌이 이루어진 드문 사례에 속한다. 1951년 3월 국회의원 신중목은 이 사건을 국회에 보고했고, 국회 조사결과 내무, 법무, 국방장관이 사임을 했으며 김종원 등 사건 주모자들은 군법회의에 회부되어 실형을 선고 받았다.

산청·함양민간인학살사건은 거창 사건이 있기 사흘 전에 발생한 사건이다. 1951년 2월 8일 공비토벌에 나섰던 국군 제11사단 9연대가 산청군 금서면과 함양군 유림면 일대 12개 마을 주민 705명을 공비와 내통했다는 누명을 씌워 집단 학살을 자행한 것이다.

한편, 노근리 사건은 학살의 주체가 미군이었던 사건이다. 미군 부대가 충청북도 영동면 노근리에서 민간인을 학살한 사건으로, 오랫동안 밝혀지지 않고 묻혀 있다가 피해자의 끈질긴 조사와 노력으로 후일 그 전모가 밝혀졌다. 1950년 7월 25일~27일 노근리에서 인민군의 남하를 막고 있던 미군 1기병사단 7기병연대 예하 부대가 경부선 철로와 쌍굴다리에서 폭격과 기관총 발사를 시작으로 민간인을 학살하였다. 사건의 생존피해자인 정근용이 1960년 주한미군소청사무소에 사과와 배상을 요구하면서 최초로 알려지긴 했지만, 이후로도 오랫동안 묻혀 있었다. 1994년 5월에야, 노근리 피해자 대책위원회가 구성되었고 CNN, AP통신 등의 탐사보도가 진행되면서 미군의 전쟁범죄라는 사실이 밝혀졌다. 대책위는 사망자 135명, 부상자 47명을 확인했으며 전체 희생자는 400여 명으로 추정되고 있다. 2004년 「노근리사건 희생자 심사 및 명예회복에 관한 특별법」이 제정되었고, 법에 따라 '노근리사건 희생자 심사 및 명예회복위원회'가 구성되었다.

전시 민간인 학살사건이 더 안타까운 것은, 전쟁이 끝나고도 오랫동안 이 사건들이 묻혀 있었으며 피해자들은 사건에 대한 진실을 외부에 밝히지도 못한 채 남은 세월을 살아왔다는 점이다. 2000년 5월 16일에는 경남 산청군 시천면 외공리 뒷산에서 150구 이상의 유골이 발견되었다. 그런데 유골이 발견된 마을에서는 관련 생존자나 유족이 전혀 나타나지 않을 것으로 보아, 피학살자가 마을

[그림 3-2-2] 노근리 사건 현장

출처: http://www.ohmynews.com/NWS_Web/View/img_pg.aspx?CNTN_CD=IE001783848#IE001783848

주민이 아닌 외지인인 것으로 파악되고 있으나 아직까지 진상이 밝혀지지 못했다. 한 언론보도는, 전쟁 중 시천면 특공대장 김남준의 증언을 인용해 "냄비까지 소지했던 부녀자와 어린이 등 500여 명의 피란민을 끌고 와 학살했다"고 전하지만 이들이 어디에서 끌려왔는지 등은 여전히 미궁인 상태다(부산일보 1960년 5월 17일자).

제3절 전쟁과 유권자의 삶

전쟁은 유권자의 삶을 전방위적으로 피폐화시켰다. 농업부문에서는 거의 전 국토가 전쟁터가 되면서 농촌시설 및 수리시설이 파괴되었고, 공업 생산기반은 붕괴되었다. 공업부문의 경우, 건물 피해액은 원래상태의 44%에 해당했고 시설은 원래상태의 42%에 이르러 사실상 생산기반이 반 토막이 났다.

〈표 3-2-2〉 전쟁으로 인한 공업부문 피해현황

업종별	피해액(달러)				原狀 대비 피해율(%)	
	건물	시설	원자재/제품	합계	건물	시설
금속공업	414,150	127,050	111,650	652,850	26	26
기계공업	406,670	106,078	279,807	792,555	35	35
섬유공업	41,902,294	50,819,450	–	92,721,744	62	64
화학공업	4,730,519	10,632,820	49,065	15,412,404	35	33
요 업	1,428,680	214,813	246	1,643,739	25	20
식품공업	1,215,500	378,253	55	1,593,808	30	30
인쇄공업	907,698	1,536,447	255	2,444,400	75	75
총계	51,005,511	63,814,912	441,079	115,261,502	44	42

출처: 이현진 2009, 113 인용.

또한 전력감소도 심각했는데, 분단으로 악화된 전력수급 문제를 해결하기 위해 전후 2년여 동안 발전시설을 확충해 왔지만 전쟁으로 남한 발전능력의 80% 이상이 파괴되었다. 여기에 더하여, 전쟁 수행을 위해 불어난 군인과 주둔 미군을 먹여 살리는 문제는 한국경제 자체에 엄청난 부담으로 다가왔다. 전쟁의 폐허 속에서 일반국민들은 엄청난 물자부족에 시달려야 했지만, 남아 있던 물자조차도 전시 군인들에게 우선 공급되어야 했기 때문에 물자부족 상황은 그 정도를 상상할 수 없을 만큼 악화되었다.

또한 전쟁비용 조달을 위해 한국은행이 찍어낸 막대한 통화량은 물자부족과 맞물려 인플레이션의 격화로 이어졌다. 전쟁 당시 부산에서의 소매가 지수를 보면, 1947년을 기준으로 잡을 때(100), 1950년 6월에는 319, 1951년 3월경에는 1,934, 1952년 1월에는 3,483을 기록했다. 이와 같은 전시 물가는 전쟁 이전 수준보다 35배에 이르는 것이었다. 1952년에 들어서면서 인플레이션의 속도는 더 가팔라졌다. 부산에서 쌀 가격은 1월 기준 한 말 당 37,580원이었던 것이 6월이 되면 110,500원으로, 7월에는 14만원으로 증가했다고 한다(이현진 2009, 114). 서울에서도 도매물가지수를 기준으로 볼 때, 1950년 6월을 100으로 하면 12월 239, 1951년 12월 747, 1952년 12월 1,510, 1953년 12월 1,857에 달했다(황민수 2013, 23).

전시 정부는 이런 상황에서 한편으로 군비를 조달하고 다른 한편으로 인플레이션을 잡기 위해 여러 대책을 내놓았다. 1951년 9월 정부는 '임시토지수득세법'을 발표했는데, '토지수익에 대한 정세를 물납으로 통합함으로써 통화팽창을 방지하고 양곡정책에 기여하기 위한 목적'에서 추진된 것이었다. 정부는 영세농들의 생활을 보장한다는 명분 아래 누진세율을 적용했는데, 10석 미만의 영세농들에게도 15%의 현물세금을 징수한 것은 커다란 부담이 되지 않을 수 없었다(박태균 2005, 302).

〈표 3-2-3〉 서울, 주요 상품의 소매가격 추이(원)

	단위	1950.06(가)	1951.12(나)	1953.02	(나)/(가)
쌀	20리터	53	314	1,240	23.4
보리쌀	20리터	36	210	860	23.9
밀가루	20킬로그램	100	700	1,250	12.5
광목	1마	4.9	55.0	60.0	12.2
여자고무신	1켤레	3.8	54.0	70.0	18.4
연탄	1톤	140	–	3,400	24.3
빨래비누	1개	2.5	20.0	40.0	16.0
금	1돈	81	759	1,800	22.2

출처: 한국은행 1955, 198~199; 박태균 2005, 303 재인용.

또한 전쟁 기간 중 쌀, 보리, 밀가루 등 곡물가격은 12~25배까지 뛰었지만 농민들은 높은 가격을 부르고 팔수가 없었다. 생산물 중 일부를 남겨 상환금 및 세금으로 정부에 납부해야 했고 나머지 곡물로는 자급자족도 어려운 형편이었기 때문이다. 결국 임시토지수득세는 당초 정책목표와 달리 인플레이션으로 인한 정부 부담을 영세농민들에게 떠넘긴 꼴이 되었다. 이 때 생겨난 말이 '보릿고개'다. 보릿고개는 봄철 쌀이 떨어진 후 보리가 생산되기 전까지의 기간을 가리키는 말로 전쟁 중에 만들어진 것이다. 보릿고개를 넘기지 못하고 죽어가는 사람들이 속출했다.

전쟁으로 토지를 통한 생산, 공업시설을 통한 생산이 제대로 이루어지지 않으면서 물자부족이 발생한 것이 인플레이션의 한 원인이라면, 전비조달을 위한 통화량 남발은 그 또 다른 중요한 원인을 구성했다. 총 통화량 기준으로 보면 1945년 9월부터 1952년 1월까지 약 80배 이상이 증가했으며, 전쟁 개시 이후인 1950년 6월부터 1952년 1월까지 약 6배가 증가한 것으로 확인된다.

〈표 3-2-4〉 전시 통화량 증가 현황(백만원)

	1945.9	1948.9	1950.6	1951.3	1952.1
총 통화량	10,508	63,255	122,240	427,020	812,368

출처: 한국은행조사부 1952, 152; 이현진 2009, 115 인용.

인플레이션을 잡기 위하여 정부는 결국 1953년 2월 15일 '긴급통화조치'를 공포했다. 당시 화폐단위였던 원(圓)을 환으로 바꾸었고 100원을 1환으로 변경한 것이다. 1953년 2월 17일부터 원 표시 한국은행권의 유통을 중지시켰으며 환으로 표시된 한국 은행권만 인정하여 인플레이션 잡기에 나섰다. 그러나 1953년 이후에도 통화량은 계속 증가했고, 환화의 가치는 계속 하락했다. 땅에서 밀려난 농민들은 3차 산업으로 대거 몰려들기 시작했다.

〈표 3-2-5〉 연도별 산업별 구성비 추이(생산액 기준): 1952~1956

	1952	1953	1954	1955	1956
1차 산업	50.8	50.1	41.5	35.1	31.3
2차 산업	10.3	13.4	10.1	12.1	13.2
3차 산업	38.5	36.6	47.2	51.9	53.7
합계	100.0	100.0	100.0	100.0	100.0

출처: 한국은행 1973, 120; 박태균 2005, 310 인용

이미 전쟁 중이었던 1952년 1차 산업비중은 50.8%였고 3차 산업은 38%를 넘어섰으며, 전쟁이 끝난 뒤에도 3차 산업은 꾸준히 늘어 1956년이 되면 53.7%에 이르게 된다. 전쟁은 토지개혁을 통해 1차 산업기반을 안정화하면서 산업자본주의로 전환하고자 했던 당초 계획을 일거에 무너뜨렸다. 비정상적인 3차 산업 비대화가 의미하는 바는 생산기반이 약화된 경제구조에서 생산에 토대를 두지 않은 경제활동인구가 급격하게 증가했다는 것이며, 이는 전후 미국의 경제원조에도 불구하고 대다수 국민들의 삶이 곤궁함에서 벗어나기 어려웠던 상황을 보여주는 것이다.

CHAPTER

03 전시 개헌과 대한민국 최초의 대통령 직접선거

제1절 이승만 정부의 전시 실책

예기치 못한 전면전에 직면하여 이승만 정부는 전시 계속되는 실책을 범했고, 그 과정에서 국회와의 갈등이 고조되는 양상을 보였다. 전쟁 발발 직후인 6월 27일 대통령 이승만은 비상국무회의에서 수원 천도를 결정한 직후 국무위원, 국회, 군 지휘관에게도 통보하지 않은 채 대전으로 혼자 피신을 감행했다. 그리고 대통령이 서울을 지킬 것이라는 취지의 방송을 수차례 내보냄으로써 자신의 부재를 덮으려 시도했다. 6월 28일 새벽에는 한강 인도교 폭파결정을 내림으로써, 서울 시민 대부분이 피란을 갈 수 없는 상황을 만들었다. 당시 한강 인도교는 한강 이북과 이남을 잇는 유일한 다리였기 때문이다. 이 때 다리 폭파 이전 강을 건넜던 '도강파'와 미처 피란을 하지 못한 '잔류파'가 갈렸고, 어쩔 수 없이 서울에 남게 된 사람들은 서울 수복 이후 인민군에 협력한 '부역자'가 되어 시달려야 했다.

전시 이승만 정권의 최대 실책으로 꼽히는 것은 거창민간인학살사건과 국민방위군 사건이었다. 앞서 살펴보았듯이 거창 사건은 전쟁 중 2대 국회에서 폭로

[그림 3-3-1] 국민방위군 징집자들

출처: https://commons.wikimedia.org/wiki/File:%EA%B5%AD%EB%AF%BC%EB%B0%A9%EC%9C%84%EA%B5%B0_%EC%A7%95%EC%A7%91%EC%9E%90%EB%93%A4.jpg

되었고 진상조사단이 파견되었으며 조사결과를 토대로 관련자들이 무기징역 등 실형을 선고받기에 이르렀다. 하지만 이승만 정부는 사건 책임자들을 석방시켰고 현직에 복귀시켰을 뿐 아니라 중용하기까지 했다. 군부와 경찰을 전시 자신의 권력을 지탱했던 핵심축으로 삼았기 때문이다.

국민방위군 사건은 전시 국군 병력 충원 문제를 해결하기 위해 고안되었던 국민방위군에 대한 부당대우로 대규모 사망자가 발생했던 참사를 가리킨다. 정부는 1951년 유엔군의 퇴각과 함께 서울을 다시 떠나야 했던 1.4후퇴 직전 국군 병력 충원을 위해 국민방위군 창설을 계획했다. 1950년 11월 정부는 국민방위군 설치 법안을 국회에 제출했고 12월 15일 「국민방위군 설치법안」이 국회를 통과했다. 국민방위군은 경찰과 군대를 제외한 청년들로 구성하며, 정부는 국민방위군 지도부에 당시 이승만 정부를 지지했던 대한청년단 간부들을 임명했다. 하지만 지도부는 국민방위군 운영예산을 횡령하고 식량과 침구를 제대로 공급하지 않아 '제2국민병 소집령'에 따라 소집된 방위군 5만여 명이 굶거나 얼어 죽고 영양실조에 걸린 사건이 발생했다.

곳곳에서 아사자와 동사자가 속출하자, 부산 임시수도에 있던 국회의원 이철승에게 이 사건이 제보되었다. 이철승은 제보 이후 증거자료를 수집하는 과정에서 이승만 정부 고위관료들이 군인들에게 지급되어야 할 의복, 식량 등의 비용 약 72억여원을 횡령했다는 사실을 알아내고 국회에 국민방위군 사건의 진상조사를 요구했다. 국회는 '제2국민병 비상대책위원회'를 결성하고 진상조사에 착수했다. 국회 진상조사 결과에 의하면, 1950년 12월 17일부터 1951년 3월 31일까지 현금 23억원(圓), 쌀 5만 2천 섬이 횡령으로 사라졌고, 국민방위군 사령부에서 제시한 통계를 그대로 인정한다고 하더라도 식료품비의 조달액수와 실제로 집행된 액수의 차이가 무려 20억원에 달함으로써 결국 3개월 동안 55억이라는 막대한 금액을 방위군 고위 간부층이 착복한 것으로 드러났다.

또한 조사과정에서 국회 내로 1억여 원이 흘러들어간 사실도 밝혀지면서, 사건은 이승만 정부와 국회 내 이승만 세력을 직접 겨냥한 대규모 스캔들로 번졌다. 국회는 1951년 4월 30일 국민방위군의 해체를 결의하였고, 이와 관련된 국민방위군 고위간부들은 군법회의에 회부되었다. 그 해 7월 19일 중앙고등군법회의는 사령관 김윤근, 부사령관 윤익헌 이하 5명에게 사형을 언도하였으며, 8월 12일 공개총살형이 집행되었다. 군법회의의 판결과 집행은 사건의 전모가 드러나기도 전에 전격적으로 이루어졌고 덕분에 이 사건과 이승만 정권의 연관성은 묻히게 되었다.

이 사건은 부산 임시수도의 정치인들을 큰 충격으로 몰아넣었다. 사건이 폭로되고 1951년 5월 9일 당시 부통령 이시영은 '국민에게 고함'이라는 성명을 발표한 뒤 사임을 표명했다.

> "취임 3년 동안 오늘에 이르기까지 나는 도대체 무엇을 하여 왔던가 … 선량제공(選良諸公)에게 요청하는 것은 국정감사를 더욱 엄중히 하여 이도(吏道)에 이루어진 관료들을 적발 규탄하되 모든 부정사건에 적극적인 조치를 취하여 국민의 의혹을 석연(釋然)하게 해주기 바란다 … (동아일보사 1978, 133)"

전시 부산 임시수도에서 밝혀진 거창 사건과 국민방위군 사건의 내막은 이승만 정부와 2대 국회의 전격적인 갈등을 예고하는 것이었다.

제2절 대한민국 최초의 군사쿠데타, 부산정치파동

제헌헌법 제53조, 제55조에 따르면 대통령과 부통령의 임기는 4년이며 재선에 의해 1차 중임을 할 수 있었고, 대통령과 부통령은 국회에서 무기명투표로 선출하게 되어 있었다. 1948년 제헌국회에서 대통령으로 선출된 이승만은 1952년 그 임기가 종료되기 때문에, 2대 국회에서 재선에 성공하지 못하면 재집권이 불가능했다. 이런 와중에 전시 실책들로 인한 국회 진상조사와 여론 악화는 치명적인 것이었다.

게다가 제헌국회에 이어 2대 국회 내 정치세력들의 지형은 이승만에게 결코 유리하지 못했다. '소장파 프락치 사건' 이후 민국당은 제헌국회 무소속 의원들을 영입해 나가면서 원내 제1야당으로 부상해 있었고, 이미 제헌국회에서 의회제 개헌안을 둘러싸고 이승만을 위협한 바 있었다. 당시 민국당 주도 개헌안이 가결되지는 못했지만 원내 이승만세력의 취약함과 민국당 세력의 만만치 않음을 확인할 수 있는 계기로서는 충분한 사건이었다. 1950년 3월 18일 의회제 개헌안 국회 표결을 앞두고 1950년 1월 27일 이승만은 '개헌을 절대 반대'라는 담화를 통해 "대통령직을 내놓고서라도 개헌을 반대하겠다. 그리하여 국민의 입장에서 호헌운동을 할 방침"(대한민국 공보처 1953, 54)이라고 밝혔지만 그 위력은 크지 못했다.

유엔군과 공산군이 정전협정에 돌입한 직후인 1951년 8월 15일 광복절을 맞이하여 이승만은 '제3회 광복절을 맞이하여'라는 제하의 기념사를 했는데, 김경호는 이 기념사가 현대한국정치사에서 큰 의미를 갖는 전환적 계기라고 평가하고 있다(김경호 2001, 55).

> "지금은 시기가 와서 … 일반국민이 나라의 복리와 자기들의 공동복리를 보호하기 위하여 정당한 정당을 만들 때가 왔다는 것...나는 국회에 누차 헌법상 두 조건을 개정하기를 부탁 … 대통령을 국민이 직접 투표선거하자는 것이고 둘째는 국회의 단원제를 상하양원제로 변경해야 … (대한민국 공보처 1953, 129~136)"

그 이전까지 이승만은 민국당 주도의 의회제 개헌시도에 대해 반대 입장을 표명하긴 했지만, 개헌을 통해서라도 재집권을 추진하겠다는 의사를 공식화한 것은 이 시점부터였다는 것이다. 이승만의 재집권 프로젝트는 두 축으로 추진되었다. 원내에서 안정적인 지지기반을 창출하기 위해 자유당을 결성하는 것이 한 축이었고, 다른 한 축은 대통령 직선제 개헌이었다.

자유당의 창당과정은 2대 국회의원으로 원내에 들어와 있었던 이승만세력을 규합하는 과정과 원외에서 조선민족청년단을 주도했던 이범석을 중심으로 대한국민회, 대한청년단, 대한노동조합총연맹, 농민조합총연맹, 대한부인회를 아우르는 원외 자유당의 결성으로 추진되었다. 원외 자유당은 1951년 12월 17일 창당을 선언했으며 원내 자유당은 1951년 12월 23일 장면과 장택상을 중심으로 구축되었다.

자유당이 창당된 이후 이승만은 1952년 1월 16일 '개헌은 전 민중의 절망(切望)'이라는 담화를 통해 직선제 개헌에 대한 지지를 호소했고(대한민국 공보처 1953, 152), 1월 18일 국회에서는 이승만의 개헌안에 대한 표결이 행해졌다. 그런데 재석의원 163명 중 반대 143표, 찬성 19표, 기권 1표로 개헌안은 부결이 되었다. 이 결과는 원내 지지 세력을 규합하여 개헌을 이룬 다음, 대통령 직선으로 재집권을 추진하던 이승만의 계획이 현실화되기 어렵다는 것을 확인시켜 주었다. 1951년 12월 결성된 원내자유당도 모두 반대파에 가담한 사실이 밝혀졌으며, 19표의 찬성은 그 자체로 2대 국회에서 이승만의 재집권 찬성파의 규모를 드러내 주는 것이었다.

1952년 4월 16일에는 재적의원 2/3을 넘는 123명의 연서로 의회제 개헌안이 국회에 제출되었다. 제헌헌법 제98조에 따르면, 헌법개정안의 의결은 재적의원 3분의 2이상의 찬성으로 가능했기 때문에 이 사태는 의회제 개헌의 실현을 의미하는 것이었다. 5월 14일 이승만은 부결되었던 직선제 개헌안에 양원제 요소 등을 일부 추가한 수정안을 국회에 다시 제출하였지만 통과를 기대하기는 어려운 상황이었다. 민국당 등 야당의원들은 '호헌구국투쟁위원회'를 구성하여 원외투쟁에 나섰고, 이승만 정권은 민족자결단, 백골단, 땃벌대 등을 동원해 국회의원 소환, 국회해산 등을 요구하는 관제시위를 조직하는 것으로 맞섰다(나종일 1988). 그러나 야당의원들은 이미 123명의 연서를 확보한 상태였고 원외의 위협으로 이들의 결집력을 와해시키기에는 역부족이었다.

결국 이승만은 5월 25일 부산경남일대와 전라남북도에 계엄령을 선포했으며, 의회제 개헌안을 제출했던 야당의원들 12명은 국제공산당과 내통했다는 혐의로 체포되었고, 국회의원 48명을 실은 버스는 통째로 헌병대로 끌려가 구금되었다. 하지만 야당의원들은 피신하거나 '호헌구국선언대회'를 추진하는 등 개헌안에 찬성하지 않았고 사태는 장기화되었다. 7월 4일, 구속된 의원들을 보석으로 석방하고 피신한 의원들을 경찰을 동원해 찾아낸 다음 의사당을 무력으로 포위해 기립표결을 시행한 결과, 166명의 재석의원 가운데 163명이 동의로 대한민국 제1차 개헌안이 국회를 통과했다. 이로서 대한민국 최초의 헌법 개정이 전쟁 중에 군대와 경찰을 동원해 국회의원들을 위협하여 이루어지게 된 것이다.

한편 이 과정에서 발생한 군부와 이승만 정권의 갈등은 여러 해석의 여지를 남기고 있다. 이승만은 신태영 국방장관을 통해 이종찬 육군참모총장에게 병력투입을 지시했지만, 이종찬 총장은 5월 27일 참모회의 결정으로 "군은 본분을 망각하고 정사에 간여하는 경거망동을 하지 말라"는 취지의 육군훈령 제217호를 하달함으로써 이 지시를 거부했다.

당시 군부의 동향을 분석한 이완범에 따르면, 이종찬의 판단은 미국과 연계되어 있었다고 한다(이완범 2009, 133). '부산정치파동'이 발생하자 미국은 이승만에 대한 지지철회 여부를 놓고 고민했으며, 6월 25일 미국 합동참모본부와 국무부는 합동회의를 열어 클라크 대장에게 긴급전문을 내려 보내 이종찬을 앞세운 쿠데타 계획을 입안했다고 한다. 이 날 미 국무부는 합참의 동의와 트루먼 대통령의 재가를 받아 이종찬이 한국군 통수권을 장악하게 하고 계엄을 실시하게 하는 훈령을 보냈다. 그러나 이 계획은 실행되지는 않았으며, 계엄령 하에서 대통령 직선제 개헌안이 통과되면서 미국은 이승만에 대한 계속 지지로 입장을 선회했다.

동 개헌안은 '발췌개헌'이라는 별칭으로 불리는데, 대통령직선제의 내용과 야당의원들이 제출한 의회책임제 개헌안 가운데 일부를 섞어 넣은 수정안이 통과되었기 때문이다. 헌법 개정의 결과로, 대통령과 부통령을 각각 직접 선출하게 되었고 국회는 양원제가 되어 민의원과 참의원으로 나뉘게 되었다. 하지만 1954년 제3대 국회부터 민의원으로 개칭하기는 하였으나, 실재로 제1공화국에서 양원제는 실현되지 않았다.

제3절 부산정치파동의 정치사적 의미

부산정치파동을 '보나파르트 쿠데타'로 정의 내렸던 김일영에 따르면, 이 사건은 '대한민국 역사상 최초의 군사쿠데타였으며, 불안정했던 이승만 정권을 안정화시킨 계기였고, 한국전쟁과 더불어 1950년대 국가-사회관계, 행정부-의회관계, 정당의 성격, 계급구조 전반에 지대한 영향을 미친 사건'이었다(김일영 1993, 32).

우선 최초의 군사쿠데타라는 측면에서 이 사건은 이후 한국정치사에 큰 족적을 남기게 된다. 이 사건은 군부의 정치개입이 시작된 시초이며, 이후 사사오입 개헌에 의한 1956년 5월 15일 정·부통령 선거, 1960년 3.15 선거로 이어지면서 군부를 동원한 부정선거의 역사가 만들어지게 되었다(김경호 2001, 64; 나종일 1988, 209~233). 이런 역사는 비단 이승만 정부에 국한되지 않았고 1961년 박정희 세력에 의한 군부 쿠데타, 1979년 신군부 쿠데타로 이어지면서 집권연장만이 아니라 집권 자체를 위해 군부가 나서게 되는 길을 열었다. 이승만 정권에 의해 정권의 하위 파트너로 정치 동원된 군부는, 여기에 그치지 않고 스스로 집권의 길을 열었던 것이다. 이런 점에서 이승만 정권은 이후 수십 년간의 군부정권 등장에 막중한 책임이 있을 수밖에 없다.

또한 이 사건은 제헌국회와 2대 국회에서 형성된 의회 내 정권 견제세력을 일거에 무력화함으로써 한국 의회정치에도 심각한 후과를 남겼다. 1952년 초 창당 당시 대통령직선제를 지지하던 원외자유당은 의석이 없었고 원내자유당은 93석이었다. 부산정치파동을 지난 12월에는 원외자유당이 68석, 원내자유당 29석으로, 비록 이승만 정권의 여당으로 결성되었지만 원내에서 개헌에 제동을 걸었던 원내자유당은 급속히 약화되었으며 이승만 정권의 원외 자유당에 흡수되었다. 그리고 1953년경에는 자유당이 과반을 넘긴 103석을 확보함으로써 사실상 원내 견제세력은 무력화되었다(국회사무처 1971, 619~620).

이후 민주당이 결성되고 1958년 선거를 통해 제1야당으로 부상했지만, 제헌국회와 2대 국회에서 이승만 정권에 행사했던 견제력은 다시 회복될 수 없었다. 경찰, 군대 등 국가기구를 통한 강압으로 정치적 견제세력을 무력화했던 이 경험 역시 제1공화국에 한정되지 않았으며, 박정희 정권의 중앙정보부, 전두환 정권의 안전기획부로 정치적 통제방식은 진화해 나갔다. 이 시점 이후로 원내 야당은 행정 권력을 견제하고 언제든 집권당이 될 수 있는 대안적 존재가 아니라, 행정 권력을 활용해 관리되는 조건적 존재로 전락했다. 이후 수십 년 간 압도적인 행정부 우위형 권력관계가 구축되었고, 이런 역사적 유산은 민주화 이후에도 좀처럼 사라지지 않고 한국 정당정치와 의회정치에 긴 그림자를 드리우고 있다.

한편 부산정치파동과 발췌개헌을 정부 수립 이후 권위주의 체제의 시발로 보지 않고 1954년 사사오입 개헌과 구분하는 주장이 있다. 김도종에 따르면, 부산정치파동은 이승만의 재집권 시도로부터 출발한 것이 아니라 반(反)이승만파가 이승만을 축출하고자 기도했던 것으로부터 기원했으며, 이승만은 이를 정부전복기도로 간주하여 정치적 대응을 한 것이 부산정치파동이라는 것이다(김도종 2007). 또한 미국에 대한 이승만의 태도도 영향을 미쳤을 것이라는 주장이다. 미국이 이승만 제거계획을 추진하고 야당세력이 이에 동조한 것이 내각책임제 개헌 추진이었으며, 이런 조건에서 내각책임제 개헌이 현실화될 경우 그 내각은 미국과 군의 영향력으로부터 벗어날 수 없었기 때문에 나라를 지키기 위한 방편으로 추진한 것이 부산정치파동이라는 것이다.

이 주장은 제헌국회에서부터 빚었던 이승만 정권과 야당의 갈등을 설명하는 데에는 한계가 있다. 설사 미국의 개입이 있었다 하더라도 이를 제헌국회 의회제 움직임까지 연계시키기는 어려움이 있기 때문이다. 또한 그의 가정이 모두 타당하다 하더라도, 여전히 남는 문제는 그런 애국심의 발로가 이후 의회정치와 선거정치의 무력화를 정당화해주지는 않는다는 것이다. 1952년 대선 이후 광범위하고 제어되지 않는 국가기구의 동원과 선거부정 행위까지 애국심으로 설명하기에는 무리가 있다.

제4절 대한민국 최초의 대통령 직접선거

당시 선거법에 따르면 선거일 40일 전에 선거공고를 하도록 되어 있었으나, 발췌개헌이 이루어지고 7월 19일에야 「정·부통령 선거법」이 공포되었기 때문에 이미 선거법이 정한 시한을 지킬 수 없게 되어 버렸다. 이런 이유로 최초 정·부통령 선거에 관해서는 '대통령령으로 정한다'는 단서조항을 붙였고, 이승만 대통령은 선거준비기간을 17일로 단축하여 8월 5일 선거실시를 발표했다. 그리고 선거일 8일 전인 7월 26일에야 입후보자들이 중앙선거위원회에 등록을 할 수 있었다. 우리나라 최초의 대통령, 부통령 직접선거의 선거운동기간은 8일이었다.

대통령과 부통령의 대수가 다른 이유는 헌법 개정 이전 국회에서 대통령 선출이 1회 이루어진 반면 부통령 선출은 2회 이루어졌기 때문이다. 제1대 부통령

〈표 3-3-1〉 2대 대선 선거현황

	인구수(1949.5.1.)	선거인수	인구수 대비 선거인수
서울	1,556,361	282,585	18.2%
경기	2,620,252	912,299	34.8%
충북	1,146,509	510,014	44.5%
충남	2,028,188	913,427	45.0%
전북	2,050,485	854,424	41.7%
전남	3,042,442	1,278,185	42.0%
경북	3,206,201	1,416,726	44.2%
경남	3,134,829	1,535,810	49.0%
강원	1,138,785	439,519	38.6%
제주	254,589	116,439	45.7%
합계	20,178,641	8,259,428	40.9%

※ 출처: 인구수는 [국가통계포털] 제공 '1949년 총조사인구수'를 사용함.
선거인수는 중앙선거관리위원회 [역대선거정보 시스템] 제공 선거인수를 사용함.

은 이시영, 2대 부통령은 김성수로 모두 국회에서 선출되었다. 2대 부통령 김성수는 1952년 5월 29일 이승만대통령의 계엄선포 및 개헌안 통과압박에 반발하여 부통령직을 사임한 상태였다.

한국 최초의 대통령 직접선거가 전시 부산 임시수도에서 이루어진 급박한 개헌과 무리한 선거일정로 인해 불완전하게 시행되었다는 것은, 중앙선관위가 제공하는 선거통계 수치를 통해서도 확인할 수 있다. 1952년에는 전시였고 별도의 조사인구수 통계가 없다. 중앙선관위가 제공하는 1949년 조사인구를 기준으로 보면 서울, 경기, 강원의 인구수 대비 선거인수 비율이 전국 평균과 비교해 큰 차이가 있다. 서울의 인구수 대비 선거인수는 18.2%, 경기는 34.8%, 강원은 38.6%로 나타난다. 이런 결과는 서울, 경기, 강원 지역이 전쟁으로 가장 큰 피해를 입은 지역이라는 점에서 한 가지 설명을 찾을 수 있다. 그러나 이를 감안하더라도 전시에 제대로 된 인구수 및 선거인수 집계조차 제대로 되지 않은 상태에서 무리한 선거감행을 했던 것으로 보인다.

〈표 3-3-2〉 1954년 3대 총선과 1952년 2대 대선 선거인수 비교

	인구수(A)	선거인수		B-C	(B-C)/A 비율
	1949.5.1	1954년(B)	1952년(C)		
서울	1,556,361	458,735	282,585	+176,150	11.3%
경기	2,620,252	902,018	912,299	−10,281	0.4%
강원	1,138,785	468,915	439,519	+29,396	2.6%
충북	1,146,509	493,725	510,014	−16,289	1.4%
충남	2,028,188	886,133	913,427	−27,294	1.3%
전북	2,050,485	870,132	854,424	+15,708	0.8%
전남	3,042,442	1,263,480	1,278,185	−14,705	0.5%
경북	3,206,201	1,400,337	1,416,726	−16,389	0.5%
경남	3,134,829	1,564,962	1,535,810	+29,152	0.9%
제주	254,589	138,072	116,439	+21,633	8.5%
합계	20,178,641	8,446,509	8,259,428	+187,081	0.9%

출처: 인구수는 [국가통계포털] 제공 '1949년 총조사인구수'를 사용함.
선거인수는 중앙선거관리위원회 [역대선거정보 시스템] 제공 선거인수를 사용함.

2년 뒤인 1954년 3대 총선의 선거인수 집계와 1952년 2대 대선의 선거인수 집계를 비교해 보면 그 차이를 확연히 알 수 있다. 1954년 기준 전체 선거인수는 1952년 집계 선거인수보다 0.9%가 늘었다. 그런데 서울의 선거인수는 17만 6천 명이 늘어난 것으로 집계되며, 이 수치는 1949년 인구를 기준으로 할 때 11.3%에 해당하는 것이다. 또한 제주의 경우도 1952년 집계 선거인수와 1954년 선거인수의 차이는 1949년 인구 기준 8.5%로, 그 차이는 매우 크다. 전쟁으로 고향을 떠났던 피난민이 휴전 이후 복귀한 결과 등을 감안하더라도, 그 차이는 매우 커 선거관리와 시행의 부실로부터 설명될 수밖에 없는 결과다. 한편 경기, 충북, 충남, 전남, 경북 등은 1954년 집계된 선거인수가 1952년 집계된 선거인수보다 더 줄어들어 있다. 이 결과도 고향을 떠났던 피난민들의 휴전 후 복귀로 인한 결과라는 측면과 1952년 당시 선거관리 부실로 인한 두 가지 영향을 모두 생각해 볼 수 있는데, 현재로서는 어떤 요인이 더 컸는지를 증명하기는 어렵다.

선거결과 대통령 선거에서 전국적으로 이승만은 74.6%를 얻었고 조봉암은 11.4%, 이시영은 10.9%, 신흥우는 3.1%를 얻었다. 그런데 각 후보가 지지를 얻은

〈표 3-3-3〉 1952년 대통령선거 지역별 결과

	이승만	조봉암	이시영	신흥우
서울	82.2%	10.3%	6.0%	1.6%
경기	87.7%	6.0%	4.6%	1.7%
충북	86.7%	5.8%	5.2%	2.3%
충남	82.4%	7.3%	7.6%	2.7%
전북	65.9%	15.4%	13.6%	5.1%
전남	73.6%	8.9%	14.8%	2.7%
경북	75.0%	10.6%	11.4%	3.0%
경남	55.4%	23.0%	16.9%	4.7%
강원	92.4%	2.7%	3.4%	1.6%
제주	83.8%	6.4%	7.0%	2.8%
합계	74.6%	11.4%	10.9%	3.1%

출처: 중앙선거관리위원회 [역대선거정보 시스템] 제공 자료를 사용함.

지역에는 차이가 있으며, 충청 이북 지역과 이남 지역에서 유의한 차이가 발견되고 있다.

서울, 경기, 강원, 충북, 충남에서 이승만의 득표율은 전국평균 74.6%를 상회하는 반면 전북, 전남, 경남 지역에서는 평균에 미치지 못하는 득표율을 보여준다. 이런 결과는 충청이남 지역에서 다른 후보들이 얻은 상대적으로 높은 득표율에서 기인한 것이다. 조봉암 후보는 전북, 경남 지역에서 전국 평균 이상의 지지를 얻었고, 이시영 후보는 전북, 전남, 경북, 경남에서 10% 이상의 지지를 얻었다.

8일의 선거운동 기간 동안 별도의 선거쟁점 등이 형성될 수 있는 조건이 아니었음을 고려할 때, 선거관리 부실 등을 감안하더라도 위 결과는 1952년 시점 이승만 정부에 대한 평가가 상당부분 반영되었다고 해석할 수 있다. 이렇게 보면 특히 경상도와 전라도에서 이탈 폭이 큰 것은, '거창 민간인 학살 사건'이나 '국민 방위군 사건' 등 이승만 정부의 전시 실책에 관한 정보가 주로 이 지역에서 공유되었을 가능성이 크다는 점에서 이유를 찾아볼 수 있다. 반면 상대적으로 충청 이북 지역에서는 임시수도를 중심으로 형성되었던 정치정보가 덜 유통되었을 가능성을 생각해 볼 수 있다.

부통령 선거의 개표결과는 지금의 시선에서 보면 다소 부자연스럽게 보일 수 있다. 입후보자의 숫자는 여럿이었지만 선거경쟁을 할 수 없었던 조건이었고, 불과 몇 달 전 지방선거에서처럼 행정당국의 적극적 개입이 있었음에도, 자유당 부통령 후보가 아닌 무소속의 함태영 후보가 부통령에 당선되었던 것이다. 이런 결과가 나온 이유는 대통령 후보 이승만이 부통령 후보로 자유당 후보가 아닌 함태영 후보를 추천했기 때문이다.

〈표 3-3-4〉 3대 부통령 선거 결과(1952.8.5)

	자유당		무소속			야당 및 단체후보			
부통령 선거	이범석	이갑성	함태영	백성욱	정기원	조병옥	이윤영	임영신	전진한
	25.5%	7.0%	41.3%	2.5%	2.3%	8.1%	6.4%	2.7%	4.2%

자유당의 유력한 부통령 후보였던 이범석은 1948년 초대 국무총리와 국방부장관을 겸직했고, 1951년 이승만 대통령이 국회에서 집권당의 필요성을 느껴 자유당 창당을 추진할 때 이를 주도했던 인물로, 1952년에는 자유당 부당수를 맡고 있었다. 1946년 그는 조선민족청년단(이하 족청)을 창설했고, 1948년 시점 족청은 100만이 넘는 단원을 가진 거대조직으로 발전해 있었다. 이승만 정부 안팎에서도 견제를 받는 막강한 조직력을 가지게 되어, 1948년 12월 이승만 대통령은 대한청년단을 창설하고 족청을 해체, 대한청년단에 합류할 것을 지시했다. 족청은 형식적으로 대한청년단에 흡수되었지만 여전히 독자적인 조직을 유지했고, 이범석은 자유당 창당 작업을 추진하면서 족청을 동원해 단시일 내에 자유당의 원외조직을 갖추어나갈 수 있었다. 자유당 안에서 족청을 토대로 한 이범석의 독자적인 지위 때문에 이승만 후보는 그가 아닌, 조직이 없는 함태영 후보를 선택하게 되었던 것이다. 필요에 따라 자유당을 창당하긴 했지만, 이승만 대통령이 정당을 어떻게 인식했는지를 잘 드러내는 사건이었다.

한편 11.4%의 득표율을 보인 조봉암은 이승만 정부에서 농림부장관을 역임하며 농지개혁을 실질적으로 이끌었고, 10.9%를 얻은 이시영은 국회에서 선출된 제1대 부통령이었다. 그랬기에 선거운동이 불가능했던 선거였음에도 일정한 득표가 가능했던 것으로 보인다.

제5절 전쟁과 최초의 지방선거

제헌헌법 제97조에 따라 지방자치단체는 각각 의회를 두고 의회는 선거를 통해 구성되어야 했으며, 그에 따라 지방의회 선거제도를 규정한 「지방자치법」이 1949년 7월 공포되었다. 동 법은 개정을 거쳐 1950년 12월 제1대 지방선거가 실시될 예정이었으나 전쟁으로 지연되었고, 1952년 4월 25일과 5월 10일에 걸쳐 최초 시행되었다.

당시 지방선거는 지방자치단체 의회에만 적용되었으며, 서울특별시장과 도지사는 임명되었고 시·읍·면장은 지방의회에서 간접 선출하도록 되어 있었다. 따라서 선거가 적용될 수 있는 행정단위는 서울특별시의회 및 도의회와 시·읍·면의회였다. 하지만 전시상황이었고 부산임시수도에서 선거를 시행할 수밖에 없는 조건에서, 서울특별시와 경기도, 강원도의 계엄령이 선포된 일부지역에서는 선거가 시행되지 못했다. 이 지역을 제외한 나머지 지역에서 4월 25일 시·읍·면의회 선거가 실시되었고, 5월 10일 도의회 선거가 시행되었다.

선거가 진행되는 동안 유엔한국통일부흥위원단은 지방선거현장을 직접 방문하여 당시 선거상황을 지켜보았고, 그 결과를 유엔총회에 보고했다. 그 내용에 따르면, 당시 선거에서는 '차별대우와 압력에 관한' 여러 건의 이의신청이 있었고 어떤 도에서는 행정당국의 차별대우 때문에 후보자들이 대규모 사퇴하는 사건이 발생하기도 했으며 일부지역에서는 후보자의 수와 의석수가 동일해 선거가 진행되지 못하기도 했다. 행정당국의 압력은 '이 대통령을 입후보자가 지지하느냐 안하느냐'에 따라 좌우되었다고 한다(중앙선거관리위원회 1973, 840). 선거관리를 담당했던 행정당국이 정부지지 여부에 따라 입후보자에게 차별대우와 압력을 행사했고 그 결과로 후보자들이 사퇴하는 등 공정한 경쟁이 이루어지지 않았다는 것은, 입후보자 등록상황에서도 확인된다. 당시 지방선거에 후보를 출마시켰던 정당, 단체들은 자유당, 민국당, 국민당, 국민회, 대한청년회, 노총 등이었는데 민국당을 제외하고는 모두 친정부계 단체들로 분류되었다.

지방선거가 시행되던 1952년 4~5월 시점은 이승만정부와 국회가 부산 임시수도에서 서로의 개헌안을 놓고 팽팽한 긴장관계에 있던 시기였다. 당선된 자유당과 정부지지단체 지방의회 의원들은 땃벌떼, 백골단, 민중자결단 등을 동원하여 국회해산과 국회의원 소환을 요구하며 시위를 벌였고, 정부는 개표결과 여당과 여당계 단체들이 압도적으로 당선된 것을 근거로, 야당이 개헌안을 받아들이도록 국회를 압박했다. 그리고 5월 25일, 경남과 전라남북도 지역에 계엄령이 선포되었다.

백골단, 땃벌떼, 민중자결단 …

1952년 2대 국회 개헌안 논의과정에서 국회의원들에게 정부안 통과를 압박할 목적으로, 이승만 전 대통령과 가까운 인물들이 동원했던 정치깡패집단들을 지칭하는 용어들이다. 이들은 벽보 등에서 스스로를 백골단, 민중자결단 등으로 지칭했으며, 벽보에 벌떼 그림을 그려넣기도 해 '땃벌떼'로 불렸다. 당시 원외 자유당 실력자인 양우정과 서북청년회 부회장이었던 문봉제가 중심이 되어 조직했으며, 협박성 벽보를 붙이거나 반정부적인 언론사 습격사건을 벌이는 등의 활동을 통해 국회를 압박하고 여론을 조성하고자 했다(서중석 2007, 105).

제 4 부 보수양당체제의 성립과 선거

CHAPTER 01 3대 총선과 '대통령의 집권당' 탄생

제1절 제네바극동평화회의와 3대 총선

1954년 5월 20일 시행된 3대 총선은 1953년 7월 휴전협정이 맺어지고 1년이 채 안 된 시점에 치러졌다. 이 시기는 1954년 4월 26일부터 시작된 '제네바극동평화회의(이하 제네바회의)'와 맞물려 있으며, 4월 9일 선거가 공식 공고된 이후 투표일인 5월 20일까지 국내 주요 신문의 1면 머리기사를 장식한 것은 3대 총선 관련 보도가 아니라 제네바회의에 관한 내용이었다. 제네바회의 내용이 국내적 관심사일 수밖에 없었던 이유는, 이 회의가 1953년 휴전협정의 연장선에서 한반도 문제를 종결짓기 위한 회담이었기 때문이다.

휴전협정으로 전쟁은 중지되었지만, 한반도 분단문제는 그대로 남겨져 있었으며 여전히 국제정치적 차원에서는 정치적 해결의 과정을 남겨두고 있었다. 휴전협정 제4조 60항에 따르면, 휴전조약이 조인되어 효력을 가진 뒤 3개월 내에 고위 정치회담을 개최하여 한국문제의 평화적으로 해결할 것을 권고하고 있다. 1954년 2월 미국, 영국, 프랑스, 소련의 4개국 외상회의가 개최되었고 이 자리에서 한반도 문제의 평화적 해결을 위한 관련국 간 회의를 제네바에서 개최하기로 결정하였으며, 1954년 4월 시작된 제네바회의는 이로부터 한반도문제를 의제화한 것이다.

한편 제네바회의는 한반도 문제 외에도 국제정치적으로 매우 중요한 결정을 해야만 하는 자리였다. 인도차이나 반도 문제 때문이었다. 1946년 시작된 프랑스와 식민지 베트남 사이의 전쟁은 1954년 3월 디엔비엔푸 전투를 기점으로 전세가 기울고 있었으며, 이 지역에서 프랑스가 전쟁에서 손을 뗀 이후 베트남 문제를 어떻게 할 것인가를 결정하는 자리였다. 제네바회의에서는 북위 17도선을 중심으로 한 베트남의 분할점령과 남북한 총선거를 결정했지만, 남베트남 정부가 이를 받아들이지 않고 미국이 이를 후원함으로써 후일 베트남전쟁으로 비화되었다. 미국은 이미 제네바회담에서부터 남북한 총선거에 의한 베트남 문제해결에 동의하지 않았으며, 적극적인 개입의 의지를 가지고 있었고 미국의 이런 판단은 한반도 문제에도 중요한 영향을 미치게 된다.

한반도문제를 논의했던 회의에는 남아프리카공화국을 제외한 15개국의 연합국과 북한, 소련, 중국이 참가했다. 이후 두 달에 걸친 회의에서는 한반도 통일을 위한 참여의 범위와 국제적인 감독, 외국군대의 철수 등에 대한 논의가 진행되었다. 결과적으로는 아무런 성과를 남기지 못한 채 막을 내림으로써 한반도 문제는 평화회담을 통한 해결의 마지막 계기를 잃게 되었고 현재에 이르고 있다. 제네바회의에서 참가국들의 한반도 문제에 대한 입장을 분석했던 홍용표(2006)에 따르면, '자유진영과 공산 측 모두 타협을 통한 한반도 문제의 해결이 현실적으로 불가능하다'는 것을 제네바 회의 개최 이전부터 인식하고 있었기 때문에, 회담기간 내내 참가국들은 '결렬의 책임을 서로에게 미룰 수 있는 선전에만 몰두'했다고 결론내리고 있다.

그러나 회담이 진행되던 시점 국내에서는 회담의 의제와 합의 가능성 등이 초미의 관심사일 수밖에 없었고, 혹시라도 이 회의를 통해 전쟁으로까지 치달았던 한반도 분단문제가 평화적으로 해결될 수 있는 실마리를 얻게 되지 않을까 하는 기대 또한 작지 않았다. 당시 경향신문은 선거공고가 난 4월 9일부터 5월 20일까지 후보등록마감 기사를 내보낸 4월 28일과 선거실시일인 5월 20일을 제외하고 선거운동 전 기간 1면 기사로 제네바 회담 경과와 이승만 정부의 입장을 보도하고 있으며, 이런 상황은 동아일보도 크게 다르지 않았다(경향신문 4

월 9일자~5월 20일자 1면; 동아일보, 4월 9일자~5월 20일자 1면).

'국제연합 감시 하의 남북한 총선거안'을 둘러싼 회담 참여국가들 간의 논쟁은 총선거 시 북한지역 내 선거구의 숫자까지 거론될 정도로 구체적으로 진행되었다(경향신문 1954년 5월 8일자). 또한 남북한 총선거에 의한 통일방안을 제기했던 영국과 일부 유럽 국가들은 회담 진행기간 동안 남한과 북한 양측 간 실질적인 타협을 이끌어내려고 노력하는 것으로 보도되었으며, 이런 보도는 국내 일각의 기대를 불러일으킬 수 있는 상황이었다. 그러나 이승만 정부는 이들의 노력에 대해 공개적인 반대를 천명했으며(동아일보 5월 10일자, 5월 12일자), 국제사회에서 북한과 명분경쟁에 노력을 기울이고 있었다. 이런 상황은 적어도 국내적으로는 1953년 휴전협정이 체결되기는 했지만 분단문제는 여전히 진행형이었음을 보여주고 있다.

또한 선거운동 기간 국내 상황 역시 유권자들에게 분단문제를 제1쟁점으로 인식하게 만들고 있었다. 이 시기 동안 북한의 대남공작원 체포(동아일보 1954년 4월 14일자; 4월 16일자), 국가보안법 위반으로 입후보자 구속(동아일보 1954년 5월 12일자), 민국당 선거운동원의 국가보안법 위반혐의 구속(동아일보 5월 9일자; 5월 12일자) 등의 사건이 잇따르고 있었다. 이런 상황은 1954년 3대 총선이 유권자들에게 국내문제를 둘러싼 경쟁으로 인식되기는 어려웠음을 짐작하게 한다.

이런 상황에서 당시 자유당과 민국당의 선거경쟁 의제가 이승만 정권의 '개헌 저지'만을 둘러싸고 형성되었다는 것은 놀라운 일이며 한국 정당정치의 특성을 그대로 드러내 주는 소재가 아닐 수 없다. 국제적으로 방금 전쟁이 끝난 남북한 전후 관계를 둘러싸고 논쟁이 치열했던 시점, 국내정치에서는 이 문제가 대중적 선거공간 속에서 전혀 쟁점조차 형성되지 않았던 것이다. 3대 총선 2년 뒤인 1956년 평화통일론을 앞세운 조봉암 후보가 210만여 표를 얻었던 것을 생각해 본다면, 3대 총선에서 선거경쟁이 얼마나 제한적이었는가를 깨닫게 해 준다.

3대 총선에서 의회에 진입할 수 있었던 정치세력 중 단 한 세력만이라도 이 국제적인 논쟁에 대해 이승만 정권과 다른 방식으로 호응할 수 있었다면, 적어도 1950년대 이후 남북한 관계에 대한 국제적인 관여가 미국에게만 전적으로 맡겨지는 일은 막았을는지 모른다. 그러나 이미 전후 한국정당정치는 분단문제의 적대적 해결에 동의하는 보수 독점적 정당경쟁구도로 굳어지고 있었다.

한편 제네바회의는 다른 의미에서 50년대 한국정치에 중요한 의미를 가졌다. 아시아지역에서 미국의 관심사가 인도차이나 반도로 이동하면서 한반도에 대한 개입의 방식이 달라졌기 때문이다. 이 회담은 프랑스가 빠진 인도차이나 반도 문제에 미국이 적극적인 개입을 결정하는 계기가 되었고, 아시아에서 미국의 관심이 베트남으로 이동하면서 1952년 부산정치파동까지 한반도 국내정치에 긴밀한 관심을 가지고 개입했던 미국은 이승만 정권의 권위주의화에 대해 사실상 묵인하는 태도로 전환한 것이다.

당시 한국 상황을 본국에 보고한 미국 측의 보고서를 보면, 1954년 5월 20일 총선거가 실시되었다는 5월 26일자 보고와 이기붕이 국회의장에 당선되었다는 내용의 6월 10일자 보고가 총선에 관한 내용의 전부였으며 나머지는 제네바 회담과 관련된 중립국과 한국의 입장으로 채워지고 있었다. 그 이유에 대해 미 대사관 보고서는 '인도차이나문제에 세계의 관심이 집중되고 있었기 때문에 한국 선거상황에 눈을 돌릴 수 없다'고 명확히 지적하고 있다(박태균 1995, 202). 미국의 입장에서 5.10선거는 유엔에 한국문제를 제기한 당사자로서 그 공정성 보장이 중요한 의미를 가졌으며, 5.30선거는 대한원조를 둘러싸고 이승만 정부와 갈등을 빚던 와중에 실시되었기에 관심을 집중했던 반면, 1954년 5.20선거는 그 의미가 달랐다는 것이다. 부산정치파동 당시 미국은 이승만제거계획(Plan Everready)의 현실화까지 검토할 정도로 국내문제에 적극적인 입장을 가졌지만, 인도차이나 반도 문제로 관심을 돌리면서 이승만 정권의 권의주의화를 사실상 방조하게 된 것이다.

제네바극동평화회의

한국의 통일문제와 인도차이나문제를 토의되었던 국제회의다. 한국문제에 관해서 한국과 미국·영국·프랑스 등의 국제연합 참전 16개국, 그리고 북한·소련·중국 등이 참가하였다. 개회 초에 영국이 제안한 '국제연합 감시하의 한국통일 5개 원칙'을 가지고 토의하였고, 한국은 5월 22일 ① 국제연합 감시하에 남북한 자유총선거를 실시하며, ② 자유총선거를 위하여 언론자유·인권보장·투표의 비밀이 보장되어야 하고, ③ 이와 같은 조건이 성립되기 전에는 국제연합군의 완전철수가 불가능하다는 것 등을 골자로 한 '한국통일에 관한 14개 원칙안'을 제안하였다.

이에 대하여 소련은 6월 5일 모든 외국군의 철수가 우선되어야 한다는 5개항의 제안을 하였고, 북한은 6월 15일 모든 외국군의 우선 철수와 그 후의 모든 절차를 토의하기 위한 전한국위원회(全韓國委員會)의 구성 등 6개항의 제안을 하였다. 회의가 진전 없이 결렬상태로 들어가게 되자 국제연합 참전 16개국은 15일 "국제연합 헌장에 의거하여 침략자를 격퇴하고 평화를 회복시키는 일과 진정한 자유선거에 의한 한국통일을 충심으로 열망한다. 그러나 공산주의자들은 오직 자유선거를 불가능하게 하는 일을 고집하고 있으므로 우리는 더 이상 한국문제를 토의할 수 없게 된 것을 유감으로 생각한다"는 요지의 공동선언을 발표하고, 대표단을 철수시킴으로써 회의는 성과없이 끝났다.

제2절 '대통령의 집권당' 만들기

이승만 대통령 입장에서 국회에 안정적인 지지기반을 마련하기 위한 필요는 제헌국회에서부터 항상 존재했다. 제헌국회에서도 자신을 지지하는 원내세력을 규합하려는 시도는 있었고 대한국민당은 스스로 여당을 자임하기도 했지만, 이승만 자신이 인정하고 스스로 조직했던 집권당은 자유당이 최초였다. 그러나 1951년 12월 결성된 자유당이 창당 이후 최초로 맞이했던 총선은 1954년 5.20 선거였으며, 이 선거를 통해 자유당은 비로소 선거를 통해 원내 제1당이 되었다. 그러나 이승만의 입장에서 제3대 총선의 목적이 개헌선 확보였던 것에 비추어 보면, 선거 이후 '사사오입 개헌' 파동은 목표의 불완전한 달성의 한 증거라고 하겠다.

3대 총선에서 자유당을 집권당이자 원내 제1당이며 3선 개헌을 뒷받침해줄 세력으로 만들기 위한 이승만의 노력은 다각적으로 전개되었다. 한편으로 자유당 내 세력기반을 재편함으로써 자신에게 도전할 세력들을 제거하는 과정이 전개되었고, 다른 한편으로 행정기관과 관료, 경찰과 청년단체들을 동원한 대규모 부정선거로 자유당 후보에 대한 도전자들뿐 아니라 자유당 내 족청계 인사들까지 후보사퇴를 시키거나 낙선시킴으로써 3번째 대통령 출마를 위한 3선 개헌의 기반을 다졌다. 1952년 부산정치파동 이후 3대 총선에 이르기까지의 과정은 '집권당의 대통령'이 아닌 '대통령의 집권당'이라는 한국 집권당의 원형이 만들어지던 시기였다. 또한, 부산정치파동 이전까지 대통령직을 위협했던 원내 견제세력을 무력화시킴으로써 길들여진 야당을 창출해내 압도적 행정부 우위형 정치구조를 만들어내는 시기이기도 했다.

이승만에 의한 자유당 내 세력교체는 원외자유당의 핵심세력이었던 족청계를 제거하는 것으로 구체화되었다. 1951년 이승만은 족청을 이끌고 있던 이범석을 통해 원외자유당을 창당하게 했고, 1952년 부산정치파동 과정에서 이범석은 이승만의 충직한 지지 세력으로 기여했다. '발췌개헌'으로 정·부통령 직접선거가 결정되자, 이범석은 노력에 대한 대가를 원했고 자유당은 이범석을 부통령 후보로 지명했다. 그러나 이승만은 부산정치파동을 통해 원내자유당의 반란을 진압한 이후. 자신의 통제를 벗어나 스스로 움직이는 이범석 계열을 자유당 내에서 제거하는데 나섰다.

1952년 부통령 선거에서 이승만은 이범석을 지지하지 않았고 함태영을 지지하였을 뿐 아니라 국무총리 장택상과 내무부장관 김태선을 통해 함태영 당선을 위한 행정력 동원을 지시했다. 이 사건은 이범석의 반발을 불러왔고, 이범석은 자유당을 '이승만의 당'이 아닌 '이범석의 당'으로 전환시키는 계획을 추진했다. 자유당 내 주요 간부와 기간단체를 족청계 인사들로 채웠으며, 1952년 9월 26일 자유당 전당대회에서 비(非)족청계이자 이승만계 중앙위원들을 몰아냈다. 또한 족청계는 자유당의 지방조직을 족청계로 채워나갔다.

이승만의 반격은 1953년 하반기부터 본격화되었다. 1953년 9월 12일 특별담화를 통해 이승만은 '일체의 파당요소를 제거'해 나갈 것을 지시했고(대한민국 공보처 1962, 131), 그가 지목한 대상은 이범석의 족청계였다. 이후 이승만은 자유당 내에서 족청계를 제거하기 위해 한편으로 간첩사건과 비리사건을 연달아 조작했고 다른 한편으로 관권을 동원해 선거참여 및 낙선을 조직적으로 추진했다.

이승만이 족청계 제거를 위해 시도한 간첩사건은 광주 여수의 '통비사건'과 '정국은 간첩사건'등이 대표적이다. '통비사건'은 자유당 지방간부들이 빨치산과 내통했다는 혐의를 받은 사건으로, 족청계 지방간부들의 제거에 동원되었다(서병조 1963, 162). 정국은 간첩사건은 '언론사 기자로 활동했던 간첩 정국은이 국회의원 양우정 등의 비호를 받았다'는 내용으로, 족청계 핵심인사의 제거에 활용되었다. 정국은은 남로당 기관지 국제신문 편집국장, 국방신문 경영, 연합신문 주일특파원, 통양통신사 편집국장 등을 역임한 인물로, 이 사건 때문에 1953년 육군특무대에 구속되어 군법회의에 회부, 사형을 선고받고 1954년 총살되었다. 후일 이 사건이 조작사건이라는 증언이 제기된 바 있다(정희상 1989).

한편 족청계 제거를 위해 비리사건도 동원되었는데, 농촌잡부금 비리 연루사건으로 신중목 농림장관과 진헌식 내무장관의 파면이 이루어진 사례가 이에 해당한다. 휴전 후 이승만 정부는 '기부금지법'을 강화하면서 농촌잡부금을 일소하는 조치를 취하고 있었는데 관련 비리에 연루되었다는 이유로 신중목 장관 등을 파면했다. 그러나 신중목은 농촌 잡부금이 경찰관의 기부행위에 사용되었다는 사실을 폭로한 바 있었고 이를 계기로 진헌식과 함께 파면을 당했다고 한다(서병조 1963, 163~164).

1953년 11월, 이승만은 족청계를 제외하고 자유당 간부의 인선을 새로이 했으며, 12월에는 이범석, 진헌식, 안호상, 이재형, 양우정, 원상남, 윤제욱, 신태악 등 8명의 족청계 인사들을 자유당에서 제명했다(동아일보 1953년 12월 10일자). 그리고 1954년 2월 초에는 연병호, 김준희, 김정두, 여운홍, 박제환, 우문, 김제능, 이석이 등 8명을 추가로 제명했다(경향신문 1954년 2월 4일자).

자유당 내 족청계의 완전제거는 1954년 총선이 시작되는 시점으로 맞춰졌다. 대통령 이승만은 선거운동과정에서 '각급 당부와 일반당원 중 족청단원을 하나도 선거하지 말 것이며 족청을 지지하는 사람은 즉시 물러나고 …(서병조 1963, 164)'라는 지시를 내림으로써 족청계의 완전배제를 의도했다. 그의 지시는 족청계 후보의 입후보 방해, 입후보한 족청계 후보의 선거운동 방해와 낙선운동 등으로 구체화되었다.

부산정치파동 이후 5.20선거까지 자유당 내에서 진행된 이승만의 족청계 제거는, 단기적으로 보면 자유당 내 이승만의 통제가 어려운 조직적 기반을 완전히 제거함으로써 3대 총선 이후 기획된 3선 연임 개헌을 안전하게 도모하고, 개헌 이후 정부운영에서도 국회 다수파의 안정적 지원을 받기 위한 포석으로 볼 수 있다.

한편 장기적인 측면에서는 정당경쟁으로 정부가 구성되는 '정당정부'의 가능성이 차단되면서, 집권자의 정치도구로서 집권당이 생성되는 한국 정당정치의 한 원형이 어떻게 만들어지는지를 보여주는 역사적 사례가 된다. 이승만은 집권당을 장악하는 과정에서 당내 노선투쟁을 벌이거나, 합법적인 선거제도 틀 내에서 자파의 당선경쟁을 벌이는 등의 선택을 하지 않았다. 경찰과 검찰, 사법부와 군대를 동원한 물리력으로 집권당 내 경쟁세력에 대한 인적 제거를 단행해 나갔으며, 그 과정에서 반공이데올로기의 동원과 공안사건의 조작까지도 서슴지 않았다.

이 시기 이승만의 선택은 정치체제로서 민주주의의 길을 차단한 것일 뿐 아니라, 정당정치와 선거정치, 의회정치의 원형이 생성되던 시점 각 제도적 영역마다 지대한 역사적 유산을 남겨놓게 되었다. 그 가운데 하나가 집권당의 대통령이 등장할 가능성이 차단되고 대통령의 집권당이 살아남게 된 것이다. 이후 쿠데타로 집권한 박정희와 전두환은 동일한 경로를 걸었는데, 이들에게 이승만의 행적은 그 자체로 중요한 학습이 되었을 것으로 추정된다.

또한 대통령의 집권당 전통은 민주화 이후에도 긴 그림자를 남겼다. 민주화 이후 대통령 선거경쟁은 정당경쟁이 아니라 인물경쟁의 성격을 강하게 띠었고, 일단 집권에 성공한 이후에는 집권당 내부에 견제가 작동하기 어려운 구조를 형성했으며 현직 대통령 집권 말기에는 대개 집권당 내에서 현직 대통령 세력을 제거하는 방식으로 새로운 대선 주자군이 등장했다. '기존 대통령의 집권당' 이미지를 지우고 '새로운 대통령의 집권당' 이미지를 창출하는 것이다. 후세대 리더십의 성장 과정에서 선대의 리더십을 뛰어넘는 과정은 정당정치에서 언제나 필요하지만, 한국적 특성은 새로운 정책적 패러다임의 등장이나 정치엘리트 집단의 등장을 통해 정당정치의 질적 성장을 도모하는 방식이 아니라 기존 대통령의 이미지를 제거하는 부정적인 방식으로만 작동하게 되었던 것이다.

제3절 개헌 조건부 공천

제헌국회와 2대 국회의원 선거에서도 정당공천은 가능했다. 「국회의원 선거법 시행령」에 따르면 소속정당과 단체명을 명기할 수 있게 되어 있었지만, 정당공천이 있다 하더라도 일정 수의 추천인 서명이 첨부되어야 했다. 제헌국회의원 선거에서는 200인 이상이었고 2대 국회의원 선거부터는 100~200인 사이의 추천서가 필요했다. 1~2대 총선에서는 전국적 조직기반을 가진 정당이 없었고 후보자는 복수의 정당이나 단체의 추천을 받기도 했기 때문에 정당이 공인하는 후보자라는 개념은 없었다.

3대 총선을 준비하면서 자유당은 '정당공인후보자'라는 개념을 만들어내고 사실상 정당공천제를 도입함으로써 선거정치의 새로운 장을 열게 된다. 자유당은 이승만의 개헌의지에 따라 공천후보들에게 개헌지지의사를 확인해야 했으므로 공천제 도입의 필요성이 있었고, 다른 한편으로 보면 집권 2기를 지나면서 전국적인 행정력을 갖춘 이승만 정부의 조직적 지원이 가능했다는 점에서 공천제 도입의 능력도 갖게 된 것이 그 배경이었다.

자유당은 입후보자 공천과정에서 "대통령 영도 하에 책임 있고 결합력 있는 지지를 대통령의 일반정책, 특히 개헌안에 쓸 수 있는 기강이 확립된 정당을 육성"시킨다는 전체 하에 개헌안을 지지하기로 한 입후보자들만 선거구에 공천하기로 결정했다(중앙선거관리위원회 1968, 658). 이런 원칙에 따라 2대 국회 93인의 현직 국회의원 가운데 42인만이 공천을 받을 수 있었다.

자유당은 이 선거에서 전국 203개 선거구에 181명을 공천했다. 공천 시점 이전 자유당 조직재편을 완료했고 시·군 당부에서 공천후보자 심사를 개시했다. 공천심사는 당헌에 따르면 공천대회－도당부의 심사－중앙당부의 심사－총재의 승인이라는 절차가 필요했다. 자유당은 공천심사 제도화를 위해 점수제를 도입했는데, 공천대회 40점, 도당부 심사 20점, 중앙당부 심사 40점으로 하여 최고 득점자를 추려 총재에게 보고한 후 결재를 받는 절차였다. 그러나 최고득점자라 하더라도 총재의 승인을 얻지 못하면 공천자가 될 수 없었으므로, 앞 단계의 심사는 유명무실해졌으며 총재의 승인만이 유의한 절차로 남게 되었다(서병조 1963, 381).

예컨대 경북 금릉의 김철안은 다른 후보자들보다 점수가 낮았으나 여성이라는 이유로 공천을 받았으며, 경기 파주에서는 100점 만점을 받은 원현국이 한국노총 위원장인 정대천에게 밀려 공천에서 탈락해야 했다(박용만 1995, 210~215; 정재현 2013, 16 재인용). 지역 선거구에서 공천심사를 거쳐 승인대상이 된 후보들 중 이승만에 의해 보류되거나 공천심사가 보류되었던 지역 후보자가 공천을 얻는 일이 다반사로 벌어졌다. 또한 현직 국회의원들은 공천심사를 거치지 않았고 이승만 개인의 추천에 의해서만 공천을 받을 수 있었다.

당시 자유당 공천을 받은 사람은 다음과 같은 서약서에 서약을 해야만 공천을 얻을 수 있었다고 당시 한 언론보도는 전한다(조선일보, 1954년 4월 17일자).

1. 본 당 총재의 지시와 당 정책을 절대로 복종함.
2. 민의원이 된 후에는 민의에 의한 당 결정의 개헌을 절대로 지지함.

그렇다면 이승만과 그가 장악한 자유당이 구상했던 개헌의 내용은 무엇이었을까? 1954년 3월 20일 동아일보가 보도한 자유당의 개헌취지서에는 다음과 같은 내용이 담겨 있었다.

1. 초대 대통령의 종신집정을 주장한다.
2. 국민에게 국정에 대한 발의권을 부여할 것을 주장한다.
3. 선거민에게 양원 의원에 대한 소환권을 부여할 것을 주장한다.
4. 헌법개정 및 국체변혁에 대한 중대 문제는 국민투표로 결정할 것을 주장한다.
5. 정부에게 민의원에 대한 해산권을 부여할 것을 주장한다.

당시 이승만과 자유당의 개헌구상에는 1항·5항과 2~4항 사이에 존재하는 역설이 눈에 띈다. 초대 대통령의 종신집정과 민의원 해산권은 1952년 발췌개헌을 통해서 채택되었던 헌법취지와도 어긋나는 것일 뿐 아니라 민주주의의 기본규범과도 배치되는 것이다. 주기적인 선거를 통해 집권정부를 교체하는 것이 민주주의의 가장 기본제도라는 점을 감안할 때도 그러하거니와, 초대 대통령에게만 예외를 적용한다는 것도 보통선거권 체제에서 참정권의 평등성 원리에 위배되는 것이 아닐 수 없다. 또한 직선 대통령제로 전환했던 '발췌개헌'의 취지에 비출 때, 행정부가 일방적으로 의회 해산권을 갖는다는 것은 권력분립 원리에 부합하지 않는 발상이 분명해 보인다.

그런데 2~4항은 국민발의, 국민소환, 국민투표라는 직접민주제적 요소를 결합하고 있다는 점에서, 집권연장을 위한 개헌 주장의 역설이 발견되는 것이다. 위 내용으로부터 이승만 정부 이후에 한국정치에서 활성화되었던 국민투표제적 민주주의의 한 원형을 발견할 수 있게 된다. 이러한 직접민주제적 요소들은 일견 대의제보다 더 민의를 반영하는데 적실해 보일 수 있지만, 입법부와 사법부 등 민주적 헌법이 보장하는 제도들이 작동하지 못하는 체제에서 적용되는 직접민주제적 제도들은, 결과적으로 독재나 전체주의 체제의 집권자를 정당화해주는 기제로 활용되어왔다. 이승만과 자유당이 추구했던 국민투표제적 민주주의의 이상은 결국 한국정치에서 제도로 구현되지는 못했지만 박정희 정권의 4번에 걸친 국민투표, 전두환 정권의 국민투표를 통한 헌법 개정에서 그 행태로 계승되었다.

국민투표제적 민주주의(plebiscitarian democracy)

국민투표제적 민주주의는 베버(M. Weber)의 개념이다. 민주주의 이론에서 국민투표제적 민주주의는, 한 사회의 다양한 층위, 예컨대 연방과 주, 계층과 성, 종교 등 다양한 이익과 의견들 사이에 제도화된 합의나 결정의 절차가 작동함으로써 사회적 합의를 만들어내고 국가적 정책이 결정되는 것이 아니라, 전체주의나 독재자가 대중의 감성을 동원하여 1회성 집단적 결정을 만들어내는 정책결정의 양식을 의미한다. 민주주의에서 사회적 합의는 다양한 정보가 제공되고 상이한 이해들이 제도를 통해 의견을 취합해나가는 절차가 작동함으로써 합의적 결정과 결정에 대한 승복이 가능해진다. 그런데, 국민투표제적 민주주의는 의회나 정당, 선거, 법원 등 일상적인 정책결정의 제도를 우회하여 직접 국민투표에 붙여 버림으로서, 투표참여자가 특정한 정책이나 사안에 대해 대개 무지한 상태에서 정치동원에 의한 결정에 이르게 만들어, 전체주의나 권위주의에 정당성을 부여하는 절차가 되어버릴 수 있다.

제4절 3대 총선결과와 의미

개헌과 연계된 집권당의 공천은 입후보자와 유권자에게 모두 영향을 미쳤다. 유엔한국통일부흥위원단의 보고서에 따르면, 2대 선거에서 총 입후보자가 2,209명이었던 것에 반해 3대 선거에서 1,207명으로 줄어든 것은 '출마를 희망하는 이들이 선거운동비 및 선거운동의 복잡성 특히 선거구마다 단일후보자를 자유당이 공천한다는 점'을 의식한 것으로 풀이했다(중앙선거관리위원회 1973, 844). 자유당의 공천을 받지 못한 친정부 후보자들이 입후보에 부담을 가지게 되었고, 무소속이나 야당 후보자들은 자유당이 아닌 이유를 밝혀야 하는 부담이 생겼기 때문에 후보자가 줄어들었다고 추정할 수 있다.

3대 총선 후보자들의 1~2대 경력을 살펴보면 이 선거에서 각 정당의 상황을 짐작할 수 있다. 전체 후보자 수준에서는 1~2대 출마경력자가 42.0%를 차지하여 1~2대에 비해 그 연속성이 크게 높아졌음을 알 수 있다. 이 선거에서 민국당 후보의 1~2대 출마경력자 비율은 66.2%, 자유당의 비율은 46.1%로 나타난다. 특히 민국당은 1~3대 연속 출마자가 41.6%로 자유당의 연속 출마자 비율 16.1%보다 월등히 높다. 3대 총선 민국당 전체 출마자 77명 중 51명은 1~2대

〈표 4-1-1〉 1954년 총선 정당후보의 1~2대 이력

	출마자수	1~2대 경력자		1~2대 연속출마자	
		출마자수	비율	출마자수	비율
민국당	77	51	66.2	32	41.6
자유당	254	117	46.1	41	16.1
무소속	861	323	37.5	112	11.7
기타	98	51	52.0		
전체	1,290	542	42.0	185	14.3

출처: 중앙선관위 「역대국회의원선거상황: 제1~11대」(1989)를 활용하여 재구성함. 이 자료는 전체 출마자 총수를 1,207명으로, 자유당 총출마자수는 242명으로 기록하고 있으나, 실재 지역구후보자명부에는 각각 1,290명, 254명으로 확인되어 후보자명부를 기준으로 분류한 것임.

선거 출마경력자였고, 그 중 32명은 1~3대 연속 출마자였다. 반면 자유당은 전체 254명 중 117명만이 1~2대 출마경력자였으며 나머지 137명은 전후 새롭게 충원된 후보자들이었다. 또한 자유당의 경우 전체 후보자 중 16.1%에 해당하는 41명만이 1~3대 연속 출마자로 구성되어 있었다.

위 사실을 통해 알 수 있는 것은 3대 선거까지 민국당은 전전 한민당이 가졌던 정치엘리트 기반을 그대로 지속하고 있었던 반면, 국가권력을 장악하고 있었던 자유당은 전후 새로운 정치엘리트들의 충원을 통해 그 지지기반을 확장했다는 사실이다. 야당이 전국적인 수준에서 정치엘리트를 충원하고 선거에 후보를 출마시킬 수 있었던 것은, 1955년 야당통합운동을 통해 원내 반 이승만 세력을 결집하여 민주당을 결성한 뒤인 1958년에 이르러서였다.

한편 자유당이라는 집권당이 가시적으로 드러난 상황에서 시행된 선거는, 그 자체로 유권자들에게도 영향을 미친다. 집권당과 정부를 동일시하게 됨으로써 정부지지 혹은 반대라는 선택의 기준이 생기게 되고, 선거결과를 정부에 대한 평가와 연계시킬 수 있게 되는 것이다. 특히 3대 총선의 경우 집권당 공천의 조건이 개헌에 대한 동의여부이므로 선거결과 집권당 의석수는 개헌동의 여부로 해석될 여지가 생긴 것이다.

집권 자유당은 이처럼 전열을 갖추어 선거에 임했지만 야당은 그렇지가 못했다. 자유당이 아닌 정당 중에 가장 많은 후보를 낸 정당은 민국당이었지만, 203개 선거구 가운데 77개 선거구에만 후보를 낼 수 있었다. 휴전협정이 맺어지고 채 1년이 지나지 않은 시점이었기 때문에, 전쟁기간 행정부 조직을 유지했던 정부에 비해 야당이 조직력을 갖출 수 없었던 것은 당연해 보였다.

또한 3대 총선을 준비하는 과정에서 이승만 정권의 야당 탄압은 집요했다. 당시 이승만 정권 또는 자유당에서는 2대 국회의원들에게 개헌취지서를 돌리면

〈표 4-1-2〉 제3대 국회의원 선거 후보자 및 당선자 현황(1954.5.20)

	자유당	민주국민당	무소속	기타	합계
후보자수	242(187)	77	797	91	1,207
당선자수	114	15	67	7	203

서 날인을 받고 "이 안에 날인을 하지 않는다면 앞으로 좋지 못한 결과가 올 것은 각오해야 할 것이고 이에 날인만 한다면 다음 선거에서 무투표 당선이 될 것"이라는 위협과 회유를 했다는 폭로가 공개되기도 했다(동아일보 1954년 3월 20일자). 당시 이런 협박과 회유는 주로 2대 국회 야당의원들에게 집중되었다고 한다(정재현 2013, 14). 또한 민국당 현직 의원들이나 민국당에 우호적이었던 무소속 의원들의 자유당 참여가 늘어났고, 민국당 소속의원들이 탈당해 자유당에 결합하는 일도 벌어졌다.

선거캠페인 기간 동안에는 이승만 대통령이 직접 나서 야당에 대한 비난에 나서기도 했다. 4월 8일 이승만은 개헌에 대한 동의를 공천의 기준으로 할 것이라는 담화를 발표하면서, 더불어 1) 친일파에게 투표하지 말 것, 2) 공산당과 내응하는 자에 대해 경계할 것을 함께 제시했다(동아일보 1954년 4월 8일자). 여기에서 친일파에 대한 언급은 당시 민국당을 친일파와 연계시키려는 의도였으며, 공산당에 대한 언급은 자신이 추진해 온 개헌안이 국회에서 통과하지 못했던 과거를 '공산당과 내응하는 자에 의한' 공작으로 규정짓고 개헌안의 정당성을 부각함과 동시에 1952년 정·부통령 선거에 출마에 2위를 차지했던 조봉암에 대한 견제의 성격을 띠었다.

3대 국회의원 선거는 집권당은 있었지만 집권당을 견제할 수준의 야당은 아직 마련되지 못한 조건에서 실시된 선거였다. 이 선거에서 핵심쟁점은 개헌에 대한 동의여부 등이었지만, 실재로 유권자 입장에서는 선택지가 거의 없는 선거이기도 했다. 만약 이승만 정부가 추진하는 개헌에 반대하는 입장을 가진 유권자라면 이들을 견제할 대안세력을 선택할 수 있어야 했지만, 제1야당인 민국당은 전국적으로 77명의 후보밖에 공천하지 못했기 때문에 유권자는 민국당 혹은 기권하거나 무소속을 선택하거나 기타후보를 선택해야 했다. 그러나 당시 시점에서 민국당이나 기타 정당들이 이승만 정권과 대별되는 정체성으로 인식되었는지에 대해서는 의문이 있으며, 제헌국회나 2대 국회와 달리 전쟁은 무소속 후보들의 제3세력화 가능성조차 거세해 버렸기 때문에, 유권자 입장에서는 선택지가 매우 좁은 선거일 수밖에 없었다.

CHAPTER 02 대한민국 야당의 기원, 민주당의 탄생

제1절 사사오입 개헌과 호헌동지회의 결성

3대 국회에서 자유당의 의석은 114석으로 제1당이긴 했지만 개헌 정족수인 136석에는 못 미쳤다. 이승만과 자유당은 이를 만회하기 위해 무소속 의원들에 대한 매수와 영입에 나섰다. 당시 자유당은 막대한 정치자금으로 무소속 의원들을 매수했다는 정보가 공공연했으며, '무소속 의원들의 수가 작으면 매수 대가가 싸고 그 수가 적으면 값이 올라간다'는 말이 나돌았을 정도였다(강준만 2009, 202). 또한 일부 무소속의원들에 대해서는 부정선거의혹을 제기해 검찰수사를 진행하면서 자유당 가입 회유를 시도하기도 했다. 그 결과 67명의 무소속 의원 가운데 23명을 입당시키는데 성공을 했다.

그러나 이렇게 확보한 의원 숫자만으로 개헌을 시도하기에 대중적 여론은 좋지 않았다. 1954년 10월 한 언론사의 여론조사에 의하면 이승만의 3선 개헌에 동의하는 여론은 16.9%인 반면 반대여론은 78.8%로 압도적인 것으로 나타나기도 했다(한국일보, 1954년 10월 11일자).

이승만과 자유당은 우호적 여론을 조성하기 위해 개헌 필요성을 적극적으로 설파하는 한편 안보위협과 자신의 연임을 직결시키는 논리를 구사하기도 했다. 이승만은 직접 나서 소련과 중국의 침략 가능성과 일본의 재침략 가능성을 설파했고 이를 통해 연임지지 여론을 동원하고자 했다(연시중 2000, 80). 이 와중에 야당의원을 통한 야당의원의 국가보안법 위반혐의의혹이 제기되었고 이승만 정부는 이 사건을 반공 이데올로기 조성에 적극적으로 활용했다. 이른바 '뉴델리 밀회 사건'이다.

당시 민주국민당 선전부장이었던 함상훈은, 신익희가 1953년 6월 영국 여왕 엘리자베스 2세 대관식에 참석하고 돌아오는 길에 인도 뉴델리에 들러 조소앙을 만났고, 남북협상에 관한 밀담을 진행했다는 폭로를 하였다. 또한 1954년 3월에는 조소앙이 보낸 특사를 신익희가 만나 후속논의를 진행했다는 것이다(송건호 2002, 30). 조소앙은 해방 이후 좌우합작운동, 남북협상 등을 추진했던 민족주의자로 한국전쟁을 거치면서 당시에는 북한에 있는 상황이었다. 신익희와 민주국민당은 이 사실을 적극적으로 부정했지만, 이승만정부와 자유당은 이를 개헌의 타당성을 홍보하는 계기로 적극 활용했다. 결국 이 사건은 증거부족으로 결론이 났고 민국당은 함상훈을 제명 처리하는 것으로 마무리를 지었다.

3대 총선이 끝나고 5개월여가 흐른 9월 8일, 초대 대통령에 한해 중임제한을 없애는 내용의 제2차 개헌안이 국회에 제출되었고, 개헌안이 11월 27일 국회 표결에 부쳐졌다. 결과는 찬성 135표, 반대 60표, 기권 7표로, 개헌 정족수에 1표가 모자라 사회를 보던 최순주 국회부의장에 의해 부결이 선포되었다. 그런데 11월 28일 자유당 의원총회에서는 개헌정족수가 135.3333...이므로 136석이 아니라 135석이 타당하다는 주장을 채택했고, 11월 29일 야당의원들이 모두 퇴장한 본회의에서 이틀 전의 부결안을 번복하여 가결 처리하는 가결동의안을 상정하였다. 재석의원 125명 중 김두한, 민관식 2명을 제외한 123명 찬성으로 동의안은 가결되었으며, 정부로 이송하여 당일 공포함으로써 효력을 발생시킨 것이 '사사오입' 개헌의 전말이다.

개헌정족수를 올림이 아니라 버림 방식으로 계산한 것 자체가 헌법을 무력화한 행위일 뿐 아니라, 의사절차 상 정상적 과정을 거쳐 부결된 안건을 동일회기에 재상정함으로써 국회법 절차 역시 무력화한 행위가 아닐 수 없었다. 이 사건으로 12월 6일에 손권배(孫權培), 9일에 한동석 등 12명, 10일에 도진희(都晉

熙) 등 소장 의원 14명이 자유당을 탈당했고, 자유당은 김두한·김지태(金智泰)·김형덕(金亨德)·박영종(朴永鍾) 등 7명을 해당 행위자로 제명 처리하는 등의 후폭풍을 겪어야 했다. 또한 이 사건을 계기로 야당 측 의원들은 11월 29일 본회의 퇴장 뒤에 민의원위헌대책위원회를 구성하고 30일에는 '호헌동지회'라는 원내 교섭단체를 결성하였다.

호헌동지회는 김성수를 중심으로 신익희, 조병옥, 곽상훈, 박순천, 윤보선, 유진산, 정일형 등 민국당 계열과 조봉암, 장건상, 박기출, 서상일 등 후일 진보당으로 결집하는 혁신계열, 그리고 이범석, 장면, 장택상, 오위영, 오중정 등 자유당 탈당파들과 무소속이 결합하여 60여 명에 이르는 의원들로 원내교섭단체를 구성했다.

제2절 조봉암세력의 배제와 민주당의 탄생

1954년 11월 30일 호헌동지회의 결성부터 1955년 9월 18일 민주당 출범까지의 과정은, 한국전쟁 이후 한국 보수야당의 형성기원을 보여주며 동시에 한국정당체제의 이념적 스펙트럼의 한계를 명료히 드러내주는 계기였다. 이승만의 3선 개헌 반대를 토대로 결집한 '호헌동지회'는 당시 의회 내 반 이승만 세력의 결집체였지만, 곧 반 이승만계 정당결성을 둘러싸고 타협하기 힘든 갈등라인을 보여주었다.

호헌동지회는 결성 직후 원외세력들을 규합하면서 야당통합을 추진하게 되는데, 이 협상테이블에서는 조봉암의 참여를 둘러싸고 의견이 갈렸다. 1955년 2월 22일 조봉암이 신당창당에 적극 참여의사를 공개적으로 밝힌 후, 신당 추진세력은 조봉암의 가입찬성 측인 '민주대동파'와 반대측인 '자유민주파'로 나뉘었다. 당시 장택상, 서상일, 김성수는 찬성 입장에 섰고, 신익희의 태도는 다소 불분명했으며 김도연, 윤보선, 조병옥, 장면, 김준연 등은 반대 입장을 취했다. 조봉암의 입당에 찬성했으며 민국당 계열 인사들에게 영향력이 컸던 김성수가 협상논의 도중 사망하게 되면서 양 세력은 완전히 분리되었고, 1956년 3대 대통령 선거와 1958년 진보당 사건을 겪으면서 한국 보수야당의 기원인 민주당의 이념적 정체성이 확립되었다.

단기적으로 보면, 조봉암은 2대 대통령 선거에 출마하여 국회부의장을 지낸 이시영을 누르고 2위에 당선되면서, 한민당－민국당 계열 정치세력에겐 반이승만 진영 내 강력한 정치적 경쟁자였다는 점이 조봉암을 받아들이기 힘들게 만든 한 이유였을 것이다. 그러나 조봉암에 대한 이들의 거부는 훨씬 오래되고 뿌리가 깊은 것이었다.

조봉암의 정치역정은 1946년 5월 이전과 이후로 나뉜다. 일제 강점기 사회주의 계열 독립운동가로 활동했고 해방 이후에는 인천지역에서 건국준비위원회와 조선공산당, 민주주의민족전선 활동을 벌였다. 그런 그가 1946년 5월 언론지면을 통해 박헌영에 대한 공개비판에 나서고 6월 중도통합노선을 천명하면서, 비(非)공산주의 정치활동으로 전환을 함으로써 정부수립 과정에서 이승만－한민당 계열 외에 제3세력의 입지를 구축하게 된 것이다.

1946년 5월 박헌영에 대한 조봉암의 공개비판은 3국 외상회의 결정에 대한 국내대응을 조직하는 과정에서 조선공산당의 실책을 거론하고 박헌영의 책임을 묻는 내용이었다.

첫째, 인민위원회가 조직이나 운영 면에서 문제가 많다. 현금의 인민위원회는 비공산적 요소가 거의 없어 공산주의자들의 정치구락부에 지나지 않는다.

둘째, 민전에 공산당원이 과대히 침투하여 비당 군중의 능동적 행동을 스스로 제약하고 있다.

셋째, 모스크바 3상회의 지지투쟁의 방침은 진실로 옳았지만, 기술적으로 졸렬했기 때문에 군중들로부터 배신자로 낙인찍혔다.

넷째, 무원칙하다.

다섯째, 종파적이다(서중석 2006, 495).

조봉암의 조선공산당 활동에 대한 공개비판에 대해, 박헌영은 1946년 6월 조봉암을 조선공산당에서 제명하고 출당시키는 것으로 대응했으며, 이후 조봉암은 공산당 계열 뿐 아니라 한민당－민국당 계열로부터도 '전향자'의 멍에를

안고 정치인생을 개척하게 되었다. 이후 그는 '조선의 건국은 민족 전체의 자유생활보장을 내걸고 노동계급의 독재, 자본계급의 전제를 다 같이 반대한다'는 중도통합노선을 주장하고 조선공산당과 공식적으로 결별하였으며, 좌우합작위원회 활동에 결합함으로써 중도파로서의 활동을 시작하려 했으나 그 역시 쉽지 않았다.

그는 김규식과 여운형을 지지하면서 좌우합작위원회 활동을 시작하여 했고, 김규식을 찾아갔으나 김규식은 이를 거절했다. 우파 민족주의자였던 김규식은 조선공산당 탈당 이후에도 조봉암을 신뢰하지 않았으며, 그 이유 역시 공산당 활동전력 때문이었다(강원룡 2004, 2). 이후 그는 남북협상에 참여했으며 협상 이후에는 다른 협상파들과 달리 5.10선거에 적극적인 참여를 주장했고 실재로 제헌국회 선거에 출마하여 당선되었다. 제헌국회에서 그는 헌법기초위원회 위원으로 활동했고, 1948년 7월에는 초대 농림부장관 입각제의를 받아들여 취임한 후 '토지개혁안'을 성안했지만 한민당 계열과의 갈등 속에서 토지개혁의 집행을 보지 못하고 장관직에서 물러났다. 민국당 의원들은 조봉암이 장관 관사를 농림부 전용 예산으로 썼다는 이유로 비판에 나섰고 그는 결국 사임을 했는데, 예산 전용은 표피적인 이유였고 실재로는 이승만이 조봉암을 앞세워 추진했던 토지개혁에 대한 불만이 이유였다.

이런 그가 2대 대선에 출마해 이시영보다 더 높은 득표를 얻은 것은 한민당-민국당 계열 정치세력들에겐 충격이었다. 이시영은 1951년 부산 임시수도에서 '국민 방위군 사건'이 발생하자 책임을 통감한다는 성명을 발표하고 부통령에서 사임했다. 2대 대선에서 조봉암 출마에도 이시영은 영향을 미쳤다고 알려진다. 조봉암이 이승만 단독선거에 대한 우려로 이시영을 찾아갔을 때 이시영은 조봉암에게 출마를 권유했다. 조봉암이 출마하자 민국당은 이승만 대 조봉암 구도를 우려하여 이시영에게 출마를 강권하였고 결국 이시영이 후보등록을 하게 되었다고 한다(서중석 2007, 115).

조봉암의 야당통합 참여를 찬성했던 김성수는 반대파들을 설득하기 위한 명분으로 조봉암에게 전향선언을 해 줄 것을 요청했고, 조봉암은 이를 받아들여 성명서를 발표하기도 하였다. 김성수는 이를 근거로 민국당 계열 정치인들의 반발을 무마했고, 결국 조봉암의 반공주의 천명이 있으면 함께 할 수 있다는 답을 이끌어냈다. 조봉암은 1955년 2월 22일 2차 전향 선언을 발표했으나, 김성수는 2월 18일 지병으로 사망함으로써 그를 중심으로 추진되던 야당통합운동은 그 방향을 달리하게 된다.

김성수의 사망 이후 조봉암의 결합은 무산되었고, 장택상, 박기출, 서상일 등은 호헌동지회에서 이탈하여 움직이게 되었다. 장택상이 이 시기 조봉암과 행보를 함께 했던 부분도 흥미롭다. 그는 미군정 당시 수도경찰청창을 역임했고 재임기간 중 좌익세력을 축출하는데 큰 공을 세운 인물이다. 하지만 조봉암, 여운형 등과 친분을 유지했고 조봉암의 야당 참여가 거부되자 자유당으로 되돌아갔지만, 후일 진보당 사건이 났을 때 조봉암에 대한 규명운동에 나섰으며 법정에서 변호를 담당하기도 했다. 박기출, 서상일 등은 조봉암의 3대 대선 참여 이후 혁신정당에 함께 결합했으나 갈등을 겪었고, 결국 서상일은 진보당 결성에는 참여하지 않았다.

1955년 9월 18일 창당 시점 민주당은 신익희를 대표 최고위원으로, 조병옥, 장면, 곽상훈, 백남훈을 최고위원으로 하여 출범했으며, 당 조직은 서울특별시 및 각 도 지부 외 시·군·면·동 당부를 두어 명실공히 전국적 정당으로의 조직체계를 갖추게 되었다. 민주당은 정강으로 독재배격과 민주주의 발전기약, 공정한 자유선거에 의한 대의정치와 내각책임제 구현, 건전한 국민경제의 발전과 근로대중의 복지향상, 민족문화육성과 문화교류로 세계문화에의 공헌, 민주 우방과의 제휴를 통한 국토통일과 국제주의 확립 등을 표방했다. 민주당은 창당 당시 한민당－민국당－민주당으로 이어지는 세력과 자유당 탈당파 및 무소속 합류파로 구성되었는데, 이들은 후일 민주당 신파－구파의 갈등 진원지가 된다.

1955년 민주당의 창당과정에서 발생한 혁신계의 배제는 한국 정당체제의 기원을 형성하는데 중요한 함의를 갖는다. 정부 수립 과정에서 이승만－한민당 세력과 좌우합작운동－남북협상운동에 참여했던 민족주의 계열이 함께 하지 못했던 것이 한국 정당정치의 포괄범위를 1단계로 좁혀 놓았다면, 1955년 민주당의 창당은 2단계로 정당정치의 포괄범위를 축소시켰다. 만약 김성수의 노선대로 반 이승만 세력의 '대동단결'이 이루어졌고 한민당－민국당 계열과 혁신계가 한 정당 내에서 경쟁할 수 있었다면, 한국 정당체계의 이념적 스펙트럼은 훨씬 넓은 범위에서 출발할 수 있었을 것이다. 또한 이승만 정권의 몰락 이후 제2공화국의 정치경쟁 양상도 달라질 수 있었을지 모른다. 그러나 민주당의 창당으로 자유당–민주당의 보수 독점적 정당체제가 그 원형을 드러냈고, 혁신계는 1960년 7.29 총선을 계기로 재기를 모색했지만 성공에 이르지 못한 채 5.16 쿠데타를 맞이했다.

CHAPTER

03 3대 대선과 진보당 사건

제1절 보수양당체제와 3대 대선

1. 조봉암의 출마와 후보단일화 협상

1955년 9월 18일 결국 혁신계열이 배제된 채 민주당이 창당되자, 혁신계열도 독자적인 창당활동에 나섰다. 1955년 12월 22일 '진보당 창당추진위원회'가 결성되었고, 조봉암, 서상일, 김두한, 김성숙, 박기출, 이동화, 신숙, 박용의, 장지필, 김인태 등 12명의 창당추진위원이 결합했으며 강령초안이 공표되었다. 초안은 '우리는 공산독재는 물론 자본가와 부패분자의 독재도 배격하고 민주주의 체제를 확립하여 책임 있는 혁신정치를 실시, 생산 분배의 합리적 통제로 민족자본을 육성, 민주우방과 제휴하여 민주세력이 결정적 승리를 얻을 수 있는 조국통일의 실현, 교육체제의 혁신에 의한 국가보장제 수립을 지향한다'는 내용을 담고 있었다.

진보당 창당추진위는 그 해 3월 31일 전국추진대표회의를 열어 1956년 5월로 예정된 정·부통령 선거 준비에 나섰다. 대통령 후보에는 조봉암, 부통령 후보에는 서상일이 지명되었지만 서상일의 고사로 박기출이 부통령 후보를 이어받았으며 서상일은 선거대책위원장이 되었다. 이 날 혁신계의 선거준비모임에 참여하는 인사들에게는 정부당국의 회유와 협박이 이어졌고, 회의당일에는 폭력단이 회의장에 난입해 회의를 방해하는 사태가 발생했다(서중석 2007, 157).

조봉암의 대선후보 출마에 대해서는 미국에 의한 개입설이 존재한다. 강원룡에 의하면, 미국 측 인사가 조봉암의 출마를 강권했고 "남북문제는 평화적 해결 외엔 방법이 없다. 그 일에는 당신이 적임자니까 당신이 해야 한다"고 주장을 했다고 전한다. 조봉암은 미군 사령관이 자신에게 영어를 가르치고 있다고 강원룡에게 전했고, 미국 측이 자신을 지지한다고 확신을 했다는 것이다(강원룡 2004).

혁신계에 의해 대통령 후보로 지명된 조봉암은 민주당의 대통령 후보 신익희를 파트너로 후보단일화 협상에 나섰다. 민주당의 입장에서나 혁신계 입장에서 모두 1956년 대선은 이승만의 3선 연임을 막는 것이 목표인 선거였고, 야당 분열이 여론의 지지를 얻을 수 없다는 사실을 인지하고 있었기에 난항을 겪으면서도 협상은 지속되었다. 당초 진보당은 4월 3일, 두 당이 후보지명을 모두 철회하고 새롭게 연합후보를 내자고 제안했으나 민주당은 이에 응하지 않았다. 양자는 수차례에 걸친 협상을 진행했고, 민주당이 진보당의 기본 정책 중 책임정치의 수립, 수탈 없는 경제체제의 확립, 평화통일 부분을 받아들이고 대선공약으로 공표하는 대신 진보당의 정·부통령 후보는 모두 사퇴한다는 합의에 이르렀다.

신익희는 민주당 결성과정에서 조봉암의 결합 여부에 대해 뚜렷이 찬성이나 반대 입장을 밝히지는 않았던 것으로 전해진다. 이것은 다른 의미로 보면 조병옥 등 강한 반대 입장을 가진 이들과 함께 하지는 않았다는 것이다. 신익희와 조봉암 사이의 협상은 조봉암의 후보사퇴를 전제로 현실화 수순을 밟고 있었고, 5월 6일, 최종 합의를 위한 회의가 예정되어 있었다. 그러나 그 하루 전인 5월 5일 신익희가 선거유세 도중 급서하는 상황이 발생하면서 후보단일화 협상을 무위로 돌아갔고, 조봉암이 야당 후보로 남게 되었다.

2. 3대 대선 선거 캠페인 과정

정치엘리트의 포괄범위로만 볼 때, 민주당은 진보당보다 그 규모가 훨씬 크고 넓었다. 그러나 민주당은 3대 대선에 앞서 정당결성조차 하지 못한 채 무소속 후보로 등록했던 혁신계에 강한 위협을 느꼈던 것으로 보인다. 당시 민주당 당수였던 조병옥은 '진보당 세력의 확장을 저지하기 위해 자유당과 민주당이 하나의 보수정당으로 통합해야'함을 주장했다(이기하 1961, 281; 343). 또한 야당 세력이 정당통합을 진행했던 과정에서나 1956년 3대 대선 단일후보 협상과정에서 시종일관 민주당의 태도는 수동적이었다. 신당결성과정에서 참여의사를 공개적으로 밝히며 실제로 김성수 등을 통해 동의를 얻어 나갔던 조봉암에 비해, 조병옥 등은 '조봉암과 함께 하느니 공산당과 손을 잡겠다(이기하 1961, 280)'며 강하게 반발을 했다고 전해진다.

3대 대선 단일후보 협상과정에서도 진보당 세력은 '단일후보협상 3원칙'을 정식화하며 신익희와 협상에 임하지만, 민주당은 협상테이블에서 후보지명 백지화에 합의하고도 독자적인 선거운동을 지속하는 등 양면적인 태도를 지속했다(조선일보 1956년 4월 5일자, 4월 21일자). 그 이면에는 민주당 핵심세력들이 조봉암 및 혁신계와 함께 할 수 없는 근본적 차이가 있다고 인식했기 때문이다.

또한 당시 대중적 수준에서도 두 세력은 분명 노선의 차이가 인식되었던 것으로 보인다. 한 일간지는 사설을 통해 "현재 정부당인 자유당만이 아니라 민주당, 공화당이 모두 보수정당이라는 데는 누구도 부인치 못할 것이다. … 노동자, 농민, 도시봉급생활자, 지식층 소시민을 주체로 한 정당이 우리사회에도 등장할 수 있으며 … 모두 다 보수적 정당들 사이에서 진보당의 앞날이 순탄치는 않을 것(조선일보 1956년 4월 2일자)"이라고 밝혀, 당시 대중적 인식의 한 단면을 읽을 수 있게 한다. 당시 상황에서 민주당은 자신들의 이념적 정체성이 '보수'이며 적어도 이념적 노선에서는 진보당보다 자유당에 가깝다는 것을 분명히 인식하고 있었고, 대중적 수준에서도 자유당과 민주당, 그리고 진보당이 갖는 이념적 스펙트럼의 차이는 인지되고 있었다는 것이다.

이런 조건에서 3대 선거를 10일 앞둔 민주당 후보 신익희의 서거는 자유당과 민주당, 진보당 모두에게 전혀 예상치 못한 결과를 만들어냈다. 민주당은 신익희 사망 직전 선거연합을 하기로 했던 조봉암을 선거에서 끝내 지지하지 않았다. 당시 민주당 내에서 선거연합의 필요를 인지하는 세력은 소수였고, 그들조차도 조봉암의 선거출마 포기를 원했을 뿐 진보당과의 통합이나 정책연합 등을 고려한 것은 아니었기 때문에 후보가 없는 상태에서의 연합은 대안이 될 수 없었던 것이다. 진보당에 대한 민주당의 이러한 태도는 이승만 정권에 의한 조봉암, 진보당의 구속과 조봉암에 대한 사형집행과정에서도 일관성을 유지하고 있었다. 캠페인 과정에서 민주당은 대통령 선거에 대해 '추모표를 던지는 것은 자유'(조선일보, 1956년 5월 12일자)라는 입장을 밝히며 부통령선거에만 전념했다.

3대 대선은 선거캠페인 과정에서부터 이승만에 대한 대중적 저항이 가시적으로 확인되고 있었다. 신익희가 죽기 직전인 5월 3일, 한강 백사장에서 연 선거연설회에는 30만여 인파가 모였는데 이는 이승만에 대한 반감을 확인시켜주는 징표로 해석되었다. 그러던 와중에 신익희가 서거했으므로, 유권자 입장에서는 다른 대안이 없는 조건에서 조봉암을 선택할 유인이 더 커졌다고 볼 수 있겠다.

이승만 정권 입장에서 본의 아니게 야권단일후보가 되어버린 조봉암에 대한 견제는 전방위적이었다. 충남, 강원 등지에서는 선거운동원들이 정치깡패들에 의해 테러를 당하거나 유인물을 빼앗겼다. 경남에서는 선거운동원이 경찰서장실로 연행되어 경고를 받고 쫓겨나는 상황도 발생하였다. 조봉암이 선거유세를 위해 광주에 도착했을 때 경찰이 차량을 막고 유세를 방해하기도 했다. 선거유세기간 사망한 신익희의 장례식이 거행되면서 운집한 행렬이 경무대 쪽으로 움직이자 경찰이 무차별 발포를 하여 10여 명의 사상자가 나고, 700여 명이 구속되는 사태도 발생했다. 조봉암은 결국 선거운동을 중지한 채 투표일까지 잠적을 선택하게 된다.

한편 조봉암이 3대 대선에서 표방했던 핵심정책은 '평화통일론'이었으며 이는 이후 결성된 진보당의 핵심강령으로도 채택되었다. 조봉암의 평화통일론은 신익희의 서거 전 양 세력의 후보단일화 협상 과정에서 진보당이 후보사퇴의 조건으로 내걸었던 핵심 정책 중 하나이기도 했다. 조봉암의 평화통일론은 북한에 대한 적대적 통일론의 관점에서 입장을 함께 하고 있던 이승만-민주당 세력에게 위험한 화두였으며, 이후 진보당 사건이 발발하게 되는 명분을 제공하게 된다.

3. 3대 대선의 결과

3대 선거결과는 이승만 정권의 조직적 부정선거와 조봉암의 210만 표 득표, 총투표수의 20.5%에 이르는 무효표로 정리할 수 있다. 서울의 경우 투표수의 46.7%가 무효표였으며 경기 25.6%, 충남 23.5%, 전남 20.0% 등 전국적으로 무효표가 대거 발생했다. 서울에서 발생한 28만 표의 무효표는 이승만이 얻은 20만 표를 훨씬 능가하는 것이었다. 이 무효표가 후보등록 후 선거캠페인 과정에서 사망한 신익희 후보의 '추모표'라는 데에는 큰 이견이 없다. 이미 투표용지에 이름이 인쇄되어 있기도 했지만, 민주당이 부통령 선거에 전념하면서 대선에 대해서는 조봉암 지지가 아니라 결과적으로 무효표가 될 '추모표의 자유'를 공언하고 다녔기 때문이다.

〈표 4-3-1〉 3대 대선 후보자 득표와 무효표(투표자총수 기준)

	투표자총수	이승만		조봉암		무효표	
		득표수	비율	득표수	비율	득표수	비율
서울	608,741	205,253	33.7%	119,129	19.6%	284,359	46.7%
경기	1,058,971	607,757	57.4%	180,150	17.0%	271,064	25.6%
강원	789,673	644,693	81.6%	65,270	8.3%	79,710	10.1%
충북	499,744	353,201	70.7%	57,026	11.4%	89,517	17.9%
충남	900,571	530,531	58.9%	157,973	17.5%	212,067	23.5%
전북	875,210	424,674	48.5%	281,068	32.1%	169,468	19.4%
전남	1,286,178	741,623	57.7%	286,787	22.3%	257,768	20.0%
경북	1,398,722	621,530	44.4%	501,917	35.9%	275,275	19.7%
경남	1,538,337	830,492	54.0%	502,507	32.7%	205,338	13.3%
제주	110,916	86,683	78.2%	11,981	10.8%	12,252	11.0%
합계	9,067,063	5,046,437	55.7%	2,163,808	23.9%	1,856,818	20.5%

출처: 중앙선거관리위원회 [역대선거정보시스템] 제공 자료임.

한편 조봉암은 전국적으로 총투표수의 23.9%를 득표했으며, 전북 32.1%, 경북 35.9%, 경남 32.7% 등 특히 충청 이남지역에서 상대적으로 높은 득표를 보였다. 전국 25개 선거구에서 조봉암 득표가 이승만 득표를 앞섰으며, 특히 대구에서는 이승만에 비해 3배에 가까운 득표를 하였다. 경북에서 조봉암이 얻은 표와 무효표를 합하면 이승만이 얻은 62만 표를 훨씬 능가했으며 경남에서도 두 표를 합산하면 이승만이 얻은 표와 10만여 표밖에 차이를 보이지 않았다. 선거 캠페인도 제대로 하지 못한 조건에서 민주당의 협력도 얻지 못했던 조봉암, 그를 지지했던 유권자들은 누구였을까?

〈표 4-3-2〉 1956년 대선과 1958년 총선, 지역구 득표율 상관관계

		1956년 대선		
		이승만	조봉암	무효표
1958년 총선	자유당	0.24	−0.20	−
	민주당	−0.32	−	0.49

집합자료를 이용해 1956년 대선 투표결과와 1958년 지역선거구 정당별 득표율을 비교해 보면, 흥미로운 결과가 드러난다. 위 표는 1958년 선거에서 무투표 당선 선거구와 민주당, 자유당 양당경쟁이 아니었던 선거구를 제외한 총169개 선거구에서 각 정당이 얻은 득표수와 1956년 대선 득표수 및 무효표수의 상관관계를 살펴본 것이다. 1956년 이승만 지지표는 1958년 자유당 지지표와 0.24의 유의한 상관관계를 보이며 민주당 득표율과는 −0.32의 부정적 상관관계를 보인다. 반면 1956년 무효표와 1958년 민주당 후보들의 지역선거구 득표율 사이에는 0.49라는 높은 상관관계가 발견되지만 조봉암 득표율과는 유의한 관계가 없는 것으로 나타난다.

이런 결과는 1956년과 1958년 두 번의 전국적 선거에서 모두 자행된 이승만 정권의 광범위한 부정선거를 고려할 때, 해석에 신중함을 요한다. 하지만 모든 선거구에 부정선거의 영향력이 미쳤다고 가정해 보면, 1956년 대선에서 무효표가 높았던 선거구일수록 1958년 민주당 후보 득표율이 높았다는 것은 1956

년 대선에서 무효표가 '신익희 추모표'라는 가설을 뒷받침해주는 것이다. 반면 조봉암 득표율과는 유의한 관계가 없는 것은, 1956년 대선에서 얻은 조봉암의 득표가 단순히 반 이승만 투표의 반영이라는 것 이상의 관심이 필요하다는 것을 말해주는 대목이다.

한편 이승만 정권의 광범위한 부정선거는 1956년 선거에서 숨길 수 없이 적나라한 방법으로 진행되었다. 특히 강원도 평창·정선·홍천 등지에서는 이승만의 4만여 표에 비해 조봉암은 180표 선에 그쳤는데, 후일 당시의 내무장관이었던 최인규는 자신의 자서전에서 "강원도에서 나온 이승만의 90% 지지는 엄청난 조작(최인규 1984, 313)"이었다고 밝힌 바 있다. 당시의 부정선거 흔적은 중앙선관위가 제공하는 공식 기록을 통해서도 확인이 가능하다.

1952년부터 2년 간격으로 진행된 4회의 전국적 선거에서 각 지역별 선거인수 변동은 상식적으로 납득하기 어려울 정도로 유동성이 심하다. 3대 선거에서

〈표 4-3-3〉 역대 선거 선거인수 변동(1952~1958년)

	1952	1954		1956		1958	
	선거인수	선거인수/증가율		선거인수/증가율		선거인수/증가율	
서울	282,585	458,735	62.3%	703,799	53.4%	797,389	13.3%
경기	912,299	902,018	−1.1%	1,119,859	24.2%	1,188,695	6.1%
강원	439,519	468,915	6.7%	804,325	71.5%	803,663	−0.1%
충북	510,014	493,725	−3.2%	521,061	5.5%	556,596	6.8%
충남	913,427	886,133	−3.0%	961,871	8.5%	1,000,434	4.0%
전북	854,424	870,132	1.8%	910,566	4.6%	978,486	7.5%
전남	1,278,185	1,263,480	−1.2%	1,330,477	5.3%	1,411,060	6.1%
경북	1,416,726	1,400,337	−1.2%	1,492,013	6.5%	1,593,091	6.8%
경남	1,535,810	1,564,962	1.9%	1,646,398	5.2%	1,713,354	4.1%
제주	116,439	138,072	18.6%	116,501	−15.6%	121,660	4.4%
합계	8,259,428	8,446,509	2.3%	9,606,870	13.7%	10,164,428	5.8%

출처: 중앙선거관리위원회 [역대선거정보시스템] 제공 자료를 사용함.

서울지역 선거인수는 1954년 3대 총선 선거인수에 비해 53.4%가 늘어난 것이다. 경기지역 선거인수도 24.2%가 증가했으며, 최인규가 지적했던 강원도는 무려 71.5%의 선거인수 증가를 기록하고 있다. 반면 제주도는 3대 총선에 비해 15.6%의 선거인수가 감소한 것으로 확인된다. 부정선거를 통한 득표조작을 위해서는 투표자수를 늘려야 했고, 이를 위해서는 총 선거인수가 함께 조작되었어야 했던 것이다.

당시 부정선거의 강도에 대해서는 여러 사람을 통해 확인을 할 수 있다. 최인규는 "5.15선거를 충분히 알지 못하고는 3.15선거를 이해할 수 없다."고 밝혀, 3대 대선에서 3.15부정선거에 버금하는 부정이 있었음을 확인해 준다. 또한 당시 민주당 당수 조병옥은 국회에서 "3대 대통령선거에 있어서, 내 판단에는 만일 자유분위기의 선거가 행해졌더라면 이 대통령이 받은 표는 200만 표 내외에 지나지 못하리라고 나는 판단합니다(<국회속기록> 8, 제22회, 본회의 제26차, 4)"라고 증언한 바 있었다. 이승만이 1960년 5대 부통령 선거에서 선거부정으로 결국 몰락을 자초했던 것에는 1956년 3대 대선의 놀라운 민심이 있었던 것이다.

제2절 조봉암과 진보당의 제거

3대 대선이 끝나고 진보당은 창당준비단체에서 실재 창당을 추진했다. 하지만 소위 혁신계열 내부에 주도권 문제와 외연확대의 범위 등을 놓고 논란이 길어지다가, 1956년 11월 10일이 되어서야 진보당 창당대회를 개최할 수 있게 되었다. 진보당은 1958년 4대 국회의원 선거에서 교섭단체 구성이 가능한 최소 의석인 20석을 확보하는 것을 목표로, 1957년 지구당 창당작업을 해 나갔다.

하지만 1958년 1월 12일 진보당 간사장 윤길중 등 5명이 검거되었고, 3일 뒤에는 3명의 간부가 추가로 구속되는 사건이 발생했다. 2월 16일 검찰은 조봉암에 대해 간첩죄, 국가보안법 위반 및 간첩방조 혐의로 기소했고 그 외 간부들은 국가보안법 위반혐의로 기소했다. 조봉암은 남파간첩을 만났고 북한노동당에 밀서를 보냈으며, 진보당의 평화통일 강령이 대한민국의 존립을 부정하는 것으로 국가보안법을 위반했다는 죄목이었다. 2월 25일 당국은 진보당의 정당 등록을 취소하였고, 이로서 진보당은 대한민국 정당사에서 사라졌다.

그 해 7월 1심에서 조봉암의 간첩혐의는 무죄선고를 받았다. 그러나 9월부터 열린 2심에서는 간첩혐의가 인정되어 사형이 선고되었다. 1959년 2월 27일 대법원 판결을 통해 조봉암에게 사형이 최종 선고되었고, 7월 사형이 집행되었다. 조봉암 외 다른 진보당 간부들에게는 모두 무죄가 선고되었다. 동 사건은 반세기가 지난 2007년에 정부기관인 '진실·화해를 위한 과거사정리위원회'에 회부되었고 위원회는 "비인도적 인권유린이자 정치탄압"으로 규정하고 국가의 재심 등 상응조치를 권고했으며, 유족들은 대법원에 재심을 청구했다. 2009년 7월에는 여, 야 정치인 80여 명이 조봉암의 명예회복을 위한 재심을 촉구하고 나섰고, 결국 2010년 10월에 대법원은 이를 받아들여 재심을 결정했으며 2011년 1월 국가변란과 간첩혐의에 대해 무죄를 선고했다.

1958년 4대 국회의원 선거를 앞두고 일어난 '진보당' 사건은 한국정치사에서 중대한 의미를 가졌다. 재판결과 조봉암 개인을 제외한 나머지 간부들은 모두 무죄로 판명되었음에도, 조직으로서 진보당은 사건이 발발한 직후 곧바로 등록이 취소되었고 이후 다시 복원되지 못했다. 검찰은 진보당의 정강정책이 북한노동당의 정책과 상응하여 대한민국의 헌법을 위반하고 있고, 특히 평화통일 강령은 대한민국의 존립을 부정하는 것으로 국가보안법을 위반했다고 기소사유를 밝혔다. 이로서 평화통일을 강령으로 내건 정당, '반공'과 '보수'를 명시적으로 표방하지 않는 정당은 오랫동안 한국정당사에 이름을 올리지 못하게 되었다.

제3절 제2대 지방선거

1956년 5월 3대 대통령선거가 끝나고 그 해 8월에는 제2대 지방선거가 실시되었다. 1952년 이후 지방선거에 관한 법률은 2번 개정되었고, 2대 지방선거는 1대 지방선거의 지방의회 외에도 시·읍·면장 선출을 위한 선거가 추가되었다. 시·읍·면장 선거 및 의회 선거는 8월 8일 실시되었고, 1대 지방선거에서 실시되지 못했던 서울특별시의회선거 및 각 도의 도의회 선거가 8월 13일에 실시되었다.

총 1,491개의 시·읍·면 가운데 단체장 선거가 실시된 곳은 580개였고, 그 가운데 자유당 소속 자치단체장이 292개, 무소속이 267개였으며 나머지 정당 및 단체 소속 단체장은 21개였다. 시·읍·면 의회 총 정원은 16,954명이었고 이 가운데 자유당 소속 의원이 11,490명으로 68%를 차지했으며 무소속 의원이 29%인 4,852명을 차지해, 역시 기타 정당 및 단체의 의석점유율은 미미했다. 이런 결과는 1956년 시점까지 전국적 수준에서 조직력을 갖는 야당은 아직 존재하지 않았다는 것을 의미한다.

광역자치단체에 해당하는 서울특별시 및 도의회 선거결과에서는 기초단체에 비해 야당의 진출이 조금 눈에 띈다. 광역자치단체 의회의 총 의석수는 437석이었고 자유당이 249석으로 57%를 차지한 반면, 민주당은 22%인 98석을 차지했고 무소속은 약간 적은 83석을 차지했다. 하지만 민주당의 진출은 서울, 경기지역에 집중된 한계를 보였고 이는 민주당의 입후보자 자체가 서울경기지역에 밀집되었던 조직력의 한계를 반영한 것으로 보인다. 서울특별시 의회 총 정원 47명 가운데 자유당은 단 1석을 차지한 반면 민주당이 40석을 얻었고, 경기도의회에서도 정원 45명 가운데 자유당이 14석을 얻은 반면 민주당은 8석이 더 많은 22석을 얻었다. 불과 3달여 전에 실시되었던 3대 대통령 선거와 비교해 볼 때, 3대 대선에서 나타난 이승만정부에 대한 불만이 민주당 후보들이 집중적으로 출마했던 서울경기지역에서 야당의원 당선으로 표출된 것으로 보인다. 한편, 3대 대선에서 210만 표를 얻었던 조봉암의 진보당추진세력들은 정부의 탄압과 내부의 분열 때문에 지방선거에 조직적인 대응을 하지 못했다.

CHAPTER 04 4대 총선과 '1958년 체제'의 형성

제1절 제한적 민주주의 제도의 기원

1958년 제3대 국회에서 제정된 「민의원 의원 선거법」과 「참의원 의원 선거법」[1]은 한국 민주주의 제도의 근간을 바꾸어 놓았다. 그 이전과 이후 선거법의 패러다임을 근본적으로 바꾸어 놓았는데, 이는 단지 선거관련 규칙의 변경만을 의미하는 것이 아니었다. 선거와 선거 사이 유권자의 정치활동 범위를 근본적으로 제약함으로써, 민주주의의 토대가 되는 시민참여와 표현의 자유 보장 원리가 제대로 작동될 수 없도록 만들었기 때문에 민주주의 제도의 성격 자체를 변경시킨 것이다. 이 새로운 선거법이 가져온 효과는 마치 국가보안법이 미친 정치적 효과에 비견될 수 있다. 국가보안법이 '헌법에도 불구하고' 시민의 기본권을 제약함으로써 헌법 위의 상위질서를 구축했듯이, 1958년 선거법도 그러했다. 정치표현과 정치활동의 자유를 보장하는 헌법에도 불구하고, 법률인 선거법으로 정치활동의 시기와 사람과 방법을 제약함으로써 권리제한체제를 현실화시

1 이하에서는 「민의원 선거법」으로 한다. 두 법안은 원리에서 동일하며 의석수, 선거구 등에서만 차이를 갖기 때문이다.

켰다. 이 체제는 정치체제가 민주화되고 한 세대가 흐른 지금에도 여전히 지속되고 있다는 점에서, 우리는 여전히 '1958년 체제' 하에 살고 있는 것이다. 이 체제가 누구에 의해서, 어떤 이유로 등장했는지를 이해하는 것은 그래서 중요하다.

먼저 1950년대 어느 날 국회에 제출되어 1958년 1월 1일 국회를 통과했던 이 법안의 기원에 대해 살펴본다. 송석윤(2005)에 의하면, 당시 제정된 민의원 선거법은 1925년 제정되고 1934년 개정된 일본 '보통선거법[2]'을 모델로 한 것이었다. 일본의 보통선거법은 치안유지법과 함께 제정되었다. 1925년 제정된 일본의 치안유지법은 '국체(國體)를 변혁하고 사유재산제도를 부인하는 것을 목적으로 하여 결사를 조직하거나 또는 그 정(情)을 알고서 이에 가입한 자를 처벌'하기 위한 목적에서 제정된 것으로, 당시 일본제국의 군국주의에 반하는 모든 사회운동과 결사체를 탄압하는데 활용되었다. 같은 해 제정된 보통선거법은 성인남성들에게 선거권을 보장하는 내용을 담음으로써 일본의 근대선거제도의 기원이 되었지만, 동시에 광범위한 참정권 제한내용을 담음으로써 일본식 민주제도의 기원을 만들었다. 선거법은 입후보등록제와 이와 연결된 사전선거운동 금지, 기탁금제(보증금 공탁제), 선거운동원의 수와 자격의 제한, 선거비용제한, 호별방문금지, 선거운동책임자가 선거범죄를 범한 경우 당선을 무효로 하는 연좌제규정 등을 담고 있었고, 군국주의가 정점으로 치달았던 1934년 개정 법률에는 그 제한규정이 더욱 강화되었는데, 이 원리들이 그대로 한국에 모방되었다는 것이다.

1958년 선거법 제정 당시에도 동 법안이 일본 선거법을 모방했다는 논의가 공공연하게 있었다. 본회의 법안심의에서 법안통과에 반대발언을 했던 민관식 의원[3]은 다음과 같이 진술하고 있다.

> "… 저가 신문지상을 통해서 … 일본의 공직선거법을 그대로 박혀온[4] 것이 이 선거법안이라고 들었는데 …" (제3대 국회 제26차 본회의 회의록, 77쪽, 1957년 12월 31일)

---

2 정식명칭은 일본 「중의원선거법」이나 통상 '보통선거법'이라고 명명하며, 이 글에서도 '보통선거법'이라 한다.

3 민관식 의원은 무소속으로 제3대 국회의원과 제4대 민의원을 역임했으며, 제5대 민의원을 거쳐 3공화국에서 제6대 민주공화당 소속 국회의원, 4공화국에서 제10대 민주공화당 국회의원을 역임했다.

4 아마도 '베껴온'의 당시 표현이었던 것 같으며, 이하에서도 현재의 언어와 다소 다른 쓰임들이 있으나 현장감을 살리기 위해 회의록 표현 그대로 인용하였다.

「민의원 선거법」이 공포된 직후 당시 진보당 간사장을 역임하고 있었던 윤길중의 발표 글에서도, 제정 법조항이 군국주의 하의 일본선거법에 있었던 조항임을 지적하는 내용이 발견된다(윤길중, 1958. 2; 송석윤 2005, 46 재인용).

그렇다면, 제3대 국회는 왜 그 시점에 군국주의 일본의 선거법을 모방하면서까지 과거와 다른 선거법 체제를 통과시킨 것일까? 제헌국회 국회의원 선거는 1947년 3월 17일 미군정법령 제175호로 제정된 「국회의원선거법」에 따라 실시되었고, 제헌국회는 개원 후 이 틀을 유지한 채 1948년 12월 23일 일부개정을 했다. 이 때 선거법은 총9장 55개조로 구성되어 있었다. 총칙, 선거구역과 의원수, 선거인명부, 선거위원회, 의원후보자와 선거운동, 선거방법과 당선인, 국회의원의 임기와 보궐선거, 선거에 관한 쟁송, 벌칙의 총 9개장과 55개조로 구성되어, 선거의 실시와 관리를 위한 최소한의 규정만을 담고 있었다.

이후 제2대 국회의원 선거 직전인 1950년 4월 12일, 기존 선거법이 폐지되고 총13장 119개조의 새 선거법이 제정되었다. 1950년 개정 선거법은 친일전력자의 참정권 제한을 해제하고 선거관리에 행정력의 개입을 강화하며 유권자의 참여를 제한하는 등 2대 총선을 대비하여 이승만 정권의 개입권한을 강화한 것이 특징이지만 전체 선거법의 구조에서는 1948년 선거법의 기본 틀 자체를 변형시키지는 못했다. 미국과 UN한국위원회의 적극적 개입으로 성안된 제헌국회 선거법은, 한편으로 반공 블럭의 구축에 용이한 1위 대표제 등을 채택했지만, 다른 한편으로 평등하고 민주적인 선거의 제도화라는 분명한 목표를 가졌다. 1958년 이전 한국의 선거법 체계는 선거공영제나 정치자금 규제 수준 등에 있어서는 차이를 갖지만, 오늘날 미국, 영국, 프랑스, 독일, 스웨덴 등의 선거법 체계와 큰 차이를 갖지 않는 기본구조를 가졌던 것이다.

그런데 1950년대 어느 시점, 전혀 다른 일본의 선거법 체제를 빌려와야 할 이유가 발생했던 것이다. 더 흥미로운 점은, 그 시기에 관한 문제다. 당시 상황에서 선거법 개정은 1957년 5월 22일 야당 측이 제출한 선거법안과 그 해 9월 24일 여당 측이 제출한 선거법안이 '국회의원 선거법안 여·야 협상위원회'를 통해 협상되는 모양새로 이루어졌다. 그런데 정부와 여당이 일본식 모델의 선거법 체제의 도입을 시도했던 것이 1957년 처음이 아니었으며, 꽤 오랜 시간 국회가 그 안을 통과시켜주지 않아 입법이 되지 못한 전사(前史)가 있었다. 그러다 1957년 12월 31일 전격적으로 여·야 협상안이 국회 본회의에 제출된 것이다. 그 내막에 대해 살펴보자.

1. 2번의 개헌과 반복된 선거법 제·개정 시도

사건의 발단은 1951년 5월 정부가 제출한 「국회의원선거법 중 개정 법률안(의안번호 020117호)」이었다. 이 역사적인 법률 개정안에는 1958년 국회를 통과했던 선거법의 주요내용이 고스란히 들어 있었다.

〈표 4-4-1〉 1952~1958년 선거법 개정안의 제출과 처리

	일자	제출자	법안명	처리
2대 국회	1951.05.01	정부	국회의원선거법중개정 법률안	대안반영 폐기(1951.05.17)
	1952.10.24	정부	선거법안	미상정, 철회(1953.04.17)
	1953.04.08	정부	국회의원선거법 개정법률안	미상정, 철회(1953.04.17)
	1953.04.22	정부	참의원 의원 선거법안	본회의 수정가결(1953.10.17) 정부, 재의요구(1953.12.18.) 본회의, 폐기(1953. 12. 24)
	1954.03.15	내무위원장 법사위원장	국회의원선거법 개정법률안	본회의, 폐기(1953.03.26.)
3대 국회	1955.04.22	정부	국회의원선거법안	본회의, 폐기(1957.05.03.)
	1957.05.22	신태권 외 54인(야)	국회의원선거법안	대안반영폐기(1958.01.01.)
	1957.09.24	곽의영 외 84인(여)	국회의원선거법안	대안반영폐기(1958.01.01.)
	1957.12.31	내무위원장 법사위원장	민의원선거법안 참의원선거법안	본회의, 통과(1958.01.01.)

출처: 국회 의안정보 시스템(http://likms.assembly.go.kr/bill, 2012년 11월 30일 검색)

1951년 정부의 선거법 개정안이 나오게 된 배경에는 한국전쟁이 자리한다. 이 개정안이 제출된 1951년 5월은 1950년 6월 25일 북한의 남침이 있은 지 1년이 채 안 된 시점이었다. 법안이 제출된 시점 국회는 '거창 사건'과 '국민방위군 사건'에 대한 국정조사 안건을 다루고 있었다. 그리고 이 법안이 제출된 1년여 이후인 1952년 7월에는 대한민국 최초의 개헌인 소위 '발췌개헌'이 단행된다. 전시 부산 임시수도에서 정부는 전란으로 생명과 생계를 위협받고 있는 국민을 보호해야 할 더 시급한 의제를 두고, 이 선거법 개정안을 제출한 것이다.

제2대 국회는 본회의 중심제였고 정부 제출 선거법 개정안은 1951년 5월 9일과 11일 2회에 걸쳐 제1독회가 진행되었으며, 5월 15일과 17일 제2독회가 있었다. 그리고 정부 원안은 대안반영 폐기로 처리되었고 위원회 대안의 형태로 정부안의 극히 일부분만 반영한 채 통과되었다.

> "… 여러 가지 이번 개정안을 보면 하나로 열 개까지 제한을 가하고 있읍니다. 현행 선거법은 어느 정도 제한 없이 해서 자유 분위기를 될 수 있는 대로 보유하도록 할랴고 하는데, 그 법의 정신이 있는 것 같이 우리는 이해를 하고 있는데 여러 가지 방법으로 제한을 가해서 한입으로 말하면 취체하기에 용이하도록 하려는 거기에 의도가 있는 것과 같이 보여지는 것은 유감스러운 일이라고 생각을 하면서 …"(강경옥 의원, 2대, 제10회, 제77차 본회의 회의록, 13).

1951년 정부 제출 선거법 개정안 심의과정에서 있었던 강경옥 의원의 발언은, 이 법안에 대한 2대 국회의원들의 판단을 요약해준다. 이 법안이 '취체하기에 용이하도록 하려는 의도'를 가진다는 것은, 정치인과 유권자의 정치활동을 통제하려는 의도로 읽힌다는 뜻이다. 2대 국회가 정부 제출 선거법 개정안을 둘러싸고 실랑이를 벌이는 동안, 벌어진 사건이 '부산정치파동'과 '발췌개헌'이었다.

발췌개헌을 단행하고 2대 대통령 직접선거를 실시했던 당해 10월 24일, 정부는 다시 선거법안 제정안을 제출했지만 본회의에 상정조차 되지 못한 채 방치되었다가 이듬해 4월 17일 정부 스스로 철회했다. 다음 해 4월 8일, 정부는 기존 「국회의원선거법」을 개정해서 민의원·참의원의 양원제 의원선거법을 만들려고 시도했지만 역시 상정조차 되지 못했다. 기존 선거법 개정안을 철회한 지 일주일만인 4월 22일, 정부는 다시 「참의원 의원 선거법안」만 별도로 제출했다. 이 안은 10월 17일 본회의에서 안이 수정된 채 가결되었고 이를 송부 받은 정부는 국회의 재의를 요구했다. 가결된 수정안이 원래 제출된 정부안을 너무 큰 폭으로 수정했기 때문이다. 2대 국회는 이를 재의하고 폐기해 버렸다. 2대 국회 임기만료 직전인 1954년 3월 15일, 내무위원장과 법제사법위원장 공동 명의로 기존 선거법 개정안이 다시 제출되었지만, 역시 3월 26일 본회의에서 폐기되었다.

그렇다면 이승만 정부는 번번이 실패하면서도 왜 그렇게 선거법 제·개정을 시도해야 했을까? 국회선출이 아닌 국민 직접선거로 대통령선거를 치러야겠다고 계획한 상황에서, 야당 정치인과 일반 유권자들의 광범위하고 자유로운 정치활동은 그의 집권계획을 위협하는 것에 다름 아니었을 것이다. 2대 대통령 선거이자 최초의 대통령 직접선거 경험은 선거경쟁을 통제할 제도적 장치 마련의 필요성을 더해 주었을 것이다. 2대 국회에 정부 및 여당 측에서 제출한 선거법 제·개정안들은, 이미 이 시기 이승만 정부와 그의 자유당이 1958년 도입된 민의원 선거법의 기본방향을 설정하고 있었다는 사실을 잘 보여준다. 그리고 선거경쟁을 제한하고자 했던 시도를 좌절시킨 것은 2대 국회에 포진했던 다수의 무소속 의원들이었다.

그러나 1954년 3대 국회의원 선거에서 집권 자유당은 총의석의 과반이 넘는 114석을 얻었다. 하지만 1955년 4월 22일 훨씬 더 정교화되고 강화된 형태로 제출된 정부의 선거법 제정안은 국회를 통과하지 못했다. 1954년 11월, 3선 연임을 위한 '사사오입 개헌'이 단행되었고 그 여파로 자유당이 분열되었기 때문이다. 자유당 이탈파는 원내에 만들어진 '호헌동지회'에 결합했고, 1955년 4월 시점 3대 국회에서 자유당은 과반의 의석을 갖지 못했다.

한편, 1955년 선거법 개정안은 기존 안에서 한 단계 더 나아간 정교함을 보였다. 선거운동의 인적 제한과 기간, 방식 제한에 더불어 선거운동원의 총수까지도 규제한 것이다. 제정안 제45조에는 '민의원선거에 있어서는 선거구 인구 2500명 당 선거운동원 1명, 참의원선거에서는 인구 12,000명 당 1명씩 둘 수 있도록 하되 50명을 초과할 수 없(제45조)'다는 규정이 새롭게 등장했다. 선거경쟁을 제한하기 위한 이승만, 집권당, 정부의 제도 디자인은 점점 더 강도를 높여갔지만, 이때까지만 해도 3대 국회는 이의 입법을 좌절시키면서 기존 선거법의

원리를 고수할 수 있었다. 결정적 변화는 그 후에 일어났다.

2. 진보당의 위협과 민주당의 선택

1956년 3대 대통령 선거에서 이승만 대 조봉암의 대결구도가 만들어진 것은, 알려진 바와 같이 우연적 요소가 컸다. 하지만 1955년 9월 창당된 민주당에게 있어, 이 사건은 자신의 정체성을 자각시킴과 동시에 한국 정당체제의 원형을 주조하게 만드는 계기가 되었다. 이 선거에서 조병옥 당수체제의 민주당이 사실상 야권단일후보가 된 조봉암에 대한 지지 대신 장면의 부통령 당선에 집중했던 사실은 앞에서 살폈다. 물론 민주당의 창당과정에서 조봉암의 합류를 둘러싼 논쟁과 조병옥 등 반대파의 격렬한 반응에서부터 1958년의 사태는 예견되었을지 모른다.

선거 후 진보당은 창당준비를 지속했고 1956년 11월 10일 창당대회를 가졌다. 하지만 이때까지만 해도 진보당은 내분과 이탈로 어려움을 겪고 있었고, 민주당의 입장에서 얼마나 위협적인 존재가 될 수 있을지는 모호한 면이 있었던 것으로 보인다. 이렇게 유추하게 되는 근거는, 자유당과 민주당의 선거법 협상 개시가 1957년 9월에 가서야 시작되었기 때문이다. 1957년 5월 22일, 야권은 신태권 외 54인 명의로 국회의원 선거법안을 제출했는데, 그 내용은 2-3대 국회에서 이승만과 자유당이 제출해 왔던 내용과는 거리가 먼 것이었다. 그런데 1957년 9월을 기점으로 민주당은 정부와 여당에 대해 전향적인 태도를 취하게 된다.

1957년 12월 31일 본회의에서 여·야 협상안을 설명했던 여당 측 협상대표 박흥규 의원의 진술에 따르면, 양 당은 9월 초순부터 협상을 위한 모임을 갖기 시작했고 9월 15일 '상호협의 하에 양 당의 단일안을 작성하도록 노력하자는 의도에서' '국회의원 선거법안 여·야 협상위원회'를 결성하기로 하고 자유당 의원 5명, 민주당 의원 5명으로 협상위원회를 구성했다(제3대 국회 제26차 본회의 회의록, 70). 자유당은 9월 24일에야 곽의영 외 84인 명의로 선거법 제정안을 국회에 제출했는데, 이는 이미 시작된 야당과의 협상을 염두에 둔 안으로 보인다. 양당의 협상은 11월 9일에 완료되었고 전문 14장 180개조 부칙 5조로 구성된 안을 단일안으로 성안하여 12월 31일 본회의에 곧바로 제출했다.

왜 9월초에 민주당은 여당의 협상제안을 받아들였을까? 혹은 스스로 협상에 나섰던 것일까? 12월 31일 본회의에서 발언했던 무소속 민관식 의원의 진술 속에는, '시흥의 3거두 회담'에 대한 언급이 있다.

> "이 협상이 시작될 무렵에 저도 시흥의 3거두회담에 심부름꾼의 한사람으로서 참석했던 한 사람입니다. 그 당시에 우리의 의장으로 계신 이기붕의장 민주당의 대표최고위원으로 계신 조병옥의원 그리고 국민주권수호투쟁위원회 위원장 장택상의원 세 분이 우리는 앞으로 선거법을 협상하기 위해서 상호 간 호의의 정신을 … 그 공동성명서를 작성한 사람이 바로 본인이었습니다. …"(제3대 국회 제26차 본회의 회의록, 72)

당시 진보당의 핵심간부였던 박기출의 진술에 의하면, 이 만남에서 세 사람은 선거법의 국회처리에 대해 협조하기로 하였고 "진보당에 대해서 어떤 조치를 강구할 필요가 있으며 최소한 1958년 선거에는 참가하지 못하게 해야 한다"는 합의가 있었다고 한다(박기출 1971, 174; 송석윤 2005, 48 재인용). 당시 진보당에 대해 '어떤 조치'가 필요했던 것은, 1957년 8월의 사건이 주요한 배경이었던 것으로 추정된다. 1956년 3대 대선 이전 진보당 창당준비를 함께 했던 서상일, 장건상, 김성숙 등은 대선 이후 내분으로 결별했고, 별도로 민주혁신당 창당준비위원회를 추진하고 있었다. 그런데 장건상과 김성숙 등 혁신계 원로 8명이 8월 진보당에 다시 합류하게 되면서 진보당이 제3세력의 대표적 지위를 갖게 되었던 것이다. 1958년 5월로 예정된 4대 국회의원 선거에서 진보당의 등장은, 이승만정부와 자유당뿐 아니라 민주당에게도 위협이 될 수 있었다. 이런 조건에서 민주당은 이승만과의 협조를 선택했고, 그 결과가 1958년 1월 1일 여당안이 고스란히 반영된 선거법의 통과와 '진보당 사건'의 발발이었다.

3. 1958년 협상선거법과 제한적 민주주의의 제도적 기원

1957년 5월에 제출된 야권의 선거법안과 9월에 제출된 여당의 선거법안, 그리고 최종 통과된 선거법을 비교해 보면, 선거법의 기본원리와 구성에서 9월 여당안이 상당부분 그대로 반영되어 있음을 알 수 있다. 그렇다면 민주당은 이 협상과정에서 무엇을 얻었던 것일까?

최종안은 광범위한 정치활동 규제조치와 함께 기탁금제의 도입과 선거공영제의 명문화를 담고 있었다. 사전선거운동 금지를 통한 정치활동 기간 제한과 기탁금 제도는 신규정치인 및 제3세력의 원내진입을 가로막는 강력한 진입장벽의 기능을 한다. 사전선거운동 금지는 일상적으로 유권자를 만날 수 있는 원내정당과 의원이 아닌 원외세력의 정치활동 기회를 차단해 주며, 기탁금제는 자력으로 재원이 있거나 정당의 재정적 후원을 받지 못하는 신규정치인의 진입을 차단해 주는 효과를 갖는다. 또한 선거공영제는 제도디자인에 참여한 원내교섭단체들에게 기득이익을 보장해주는 장치다. 1957년 12월 31일 본회의에서, 법안통과에 적극적 반대의사를 표명했던 자유당 소속 박영종 의원[5]의 진술에는, 민주당이 이 협상에 응함으로써 얻은 이익이 무엇이었는지를 유추할 수 있게 하는 대목이 있다.

> "현행 법으로 충분함에도 불구하고 그것을 개정하려고 하는 그 목적은 어디에 있는가? …
>
> … 공정히 선거한다는 것은 이 의사당 안에 있는 사람이나 의사당 밖에 있는 사람이나 어린 사람이나 늙은 사람이나 할 것 없이 그 선거법에서 허용하는 사람이면 누구든지 25세 이상의 입후보자일 것 같으면 25세 이상의 적격적인 입후보자에게는 공정한 고려가 여기에서 충분히 있어야만 그것이 공정한 것입니다. 함에도 불구하고 이 자리에서 벌써 다수당 소수당 야당 그 분들의 선거에 이익만을 위해 가지고 지금 기타의 선거에 입후보자들이 볼 때 … 제3자가 우리를 … 선거법을 너희들 사익 사사이익을 위해가지고 만들려고 한다 만들었다 이렇게 지탄할 때 우리는 무엇이라고 그에 대해서 해명을 해야 하겠습니까 …"(제3대 국회 제26차 본회의 회의록, 84)

위 진술은 두 정당의 담합으로 만들어진 1958년 선거법 체제가 무엇을 목

---

5 제3대 국회의원이었고 재선에 성공하지 못했던 박영종은 1957년 12월 31일 회기종료 시간까지 반대발언을 지속해 회기연장 결정을 이끌어냈고, 새벽까지 반대발언을 하다가 1958년 1월 1일 오후 6시 속개된 본회의에서도 연장발언을 계속해서 전형적인 필리버스터의 모습을 보여주었다. 하지만 야당 측 의원들이 거의 참석하지 않은 채 정족수를 채우기 위해 앉아 있던 여당 측 의원들에 의해 반대발언이 제지당했고, 표결결과 반대표는 단 2표였다.

적으로 했는지를 정확히 짚고 있다. 사법부에 의해 진보당이 축출되고 새 선거법으로 높은 진입장벽이 둘러쳐진 채 시행된 4대 국회의원 선거는, 기대했던 효과를 낳았다. 233석의 의석에 입후보한 사람은 841명으로, 203석의 의석에 1,207명이 입후보했던 3대 총선에 비해 경쟁률은 크게 떨어졌다. 무소속은 67명에서 26명으로 줄어들었으며, 민주당은 79석을 얻어 126석을 얻은 자유당에 이어 명실상부한 제1야당이 될 수 있었다. 3대 총선에서 24석을 얻었던 민주국민당의 성적과 비교하면 괄목할만한 성장이었다.

민주당의 입장에서 더 큰 성과는, 4대 총선에서 얻은 혜택을 안정적인 제도로 보장받았다는 것이다. 4대 총선만이 아니라 이후에도 정당체제 외부로부터의 경쟁압력을 제한해주는 다양한 진입장벽은 계속 온존될 것이었다. 민주당에게 이것은 자유당과의 정당체제 내부 경쟁을 일정부분 포기하고서라도 얻어야할 만큼 큰 이권이었음에 틀림없다. 당시 무소속 민관식 의원은 민주당의 선택에 대해 다음과 같이 평가했다.

> "후보자나 선거사무장은 당해선거구의 인구 매 1500명에 대하여 1명의 선거운동을 선임할 수 있다. … 이점에 대해서 법안을 만드신 분들이 어떠한 취지로서 이런 제안을 하셨는지 모르지만 특히 야당대표로 나가신 분의 입법취지는 저는 찬동할 수 없다고 생각이 됩니다. … 야당 인사의 운동원이 그야말로 모든 것이 자유스럽지 못하다는 것을 대체로 야당의원 스스로가 잘 알 것입니다. 이러한 때에 있어서 운동원을 1500명에 하나라고 제한을 한다는 것은 우리 스스로가 운동의 자유를 구속당하고 동시에 득표공작에 막대한 지장을 초래하는 결과를 가져올 수 있는 것을 명약관화한 사실이라고 보는데 어찌해서 이런 것이 성립되었는지 …(제3대 국회 제26차 본회의 회의록, 76)

그의 평가는 한편으로 권위주의 체제에서 야당의 처지를 명확히 짚고 있지만, 다른 한편으로 민주당의 다른 선택을 설명해주지 못한다. 민주당은 자유당과의 경쟁적 대중동원을 통한 집권 전략이 아니라, 경쟁 제한 체제를 제도화함으로써 정당체제 내 자신의 지위를 지키는 선택을 했던 것이다. 권위주의 하에서 한국의 야당들은 가끔씩 경쟁적 대중동원에 나서는 모습을 보여주기도 했지만, 대개 1957년 민주당의 선택을 잊지 않았다.

제2절 4대 국회의원 선거에서 나타난 정치엘리트 재배열

1958년 4대 총선에 출마한 후보자는 총 841명으로, 직전 선거인 제3대 총선 출마자 1,207명의 70%수준으로 줄어들었다. 전체적으로 후보를 낸 정당·단체의 숫자도 줄어들었지만 후보자 총수가 줄어든 가장 큰 원인은 무소속 후보자의 대폭적인 감소 때문이다. 3대 총선 무소속 출마자는 797명이었던 데 반해, 4대 총선 무소속 출마자는 그 절반에도 못 미치는 357명으로 줄어든 것이다.

〈표 4-4-3〉 4대 총선 정당·단체별 후보자와 당선자

	대한민국 선거사 1집(1973)		중앙선관위 선거통계시스템	
	후보자	당선자	후보자	당선자
자유당	236	126	247	125
민주당	199	79	205	79
통일당	13	1	14	2
국민회	11	0	12	0
노농당	7	0	7	0
민주혁신당	6	0	6	0
독립노농당	3	0	3	0
국민당	2	0	3	0
농민회	2	0	4	0
대한반공청년회	1	0	1	0
대한농민회	1	0	0	0
민주자유연맹	1	0	0	0
대한상이용사회	1	0	1	0
대한반공단	1	0	1	0
무소속	357	27	366	26
계	841	233	870	233

무소속 후보자들의 대폭적으로 줄어든 이유는 무엇일까? 그 원인을 분석하기 위해 4대 총선 출마 후보자들의 이전 경력을 추적해 보았다. 그 결과 4대 총선에서 무소속의 감소는 자유당과 민주당으로의 흡수, 특히 민주당으로의 흡수로 인한 결과임을 알 수 있었다.

〈표 4-4-4〉 1958년 국회의원 선거 각 정당 출마후보의 경력

자유당	3대 출마자					첫 출마자	1·2대 출마자	합계
	민국당	자유당	무소속	기타 정당	합계			
	0.8	34.3	18.5	2.4	56.0	35.9	8.1	100.0
민주당	3대 출마자					첫 출마자	1·2대 출마자	합계
	민국당	자유당	무소속	기타 정당	합계			
	15.6	7.8	34.6	2.4	60.5	32.7	6.8	100.0

이 선거에서 민주당은 전체 233개 지역구 중 199명의 후보를 출마시킴으로써 비로소 전국적인 조직기반을 갖출 수 있었다. 1955년 원내 '호헌동지회'를 모태로 결성된 민주당은, 4대 선거를 준비하면서 무소속 후보들을 대거 흡수했는데 민주당 4대 총선 후보자 가운데 3대 무소속 출마자의 비율은 34.6%로 나타났다. 반면 3대 총선에서 민국당 후보로 출마했던 사람들 중 재출마자의 비율은 15.6%에 지나지 않았다. 자유당의 경우 3대 자유당 후보로 출마했던 사람들의 재출마자 비율은 4대 총선 후보자 가운데 34.3%로 민국당의 2배를 넘는데 반해 4대 총선에서 자유당이 흡수한 3대 총선 무소속 출마자의 비율은 18.5%에 그쳐, 민주당보다 훨씬 그 수치가 낮게 나타나고 있다. 반면 두 정당 모두 3대 총선까지 출마하지 않았던 사람들을 새롭게 충원한 비율은 자유당 35.9%, 민주당 32.7%로 큰 차이를 보이지 않는다.

이런 결과는 어떻게 해석되어야 할까? 4대 총선에서 민주당이 이처럼 조직기반을 확장할 수 있었던 것은 물론 이승만의 '3선 개헌'에 대한 반발로 의회 안팎에서 반 이승만 세력들을 결집할 수 있었던 것이 그 일차적인 이유다. 그러나

당시 반 이승만 세력의 결집과정은 야당 내 다른 분파를 조직적으로 배제하는 과정이기도 했다. 당시 의회 내 반 이승만 블록인 '헌정동지회'를 중심으로 원외 정치인들이 결합되어 진행한 야당통합과정은, 앞서 살펴보았듯이 협상테이블에 조봉암의 참여문제를 둘러싸고 두 개의 입장으로 나뉘었고 결국 조봉암 배제가 선택되었다. 그 결과 반 이승만 세력은 민주당과 후일 조봉암을 중심으로 한 진보당, 양 갈래로 결집되었다.

1958년 1월 진보당 사건이 일어나던 시점, 민주당은 5월 4대 국회의원 선거를 앞두고 지구당 정비와 후보공천을 한창 진행 중이었다. 3대 선거에서 210만 표를 기반으로 선거 직후부터 정당결성과 1958년 선거준비를 위해 정치엘리트들을 결집해 나갔던 진보당이 사라지자, 군소정당과 무소속으로 흩어져 있던 반 이승만 성향의 정치엘리트들은 국가기구를 통해 위협받지 않을 수 있는 보수정당인 민주당으로 결집했을 것으로 추정할 수 있다.

이런 의미에서 전후 진보당의 소멸은 한국정당체제의 이념적 스펙트럼을 확인해주는 중요한 프리즘이었다. 당시 사법부는 진보당의 평화통일론이 대한민국 헌법체계에서 허용할 수 있는 언론자유의 한계를 이탈하지 않았다고 판시하였다. 그러나 결국 정당체제 내 생존할 수 있었던 세력은 정당의 이념적 정체성을 '반공' '보수'로 명확히 하고, 남북한 적대적 대결체제를 위협하지 않는 분단국가 건설의 두 연합세력 뿐이라는 것을 확인해 준 것이다. 이 이념적 경계는 후일 1971년 신민당의 김대중 후보에게도 적용되었으며 그는 이런 이유로 1970~80년대 정치활동을 허용 받지 못했다.

제3절 보수양당체제에서 유권자의 선택

1954년 선거와 1958년 선거에서 유권자들이 보여준 투표이동의 패턴과 밀도는 특별한 설명을 필요로 하는 현상이다. 4년 만에 실시된 국회의원 선거에서 7.9%를 얻었던 정당이 34.0%의 지지를 얻었다. 이것은 민주당이 1955년 야당통합과정에서 무소속 국회의원과 후보자들을 대거 영입했다는 점을 감안하더라도, 이들에게 지지를 보냈던 유권자들의 투표결정은 다른 측면에서 설명을 필요로 한다.

3대 총선에서 민국당은 77명의 후보만 출마시킬 수 있었던 반면, 4대 선거에서 민주당은 199명의 후보를 출마시켜 2.6배에 이르는 후보자를 확보했다. 그러나 3대 선거에 비해 4대 선거에서 민주당이 얻은 득표율은 4.3배에 이른다. 또한 1~2대 국회의원 선거와 비교해 볼 때, 선거에 출마한 후보자의 수가 늘어난다고 해서 그와 비례하여 지지율이 늘어나는 것은 아니다. 2대 선거에서 민국당은 1대 선거 한민당보다 1.7배에 이르는 후보자를 더 출마시켰지만 선거결과 얻은 지지율이 오히려 감소했다는 사실은 다른 설명을 필요로 하는 것이다.

〈표 4-4-5〉 3~4대 국회의원 선거 지역구 당선정당 변화

민국당→민주당	무소속→민주당	자유당→민주당	기타→민주당	합계
10개 지역구	28개 지역구	36개 지역구	5개 지역구	79석

3대 선거 민국당 당선지역구에서 4대 선거에서 다시 민주당이 의석을 얻은 지역구는 10석에 불과하다. 또한 3~4대 당선자가 무소속에서 민주당으로 변화한 지역구 28개 중, 무소속 당선자가 그대로 민주당 후보로 출마해 당선한 지역구는 13개에 불과했다. 나머지 15개 지역구에서는 3대 선거에 출마했으나 당선되지 못한 무소속 후보가 4대 선거에서 민주당 후보로 출마해 당선된 지역구다. 그리고 전체 민주당이 얻은 의석 79석 가운데 36석은 3대 선거 자유당 당선자를 냈던 지역구에서 민주당이 얻은 의석이다. 이것은 유권자들의 입장에서 볼 때, 3대 선거에서 민국당을 지지하지 않았던 다수의 유권자들에게 4대 선거에서 민주당을 지지할 새로운 이유가 생겼음을 의미하는 것이다.

그리고 그 이유는 주지하다시피 민주당이 이승만 정권의 권위주의화에 반대하는 유일한 야당으로 새롭게 인식되었기 때문이다. 기존연구들은 4대 총선에서 민주당을 지지한 유권자군의 성격을 도시화와 연관시켜 왔다. 이른바 '여촌야도(與村野都)'현상이다. 그러나 3~4대 선거를 연속선상에서 비교한 결과,

새롭게 민주당을 지지하게 된 유권자들은 도시화만으로 설명되기에는 한계가 있음을 발견하게 된다.

〈표 4-4-6〉 3~4대 도시-농촌별 민국당-민주당 득표증가율(%)

	전체	도시*	농촌
3대 민국당(득표수)	593,499	180,194	413,305
4대 민주당(득표수)	2,914,049	810,942	2,103,107
4대~3대(득표수)	2,320,550	630,748	1,689,802
득표증가율	391.0%	350.0%	408.9%

* 도시지역은 당시 인구 2만 이상이 거주하는 행정구역상 도시지역을 그 대상으로 함. 서울시, 인천시, 수원시, 청주시, 대전시, 전주시, 군산시, 이리시, 광주시, 목포시, 여수시, 순천시, 대구시, 포항시, 부산시, 마산시, 진주시, 춘천시가 그 대상임.

3대 선거에 비해 4대 선거 민주당 득표 증가율은 3.9배에 이른다. 이 득표증가율을 도시와 농촌으로 나누어 보면, 도시지역에서 득표증가율은 3.5배, 농촌지역의 득표증가율은 4.1배에 이른다. 위 결과를 통해 알 수 있는 것은, 3대 선거에서 민국당을 지지하지 않았거나 해당 선거구에 민국당 후보가 출마하지 않음으로 해서 지지할 수 없었던 유권자 중, 4대 선거에서 민주당을 새롭게 지지하게 된 유권자들은 도시화와 큰 연관을 갖지 않는다는 것이다.

오히려 농촌지역의 득표증가율이 더 높게 나타나는 현상은, 3대 총선에서 민국당이 도시지역구 중심 출마전략을 사용했던 반면 4대 총선에서는 전국적으로 고른 후보출마가 가능했기 때문이다. 그 결과, 3대 선거에서 민국당이 호남지역과 서울에 편향된 지지를 얻었던 반면 4대 총선에서는 전국적으로 고른 득표율을 얻을 수 있었던 것이다.

〈표 4-4-7〉 3~4대 민국당-민주당 득표증가율: 지역별(%)

	전국	서울	경기	충북	충남	전북	전남	경북	경남	강원	제주
3대	7.9	12.5	5.3	4.3	2.7	11.7	16.0	8.7	5.8	–	–
4대	34.0	58.5	31.2	31.2	38.2	36.0	32.5	30.1	32.6	17.9	16.7
증가율	26.1	46.0	26.9	26.9	35.6	24.4	16.5	21.4	26.8	17.9	16.7

4대 총선에서 민주당은 강원, 제주를 제외한 전국 각 지역에서 30%대의 비교적 고른 지지를 얻었다. 강원지역은 3대 총선에서 민국당이 단 1명의 후보도 출마시킬 수 없었으며 4대 선거에서도 전체 지역구 중 절반에서만 민주당이 후보를 낼 수 있었던 지역이다. 따라서 4대 선거에서 이 지역 민주당 지지증가율이 다른 지역에 비해 낮다고 볼 수는 없는 것이다.

도시와 농촌, 각 지역으로 나누어 지지율 증가를 살펴보았을 때, 선거결과는 3대 선거에 비해 4대 선거에서 유권자들의 투표이동이 도시에서만 급격하게 늘어났다고 볼 근거는 없다. 오히려 도시와 농촌에 관계없이 전국적으로 민주당으로의 투표이동이 일어났다고 보아야 한다. 그럼에도 왜 기존연구들은 4대 선거결과를 해석하는데 도시와 야당 지지 간의 관계에만 천착했을까? 본 논문은 그 원인을 득표를 의석으로 전환시키는 매커니즘에서 찾을 수 있다고 생각한다. 1위 대표제와 4대 선거 협상선거법에 의한 선거구 획정의 변화가 그것이다.

〈표 4-4-8〉 3~4대 각 지역 주요도시 할당 의석수 증가현황

	서울	부산	대구	대전	전주	광주	합계
3대	16	5	3	1	1	1	27
4대	16	8	6	2	2	3	37

3대 총선 총의석수는 203석이었으며 4대 총선 총의석수는 233석으로, 양 선거에서 의석수는 총 30석이 증가했다. 그리고 의석수 증가과정에서 각 지역 주요도시 선거구가 급증했음을 알 수 있다. 각 권역 주요도시 선거구 수는 3대 선거 27석이었으나 4대 선거에서 37석으로 늘어났다. 그 결과 득표증가율이 크지 않아도 의석증가율은 급증하게 되는 결과를 낳았던 것이다.

3대 선거 한 선거구에서 50%의 지지를 얻어 민국당이 1석을 얻었다고 가정해 보자. 4대 선거에서 그 선거구 민주당 지지율은 동일하게 50%였다고 하더라도 두 개의 선거구로 쪼개어짐으로 해서 각각 선거구에서 50%, 50%를 얻었다면 두 석을 얻게 되는 효과가 발생하는 것이다. 그 결과 도시와 농촌 모두에서 민주당에 대한 지지는 고르게 증가했음에도 의석증가율은 도시지역에 집중되었고, 선거결과는 도시유권자의 야당선호강도의 강화로 해석되었던 것이다.

이렇게 볼 때, 4대 선거에서 새롭게 등장한 독재 대 민주의 정치균열이 낳은 유권자배열의 특성은 '여촌야도'가 아니게 된다. 오히려 4년 만에 이어진 선거에서 도시와 농촌에 관계없이 급격하게 투표결정을 이동시킬 수 있었던 정당−유권자 관계의 특성에 보다 주목할 필요가 있는 것이다. 3대 선거에서도 민국당은 3선 연임을 목적으로 하는 이승만 정권의 '개헌'반대를 쟁점화했고 4대 선거에서도 민주당은 또다시 이승만 정권의 '개헌저지'를 쟁점화했다. 두 선거에서 민국당−민주당의 정당정체성이나 선거쟁점전략은 큰 차이가 없음에도 불구하고, 왜 4대 선거에서 비로소 민주당은 대안정부를 구성할 수 있는 반대당으로 등장할 수 있었나?

이 문제에 대한 해답은 1956년 3대 대선에서 찾아볼 수 있다. 1958년 등장한 독재 대 민주의 정치균열은 그 4년 전 1954년 3대 총선과 2년 전 1956년 3대 대선과는 다른 새로운 정치균열의 등장이었다. 국제적으로 전후처리문제를 둘러싼 '제네바 극동평화회의'의 진행 중에 실시되었던 3대 총선과, 민주당 후보 신익희의 사망으로 인하여 반대당 단일후보가 되어버린 조봉암이 '평화통일론'을 쟁점화하면서 분단문제의 평화적 해결방식을 제시했던 3대 대선은 분단문제가 중요한 갈등축이었다. 반면 4대 총선에 이르면 분단문제를 정치의제로 제기할 정치세력으로서 진보당의 소멸과 함께 보수정당들 간의 정권교체만이 유일한 정치쟁점으로 남게 되었다는 것이다.

이런 가정은 집합자료를 통해 그 근거를 확인할 수 있다. 만약 3대 대선과 4대 총선에서 투표결정이 연속적이지 않고 불연속적으로 나타난다면 두 선거에서 유권자들이 정당(후보자)을 선택하는 기준이 달라졌다고 결론내릴 수 있다. 물론 이 방법은 한계를 갖는다. 대선과 총선이라는 서로 다른 선거의 수준 때문이다. 총선은 정당 외에 후보자와 각 선거구의 경쟁구도가 작동하지만 단일후보를 둘러싼 전국적 경쟁인 대선과는 다르다. 그러나 4대 총선에서 민주당은 전국적으로 후보를 낼 수 있었고 4대 총선의 쟁점구도가 반독재로 비교적 명확했다는 점을 감안하여 정당투표로만 제한해 해석을 해보기로 한다. 그리고 4대 총선에서 선거경쟁구도를 통제하기 위하여 자유당과 민주당이 함께 경쟁했던 선거구만을 대상으로 선거결과를 비교해 보았다. 아래 표는 이 기준에 입각해 3대 대선과 4대 총선의 결과를 전국 169개 지역구로 분해하여 양 선거결과를 비교한 것이다. 분석대상 선거구가 169개인 이유는 총 233개 선거구 중 무투표당선 선거구, 민주당 후보나 자유당 후보가 경쟁하지 않았던 선거구를 제외했기 때문이다. 3대 대선에서 이승만, 조봉암 득표율과 함께 무효표를 범주화한 이유는 무효표가 갖는 민주당 후보 신익희 지지표의 성격 때문이다.

〈표 4-4-9〉 1956년 대선과 1958년 총선, 지역구 득표율의 상관관계

		1956년 대선		
		이승만	조봉암	무효표
1958년 총선	자유당	0.24	−0.20	−
	민주당	−0.32	−	0.49

자료설명: 위 상관계수는 0.01수준에서 유의함. '−'는 통계적으로 유의하지 않은 관계를 표시함.

분석결과 3대 대선 조봉암 후보를 지지했던 지역구 지지표와 4대 총선 민주당 후보를 지지했던 지지표는 통계적으로 유의한 상관관계를 갖지 않는 것으로 나타났다. 그러나 3대 선거 조봉암 지지표와 4대 총선 자유당 지지표는 -0.20의 유의한 부정적 상관관계를 나타냈다. 이 결과는 3대 대선 조봉암 지지표는 반 이승만 투표의 성격을 갖지만, 민주당 신익희 후보의 사망으로 인한 단순한 대체재로서의 '야당표'로 범주화될 수 없음을 보여주는 것이다. 만약 독재 대 민주의 정치균열에 입각한 야당표의 성격만을 가졌다면 4대 선거 민주당 지지표와 유의한 상관관계를 나타냈어야 한다.

반면 3대 선거 무효표와 4대 선거 민주당 지지표는 0.49의 유의한 상관관계를 보였다. 3대 대선에서 이승만 정권에 반대했던 유권자들 중 조봉암 지지가 아닌 무효표를 선택했던 유권자군은 4대 선거에서 민주당 후보를 선택함으로써 연속성을 보였던 것이다. 반면 3대 대선에서 조봉암 지지를 선택했던 유권자군은 4대 총선에서 민주당 지지로의 연속성을 보여주지 않음으로서 역으로 3대 대선에서 무효표가 아닌 조봉암 지지를 선택할 다른 이유를 가지고 있었음을 추정하게 한다. 3대 대선에서 나타난 두 가지 야당표의 성격은 동질적이지 않았으며, 1956년 조봉암을 선택했던 유권자들은 2년 후 자유당과 민주당에 일관된 방향성을 결여한 채 정렬(aligning)하게 되었다는 것이다.

그렇다면 1956년과 1958년 유권자들의 지지이동은 어떻게 설명될 수 있을까? 이 글은 이념적 스펙트럼의 축소가 가져온 결과라는 가설을 제기하고자 한다. 동일한 이승만 정권에 대한 반대라는 쟁점 축에 기초하지만 민주당 지지와 조봉암 지지를 분기시켰던 원인을, 분단문제를 정면으로 거론했던 조봉암의 선거 전략과 분단문제에 대해서는 이승만 정권과 같은 입장을 취하면서 독재화에 대한 반대만을 쟁점화했던 민주당의 노선에서 찾고자 하는 것이다. 또한 조봉암과 민주당을 분기시켰던 것은 공히 반공주의 노선에 기반하면서도 전자는 분단문제의 평화적 해결을, 후자인 민주당과 집권당인 자유당은 분단문제의 적대적 해결 노선을 택했다는 점에서 나뉜다. 그리고 4대 선거를 기점으로 후자만이 한국유권자가 선택할 수 있는 유일한 대안으로 남겨졌다.

그리고 3대 총선에서 극히 저조한 지지율만을 얻었던 민국당이 4대 총선에서 34.0%의 지지를 얻음으로써 만들어진 1958년 체제는, 정치엘리트와 정당 수준에서 보수적 대안만이 최종적으로 남겨진 결과일 뿐 아니라 선거에서 이들만을 대안구조로 선택해야 했던 특정한 유권자배열에 토대를 둔다. 4대 총선의 결과는 진보당의 소멸로 3대 대선에서 조봉암과 진보당에 의해 호명되었던 유권자군이 해체되고 자유－민주 양당의 보수독점적 정당체제 하에서 새로운 유권자 배열이 만들어졌음을 보여주는 것이다.

여촌야도

한국 선거정치에 대한 설명에서'여촌야도'라는 용어가 등장한 것은 1958년 선거결과를 설명했던 윤천주의 연구(1961)에서였다. 이 견해는 1958년 4대 총선에서 민주당의 지지증가가 근대화된 도시와 민주주의 이념에 기반한 야당의 결합으로 설명될 수 있다는 것이다. 이 가설은 도시의 성장과 민주주의의 발전이라는 근대화론에 토대를 두고 있으며, 1955년 결성되어 1958년 도시지역을 중심으로 지지를 얻은 민주당은 그 정치적 결과로 이해된다. 도시가 근대화에 따른 민주적 정치공간이라면, 농촌은 국가동원에 의한 수동적인 투표행태를 보이는 전통적인 정치공간으로 구분될 수 있다. '여촌야도' 즉, 도시민의 민주적 야당지지, 농촌 거주민의 권위주의 여당 지지로 선거결과를 설명했던 견해는 이후 1978년, 1985년 등의 선거결과를 해석하는 데에도 종종 활용되어 왔다.

제4절 1958년 체제의 의미

1958년에 만들어진 자유-민주 양당경쟁체제가 3대 총선이나 3대 대선과는 다른 정당-유권자 관계를 만들었으며, 그런 의미에서 1958년 총선이 '정초선거(founding election)'라고 주장하는 것은 이 체제가 1958년 이후 한국정치의 특정한 패턴을 설명하는 원형이라고 보기 때문이다.

[그림 4-4-2] 보수독점적 정당체제에서의 유권자 분포

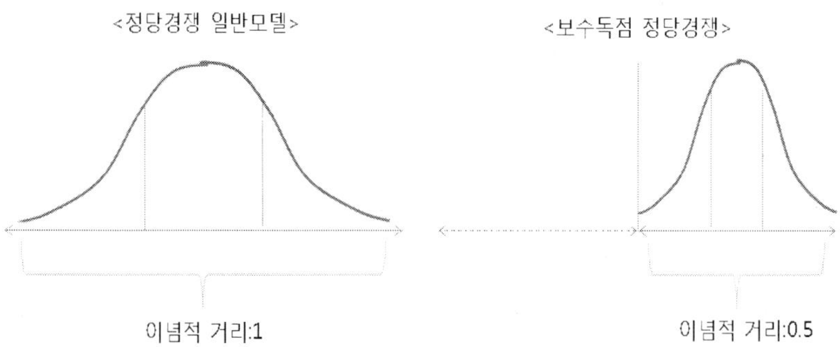

그림은 보수독점적 정당체제가 만들어낸 유권자 배열의 특징을 이념적 스펙트럼의 크기에 따라 두 가지 모델을 비교한 것이다. 4대 선거를 기점으로 보수독점적 정당체제가 만들어졌다는 것은, 보수적 이념에 기반하지 않은 정당들이 정당정치에서 사라졌다는 것을 의미한다. 다른 말로 하면 정당 간 이념적 거리가 가장 협애한 형태로 축소되었다는 것이다. 또한 정당 간 이념적 거리가 축소된다는 것은 경쟁하는 정당들이 대표하는 사회갈등의 범위가 줄어들었다는 것을 의미한다. 3대 대선과 4대 총선에서 발견되는 변화는 사회적 갈등의제의 축소로 해석할 수 있는 것이다. 그리고 이런 조건에서 유권자들의 선택은 좁은 이념적 스펙트럼 위에 압축적인 배열이라는 특징을 보이게 된다.

정당들이 대표하는 갈등의 범위가 넓은 좌측 모델에서 그 이념적 스펙트럼의 크기를 1로 가정해 보자. 그리고 한국사례를 가정한 우측모델에서 이념적 거리는 좌측 모델보다 작은 0.5로 가정해 보자. 위 모델에서 0.5라는 이념적 거리

의 수치는 비교를 위한 임의의 수치다. 임의적 수치의 정확성은 의미가 없으며, 비교적 맥락에서 한국의 정당경쟁 스펙트럼이 다른 민주주의 국가들과 비교했을 때보다 협소하다는 점을 나타낼 수 있다면 충분하다.

이런 조건에서 정당 간 경쟁의 양상은 보다 격렬해질 수밖에 없다. A정당이 좌나 혹은 우로 이동하기 위해서 치러야 할 교환비용(trade-off cost)은 이념적 스펙트럼이 1인 사회에서보다 0.5인 사회에서 두 배로 증가하게 된다. 또한 동일한 이념적 위치를 갖는 유권자 a가 t-1시점과 t시점에서 투표결정을 변경했을 때, 그 결정이 정당경쟁에 미치는 효과 역시 좌측 모델에 비해 우측 모델에서는 그 크기가 두 배로 커진다. 좌측 모델에서 이념적 거리 0.1 간격에 분포하는 유권자 수에 비해 우측 모델에서 이념적 거리 0. 구간에 분포하는 유권자수의 밀도는 높을 수밖에 없기 때문이다. 정당이 이념적 스펙트럼 상의 위치 p에서 인접한 p+1로 이동했을 경우, 이념적 스펙트럼이 넓은 사회에서보다 급격한 지지율의 상승이나 하락을 보이게 되는 유권자 배열의 특성을 보이는 것이다.

보수독점적 정당체제가 갖는 유권자 배열의 압축적 특성은 3대 총선과 4대 총선에서 유권자들의 급격한 투표이동을 설명해줄 수 있다. 3대 총선 민국당에 비해 4대 총선 민주당이 그 지지율을 크게 증가시킬 수 있었던 것은, 1956년 3대 대선을 기점으로 정당경쟁의 쟁점축이 단순화되고 그 경쟁구도 하에서 유권자들을 재정렬(realignment)시킨 결과였다. 그러나 4대 총선에서 독재 대 민주의 쟁점축이 분명해졌다 하더라도, 4년만의 총선에서 26.1%의 유권자가 투표결정을 변경할 수 있었던 투표이동의 밀도는 다른 측면에서 설명되어야 한다. 위 그림은 그 투표이동의 밀도를 설명해 줄 수 있는 것이다.

이승만 정권의 권위주의 강도가 높아졌다 하더라도, 민주당이 대안적 야당으로 등장한 것이 두 번 혹은 세 번의 선거를 통해서 점진적으로 이루어진 것이 아니라 단 한 번의 선거를 통해 등장할 수 있었던 이유는 협애한 이념적 스펙트럼 하에서 압축적으로 분포된 유권자 배열의 특성으로부터 설명될 수 있는 것이다. 한국유권자 배열의 이러한 특성은 1950년대에만 국한되지 않으며, 한국선거사에서 반복적으로 발견되는 현상이다. 그리고 선거경쟁구도와 쟁점 축에 민감하게 반응하는 투표이동의 높은 밀도는 권위주의 정권의 정치적 위기와 직결되었다. 역대 선거결과를 통해 이 가설을 경험적으로 확인해 보자.

〈표 4-4-10〉 역대 국회의원 선거에서 정당의 득표이동 변화(%)

	3대 총선	4대 총선	변동율
집권당	36.8	42.1	+5.3
반대당	7.9	34.0	+26.1
	7대 총선	8대 총선	변동율
집권당	50.6	48.8	−1.8
반대당	32.7	44.4	+11.7
	11대 총선	12대 총선	변동율
집권당	35.6	35.2	−0.4
반대당	21.6	48.9	+27.3

1960년의 4.19 직전 두 번의 이어지는 선거, 1972년 유신체제 전환 직전의 두 번의 선거, 1987년 민주화 직전 두 번의 총선 결과는 유권자 투표결정의 반복적 유형으로, 반대당으로의 급격한 표의 집중현상을 보여준다. 물론 각 시점에서 반대당의 전략은 중요한 변수가 될 수 있다. 그러나 이것이 유권자 지지의 급격한 집중을 설명해주는 것은 아니다. 선거는 정당과 정당의 게임과 더불어 정당체계와 유권자의 게임이 동시에 일어나는 이중적 게임의 공간이다. 정당체제 내 한 정당이 특정한 전략을 취했다는 것이 곧바로 유권자의 지지로 나타날 수 있는 것은 아니다. 오히려 각 시점에서 유권자의 투표결정에 보다 영향을 미친 것은 야당이 아니라 권위주의 정권의 선택이었다.

위 선거들은 모두 한국 정치사에서 중요한 전환점과 연관되어 있다. 4대 선거는 대통령 이승만이 3선 연임을 위해 개헌을 하고 1960년 대통령 선거 출마를 앞둔 시점에 실시되었다. 이 선거에서 민주당은 집권당을 능가하는 지지율과 의석율을 얻지는 못했지만 3대 선거에 비해 26.1%의 지지를 추가함으로써 권위주의 정권에 반대하는 유권자들의 정치적 의지를 확인시켜 주었다. 또한 1960년 이승만 정권의 몰락이 선거를 통한 정권교체는 아니었지만 선거부정에 대한 대중적 저항을 시발로 했다는 점에서, 4대 선거를 통해 대안정부를 구성할 수 있는 세력으로 민주당이 부상했던 것은 이승만 정권의 몰락을 가능케 했던 한 원인이 된다. 4.19 주도세력들의 입장에서 볼 때 이승만 정부를 대체할 정치세력이 존재하지 않았다면 1960년 시점에서 광범위한 대중적 저항을 조직하기란 쉽지 않았을 것이기 때문이다.

또한 8대 국회의원 선거는 7대 대통령 선거 한 달 후에 실시되었다. 7대 대통령 선거에서 김대중 후보는 박정희 후보에게 7.9% 득표차로 패배했지만, 국가기구를 통한 조직적인 선거부정의 의혹이 채 가시지 않은 상황에서 8대 국회의원 선거는 실시되었다. 이 선거에서 신민당은 7대 총선에 비해 11.7%의 지지를 더 얻음으로써 48.8%를 얻은 공화당과 4.0%의 득표차만을 기록했다. 그리고 1년 5개월 후 박정희 정권은 계엄령을 선포하고 유신체제를 수립했다. 7대 대선과 8대 총선 모두 선거쟁점은 1969년 3선 개헌을 통해 집권연장을 시도한 박정희 정권의 독재화에 대한 반대였다. 7대 대선과 8대 총선은 박정희 정권에게 더 이상 선거를 통한 집권이 불가능함을 보여주었던 정치적 신호였던 셈이다.

12대 국회의원 선거에서 신민당이 얻은 득표율은 29.3%였다. 그러나 이 선거에서 신한민주당은 선거 한 달 전인 1월, 1980년 신군부에 의해 '정치풍토 쇄신을 위한 특별조치법'으로 정치활동이 구금되었던 구 야당 정치인들이 해금되면서 민주한국당 내 '선명야당'노선을 제기한 세력들이 이탈하여 이들과 결성한 정당이다. 따라서 11대 선거 야당이었던 민주한국당의 득표율의 연장선에서 볼 때 12대 총선에서 두 정당이 얻은 득표는 모두 전두환 정권에 대한 반대표로 해석되어야 한다. 전두환 정권은 야당 간 경쟁으로 의회 내 야당을 두 세력으로 분할함으로써 민정당의 안정적인 의석수 우위를 보장받기 위한 목적으로 1월 해금조치를 시행했지만, 그 결과는 대중적인 반독재 운동의 촉발로 나타났다. 12대 선거에서 두 정당이 얻은 득표율을 합산하면 48.9%로 민정당의 35.2%를 훨씬 능가한다. 12대 국회의원 선거는 1~2대 선거를 제외한 역대 국회의원 선거 중 가장 높은 투표율을 기록했으며, 선거 한 달 전 창당한 신민당의 기록적인 지지율에 힘입어 반독재 운동의 전면화를 가능하게 했다.

권위주의 국가의 억압성이 p에서 p+1로 이동할 때 정권교체를 목적으로 한 반대당의 결집이 이루어지고, 그 결집은 선거정치에서 유권자들의 높은 투표이동을 결과하여 아래로부터의 대중적 저항을 촉발했던 한국정치의 반복적 패턴은 위 그림에서 가정한 보수독점적 정당체제가 갖는 유권자 배열의 특성으로부터 설명될 수 있다. 분단과 전쟁을 겪으면서 전후 형성된 정당체제는 정당

경쟁의 이념적 스펙트럼을 협애한 보수적 기반으로 축소시켰고 정치엘리트의 재정렬에는 성공했지만, 다른 한편으로 협애한 이념적 공간에 유권자들을 압축적으로 정렬시킴으로써 정치체제의 항상적인 불안정을 내재화하는 매커니즘을 만들어냈다.

또한 사회적 갈등과 괴리된 채 보수적 정당 간 정권교체만을 갈등내용으로 하는 정당체제는 언제든 움직일 수 있는 부유하는 다수의 유권자층을 만들어냈다. 한국정당체제는 유권자들에게 t시점과 t+1시점 정당지지를 연속시킬 수 있는 정당의 연속성을 제공해주지 못했을 뿐 아니라, 유권자들이 특정 정당에 안정적으로 결합될 수 있는 사회적 갈등의 기반도 제공해주지 못했던 것이다.

역사적으로 형성되고 지속성을 갖는 사회적 이해관계에 기반해서 정당과 유권자가 결합하지 못할 때, 그 정당체제는 t시점의 선거와 t+1시점의 선거에서 끊임없이 유동하는 불안정성을 벗어나기 어렵다. t+1시점 선거결과를 예측할 수 없는 정당들은, 선거와 선거 사이 정당경쟁구도의 인위적 변화와 제도적 조작을 통해 그 예측불가능성을 상쇄하려는 유인 구조에서 벗어나지 못한다. 또한 선거 때마다 변화하는 정당경쟁구도 속에서 유권자들은 항상 새로운 선택의 기준을 마련해야 하는 어려움에 직면하고, 압축적으로 배열된 유권자들의 투표결정의 변화는 급격한 정당지지의 변화를 만들어낸다.

사회적 갈등과 괴리된 보수독점적 정당체제는 정당과 유권자 모두에게 불안정한 정당체제를 만들어내는 유인 구조를 제공하는 것이다. 이 책이 1958년 체제에 주목하는 이유는 이러한 정당체제의 원형이 형성된 시점이기 때문이다. 또한 1958년 체제가 갖는 특성은 민주화로 정당경쟁이 자유화된 이후에도 한국 정당정치를 지배하고 있기 때문이다.

정초선거(founding election)

정초선거(founding election)는 귀레르모 오도넬과 필립 슈미터 (Guillermo O'Donnell & Philippe C. Schmitter)의 1986년 저서에서 등장한 용어다. 이들은 권위주의에서 민주주의로 이행을 결정하는 선거에서, 유권자들의 민주화에 대한 열망이 반영되면서 선거결과에 대한 불확실성은 극대화되고 경쟁하는 정당들도 최대한 지지를 동원하게 되며, 그 결과로 만들어진 정당들 간의 경쟁체제는 이후 상당기간 연속성을 가지고 지속되는 현상을 발견했다. 이 선거에서는 그 이전 선거들이 가졌던 불확실성을 종결시키면서 정당체제와 유권자 사이의 관계에 잠정적인 균형 상태가 만들어지게 되어, 체제이행 단계의 결절점을 형성하게 된다는 것이다. 이후 이 용어는 반드시 권위주의에서 민주주의로 이행하는 단계가 아니더라도 정당체제가 그 이전과 다르게 안정적인 경쟁의 구조를 갖고 연속성을 만들어내는 계기가 된 선거를 일컫는 용어로 사용되었다.

제 5 부 권위주의 체제의 몰락과 제2공화국의 선거

CHAPTER 01 3.15부정선거와 4월 혁명

제1절 사건의 전개

1960년에 실시된 4대 대통령선거와 5대 부통령선거는 '3·15부정선거'로 더 잘 알려져 있다. 이 선거에서 자행된 광범위한 부정선거의 원인은 이승만 대통령의 재선보다 부통령 선거였다. 현직 대통령 이승만과 경쟁해야 했던 유일한 야당 후보 민주당 조병옥은 후보등록을 한 뒤 선거를 20여 일 앞둔 2월 25일 3대 대선 신익희 후보처럼 사망을 했고 이승만은 단독후보가 되었기 때문이다.

그런데 부통령선거가 문제였다. 4대 부통령 선거에서 자유당 후보였던 이기붕이 민주당 후보 장면에게 패한 경험이 있던 이승만 정부로서는, 1958년 4대 국회의원 선거에서 강력한 야당으로 부상한 민주당 후보로 또다시 출마한 장면이 부담스러울 수밖에 없었다. 더군다나 4대 부통령으로 재직하면서 장면은 이승만 대통령으로부터 공식, 비공식적인 견제를 받아 제대로 부통령직을 수행할 수 없었지만, 역설적이게도 정부에서의 배제가 유권자의 지지로 이어져 그의 정치적 지위는 1956년 선거에서보다 높아져 있었다. 게다가 1960년 당시 이승만 대통령은 84세의 고령으로 유고시 대통령직을 대행하게 되어 있는 부통령

직위를 야당에게 넘겨줄 수 없다고 판단했던 것이다.

선거일 이전 이승만 정부와 자유당은 정치깡패를 동원해 민주당 선거운동원에 대한 폭행, 선거사무실 난입과 파괴 등 조직적으로 선거운동을 방해했고, 행정기관과 경찰을 동원해 선거운동을 직접 지휘했다. 이런 와중에 발생한 것이 '2.28 대구민주운동'이다. 이 운동은 대구에서 고등학생들이 민주당의 선거유세에 참여하지 못하게 방해할 목적으로 일요등교 명령을 내렸고, 이에 저항에서 고등학생들이 대규모 시위에 나섰던 사건으로 마산 3.15시위 이전의 격앙된 분위기를 짐작하게 해준다(김태일 2003).

선거일 당일에는 민주당 개표 참관인을 개표소에서 내쫓아 개표감시활동을 방해했고, 선거운동원들에게 이승만, 이기붕 지지표를 모아오도록 하여 매표(買票)행위를 자행했으며, 투표함에 사전에 기표된 부정투표용지를 대거 투입하는 등 가능한 모든 선거부정행위를 동원하여 이기붕의 당선을 조작했다. 정부는 내무부와 경찰 등 행정기관을 통해 '40% 사전투표', 3명씩 짝을 지어 서로 기표결과를 확인하게 함으로써 여당후보 지지표를 확보했던 '3인조 공개투표' 등을 조직했다. 결국 개표가 완료되기 전인 4시 30분경 민주당은 선거가 불법이며 결과 또한 무효임을 선언하고 민주당의 개표참관인들을 모든 투표소에서 철수하도록 조치했다. 정부와 자유당의 일방적인 개표과정에서 너무 높은 투표율을 걱정한 국무위원들이 득표율을 하향조정하도록 지시하는 에피소드가 벌어지기도 했다. 이와 같이 진행된 선거였기에 공식적으로 집계된 선거기록이 의미를 갖지 못했다.

선거 후 민주당은 선거무효를 주장하는 법적 쟁송에 들어갔고, 전국적으로 부정선거 규탄시위가 벌어졌다. 선거당일 마산에서는 저녁 7시경부터 1,000여 명의 시위대가 부정선거 규탄시위를 벌이기 시작했고 밤 9시경에는 그 수가 1만여 명으로 불어났다. 경찰은 시위진압을 위해 발포를 했고 이 과정에서 7명이 사망하고 870여 명의 부상자가 발생했다. 이 날 실종된 마산산업고등학교 학생 김주열이 4월 11일 마산만에서 최루탄이 눈에 박힌 시신으로 발견되었고, 4·19 혁명의 직접적인 도화선이 되었다. 2010년 3월 정부는 '3·15 마산시위'를 국가기념일로 지정하여 선포한 바 있다.

4월 18일에는 고려대학교 학생들이 정오에 선언문을 발표하고 거리시위에 나섰는데, 귀가하는 대학생들을 정치깡패들을 동원하여 습격한 이른바 '고대생 습격사건'이 발생했다. 이 사건은 후일 대통령수행비서의 지시로 인한 것이 밝혀졌다. 4월 19일에는 중, 고등학생들까지 나서 경무대와 부통령 관저를 찾아갔고, 이 와중에 경찰이 발포를 하여 수십 명의 학생들이 사망하고 수백 명이 부상당하는 사건이 발생했다. 결국 정부는 4월 19일 3시를 기해 계엄령을 선포했다. 계엄령에도 불구하고 시위는 멈추지 않았으며 4월 25일에는 대학교수들까지 시위에 가세하였다. 이런 와중에 이승만 대통령은 주한미국대사와의 면담 뒤 4월 24일 자유당 총재직을 사임했고, 26일 1시 라디오를 통해 대통령직 사임 의사를 밝혔다. 담화문에는 자신의 대통령직 사임, 정·부통령 선거 재실시, 이기붕 사임, 내각제 개헌의 내용이 담겼고, 오후 2시 개회된 국회에서는 재선거 실시와 개헌이 결의되었으며, 27일 공식적으로 제출된 대통령 사임서를 국회가 수리함으로써 제1공화국은 공식적으로 종말을 맞았다. 4월 28일 이기붕 일가는 자살을 했고 5월 29일 이승만은 하와이로 망명하여 그곳에서 생을 마감했다.

제2절 4월 혁명의 의미

4월 혁명은 한국 민주주의 운동의 기원이며 이후 과정에서 나타나는 반복적인 패턴을 발견하게 해주는 소중한 역사적 경험이다. 아래로부터 운동의 정치, 단절적 정치세대의 등장과 민주적 추동력, 선거정치공간이 갖는 폭발력, 제도정치와 유리된 사회운동 등의 기원적 형태를 발견할 수 있게 하기 때문이다.

4·19혁명이 고등학생들이 주도한 '2.28대구민주운동'을 시발로 3월 14일까지 전국 곳곳에서 벌어진 학생시위, 3·15마산시위에 이어 4월 대학생들의 거리시위를 주요 동력으로 했다는 점은 주지의 사실이다. 그런데 고등학생, 대학생이라는 특정계층집단을 넘어서는 정치세대로서 '4.19세대'의 존재가 있었고, 이 세대는 단주기의 급격한 사회변동이 만들어낸 산물이자 사회변화의 압력을 정치로 투입했던 주요행위자로 나타난다.

〈표 5-1-1〉 4월 혁명 사망자 직업분포

직업	사망자수	비율(%)
초등학생·중학생	19	10.4
고등학생	36	19.3
대학생	22	11.8
회사원·학원	10	5.4
하층노동자	61	32.8
무직자	33	17.7
미상	5	2.7
합계	186	100.0

출처: 김운태 『해방 30년사』 2권 1976, 224~225; 이승원 2009, 196 재인용

〈표 5-1-2〉 2차 마산시위 도중 부상자의 연령 및 직업분포

연령	학생	무직자	회사원·학원	합계(%)
12-15	5	5	0	10(5.9)
16-22	15	63	14	92(54.4)
23-30	1	20	6	27(16.0)
30초과	0	29	11	40(23.7)
합계(%)	21(12.4%)	117(69.2%)	31(18.3%)	169(100.0)

출처: Q.Kim 1983, 74; 이승원 2009, 196 재인용

4월 혁명 사망자 직업분포를 보면, 학생들의 숫자도 많았지만 그에 못지않게 하층노동자, 무직자 집단의 사망자가 많았던 것으로 확인된다. 2차 마산시위 부상자의 연령과 직업분포를 보면 16~30세 연령층이 70%를 차지하고 16~30세 연령층의 무직자집단 부상자는 이 집단 중 70%를 차지한다. 이런 현상은 1차 마산시위 부상자 통계에서도 유사하게 발견되고 있다. 무직자로 분류된 이들은 도시빈민층으로 '실업자, 피구호민, 제3차 산업 불완전 취업자'들이며, 1950년대 농촌의 피폐화와 도시화 과정에서 발생한 가난한 이농민들로 4월 혁명과정에서 밤 시위를 주도하며 시위양상을 격화시키는데 주요한 역할을 담당

했다.

대학생들을 기준으로 볼 때 '4·19세대'는 "일제의 교육을 전혀 받지 않은 해방이후의 세대"이며 "당시 대학 3학년 이하 학생들은 모두가 순수 우리말로 교육을 받은 한글세대"이고 "민주주의에 대한 교육도 한글세대가 받은 새로운 사회교육"의 내용이었다(유세희 2014, 10~11). 이런 특성은 대학생이 아닌 16~25세 연령층에게도 적용될 수 있다. 이들은 정부수립 이후 도입된 보통교육 시스템 하에서 한글교육을 받아 문자해독이 가능해졌고 신문 등을 통해 실시간으로 정치정보를 접할 수 있는 새로운 세대로 형성된다. 1958년 기준 중학교 전국평균 진학률은 28.9%로 높지 않았지만 1960년 기준 초등학교 교육의 혜택은 학령기 아동의 전체를 포괄할 정도로 보편화되어 있었다.

4·19혁명에서 발견되는 새로운 정치세대의 형성과 주도적 역할은 짧은 주기로 산업화, 민주화, 세계화의 사회변동을 겪어온 이후 한국 민주주의 경험에서도 유사한 패턴으로 확인할 수 있다. 1960년대 이후 본격화된 산업화는 급격한 도시화, 고등교육 기회의 확대 등으로 산업화세대를 만들어냈고 이 세대는 1980년과 1987년 민주화운동을 주도했으며, 1987년 민주주의 정치체제 전환과 이 체제에서 새롭게 형성된 정치세대들은 2000년대 이후 정치에 새로운 이념적, 정책적 수요를 투입하는 주체가 된다. 최근에는 1997년 IMF 외환위기의 충격과 이후 사회변동으로부터 형성된 'IMF 이후 세대'의 정치적 역할에 대한 관심이 증대되고 있기도 하다.

짧은 시간 안에 대규모 사회변동을 수차례 겪어온 한국사회에서 각각의 충격을 담지한 정치세대들 간의 민주주의에 대한 상이한 이해, 공유하는 가치기반의 차이 등은 오늘날 시점에서 또 다른 정치 갈등의 진원지가 되고 있다. 당대의 사회갈등과 정치적 수요를 이해하기 위해서라도 지나온 역사적 과정과 각 정치세대들의 공유한 경험, 가치체계에 대한 보다 폭넓은 이해의 노력이 필요한 시점이다.

4월 혁명은 1950년대 한국사회의 다층적 갈등을 대표하지 못한 정치체제에 대한 저항이었지만 그 계기는 이승만정부의 '3.15 부정선거'였다. 선거정치의 공간을 매개로 정치적 저항이 폭발하는 유형 역시 이후 과정에서 반복적으로 발견되는 현상이다. 박정희 정부의 3선 개헌에 대한 저항이 1971년 대통령선거를 계기로 표출된 것이나 유신체제에 대한 저항이 1978년 총선을 매개로 드러났던 경험, 1985년 2·12 총선을 계기로 신군부정권에 대한 저항이 표출되면서 1987년 민주화운동으로 이어졌던 경험 등은 한국 민주화 운동에서 선거정치공간이 갖는 중요성을 보여준다.

한편 민주정체 수립 이후의 상황에서 4월 혁명의 경험은 또 다른 함의를 줄 수 있다. 일상의 정치공간이 협소한 정치구조의 한 결과는 주체가 불분명하고 합의도출이 어려운 대중적 저항의 폭발을 야기할 수 있다는 것이다. 민주화 이후 한국사회도 주기적으로 대규모 대중저항에 직면해 왔는데, 2002년의 '미선이·효순이 사건' 이후 거리시위, 2008년의 촛불시위, 2014년 세월호 관련 거리시위 등을 그 사례로 생각해 볼 수 있다. 이 시위들의 특징은 조직주체가 불분명하며 참여자들의 범위가 포괄적이고 요구 또한 다차원적이어서 시민들의 요구를 특정한 방향의 정책 등으로 수렴해내기가 매우 어렵다는 점이다.

이런 현상은 일상의 정치공간이 여전히 협소한 민주화 이후 한국정치의 특징으로부터 설명될 수 있다. 현행 정당법, 선거법 등은 아직도 일상적 결사의 자유나 정치표현의 자유 등을 상당히 제약하고 있는데, 이런 조건에서는 일상으로부터 오는 정치적 불만을 상시적으로 표출하고 집약하고 정식화하는 제도적 과정이 작동되기 어렵게 만든다. 정치적 요구를 상시적으로 표출하고 투입하는 구조가 제대로 작동하지 못하게 되면 특정 계기로 다차원적인 저항이 폭발하게 만드는데, 문제는 저항이 폭발하기 이전 시점 스스로 정식화한 정책적 요구들이 없기 때문에 저항의 표출 이후에도 정책적 반영을 통한 개선이 이루어지기보다는 심화된 갈등만이 남게 될 수 있는 것이다.

마지막으로 생각해 볼 수 있는 4월 혁명의 특징은 혁명추동세력과 혁명 이후 정치권력을 인수한 세력 간의 불일치 현상이다. 이런 패턴 역시 한국 민주화 운동에서 반복적으로 발견되어온 것이다. 1980년 '민주화의 봄'을 만들어냈던 세력들은 당시 야당 정치인들과 합의적 결정에 이르지 못했고 신군부 쿠데타를 맞이했으며, 1987년 민주화운동 세력들 역시 당시 야당 정치인들과 합의적 결정에 이르지 못한 채 대통령선거를 맞이했다.

이런 현상은 사회적 저항이 표출되기 이전 시점 사회운동이나 시민사회와 권위주의 체제에 저항했던 제도권 정치세력 사이에 연계가 미약했던 결과로 볼 수 있다. 권위주의에 저항했던 제도권 정치세력이 시민사회와 저항적 사회운동과 연계를 맺지 못했고, 대중의 정치담론을 주도하거나 당대 정치노선을 제공해주지 못했으며, 선거공간을 매개로 사회적 저항과 제도권 정치세력의 만남이 있었지만 일시적인 것으로 끝나고 보다 안정적이고 장기적인 관계형성은 이루어지지 못했다.

권위주의 하에서 만들어진 정당－시민사회의 약한 연계망의 전통은 민주화 이후 한국 민주주의 경험에도 그 유산을 남기고 있다. 경쟁하는 정당들이 각자 사회적 기반을 갖고 일상적으로 작동되는 정치적 네트워크를 구축한 상태에서 정책수요를 결집하고 대표하는 체제를 구축하지 못한 채, 선거를 매개로 다수 무당파층의 일시적 동원을 통한 대표체제가 작동하는 것이다. 이런 시스템은 유권자들이 선거로 집약된 정책수요를 일상의 정치로 전환해야 할 책임을 정당에 묻기 어렵게 만들뿐 아니라 일상적인 정치적, 정책적 요구를 선거와 선거 사이 투입하기 어려운 환경을 만들고 있다.

4월 혁명은, 한편으로 한국 민주주의의 운동적 발전과 체제전환을 가능케 했던 시민사회의 민주적 추동력과 에너지를 확인해 준 최초의 계기였으며, 다른 한편으로 시민사회의 민주적 힘과 제도정치의 간극을 드러내준 계기였다는 점에서 한국 민주주의의 특성을 나타내는 한 원형을 보여주고 있다.

CHAPTER 02 1960년의 유권자

제1절 산업화 없는 근대화

일제강점기와 전쟁을 거치면서 와해된 산업기반은 1950년대 획기적인 변화를 가져오지는 못하고 있었다. 미국의 원조에 힘입어 2차 산업기반이 점차 확장되고는 있었지만, 1960년에도 여전히 압도적 다수의 국민들은 1차 산업에 종사하고 있었다. 전쟁 전 이승만 정부가 단행했던 농지개혁은 지주계급을 해체시키기는 했지만 한국 전래의 영세한 농업경영구조를 고착시키는 효과를 가져왔다. 농지개혁 이후 농가의 현물세 징수와 함께 원조물자 등으로 외국농산물을 대량으로 도입했다. 그 결과 농가호당 평균수지는 매년 적자를 면치 못했으며 농가의 반수 이상을 점했던 0.5헥타르 미만 농가들은 춘궁기에 절대빈곤에 시달리고 있었다(김수진 1996, 160).

1953년 이후 한국정부의 재정구조를 보면 압도적인 비중을 미국의 원조에 의존하고 있음을 알 수 있다. 1957~58년 기간은 정부 재정의 50%이상을 대충자금 계정에 의존하고 있었는데, 1950년대 말 미국이 대한경제원조 축소 방침을 추진함에 따라 1960년에는 35.2%까지 하락하는 경향을 나타냈다. 정부 재정

〈표 5-2-1〉 한국 정부의 세입구조와 원조의 비중(1953~1960)(%)

	1953	1954	1955	1957	1958	1959	1960
조세	44.1	40.8	33.8	27.9	31.5	48.1	52.4
전매익금	8.6	4.6	3.1	3.9	4.7	5.1	4.8
관재수입[1]	1.6	1.8	0.2				
기타수입[2]	13.5	4.4	6.1	3.3	3.9	3.1	5.1
국채	15.1	12.9	10.3	10.8	5.8	1.6	2.5
대충자금[3]	17.1	35.5	46.5	54.1	54.0	42.1	35.2
합계	100	100	100	100	100	100	100

출처: 경제기획원 1963; 이현진 2009, 53 <표 4> 재인용.
1) 관제수입: 귀속재산의 매각, 임대 등으로부터 발생하는 수입.
2) 기타 수입은 전년도 이월금 등의 잡수입임.
3) 대충자금은 원조물자를 판매한 대금을 말함.

기반으로서 조세의 비중은 1957년 27.9%까지 하락하였으며 1960년 회복세를 보이긴 했지만 1953년과 비교해 큰 개선이 있지는 못했다.

1950년대 미국의 원조는 PL480 등에 따른 식량원조, 밀, 원면과 원당 등 이른바 '3백 산업'기반이 된 소비재 등에 초점이 맞추어져 있었다. 특히 식량원조는 한국민의 당장의 굶주림을 해결하는 데에는 도움이 된 것이 사실이지만, 한국의 농업기반을 붕괴시키는 결과를 낳았다. 미국의 잉여농산물 원조는 처음에는 무상으로 이루어졌지만 1957년 이후에는 유상으로 바뀌었다. 이렇게 제공되는 유상 식량원조의 총량은 한국의 필요에 따른 것이 아니라 미국이 결정하게 되어 있었고, 실재로 우리나라에서 필요로 하는 양 이상의 공급이 이루어짐에 따라 한국에서 생산되는 곡물가격이 하락을 거듭했고 농사를 지어도 생계유지가 곤란한 농업 빈곤층의 수는 늘어갔다.

정부는 이렇게 수입된 잉여농산물을 국내시장에 팔아 국가재정을 마련했고, 그 계정이 이른바 '대충자금 계정'이었다. 한편 미국 원조물자를 기반으로 한 삼백산업은 1950년대 초기 제조업 기반을 마련한 점을 부정할 수는 없지만, 일부 대기업에게 대한 정부 특혜와 함께 성장하였기 때문에 일반국민들에게 그 혜택이 고르게 나뉘는 구조가 아니었다.

1950년대 산업기반은 취약했지만 역설적으로 농업기반의 붕괴는 도시화를 촉진했다. 1955년 기준 도시인구를 1949년과 비교할 때 2만 이상 도시민은 27.9%에서 43.2%로 늘어났으며 5만 이상은 18.3%에서 34.5%로, 그리고 10만 이상 도시 거주민은 14.7%에서 28.8%로 증가하였다(박명림 1996, 237). 전쟁으로 인한 대거 월남과 격심한 이촌향도, 농촌의 절대빈곤이 도시화에 영향을 미친 결정적 요인이 되었던 것이다.

한편 1950년대 말 미국의 대한원조 축소는 경제위기를 야기했고 이로 인한 노동쟁의의 증가 등 사회 불안정을 야기하고 있었다. 1957년 3억 8,300만 달러였던 원조규모는 1958년 3억 2,100만 달러, 1959년 2억 2,200만 달러로 급속히 줄어들고 있었다. 이런 조건은 그나마 있던 제조업 기반을 약화시켰고 실업자를 양산하고 있었다. 1958년 기준 완전 실업자는 33만 4천여 명, 1959년 34만 7천여 명, 1960년에는 43만 4천여 명으로 급격히 늘어났으며, 이와 함께 노동쟁의도 증가추세를 보였다(한국노동조합총연맹 1979, 431).

1950년대 말 농촌의 피폐와 도시의 실업, 노동조건의 악화 등 경제적 어려움은 1960년 4월 혁명의 큰 배경그림으로 볼 수 있다. 물론 4월 혁명은 학생과 도시민이 주도세력이었다는 점은 분명하지만, 앞서 살펴보았듯이 학생이 아닌 도시지역의 하층민이나 무직자들이 야간시위에 참여했고 실재 다치거나 사망하는 등의 피해를 입었던 것은 이승만정부의 정책실패에 대한 대중적 저항의 측면에서 해석할 수 있다.

〈표 5-2-3〉 1950년대 후반 노동쟁의 현황

	1957년	1958년	1959년	1960년
건수	45	41	95	227
참여인원	9,394	10,031	49,818	64,335

출처: 한국노동조합총연맹 1979, 436

제2절 1950년대 교육기반의 확장

한편 4월 혁명은 1950년대가 낳은 또 다른 사회변동의 측면에서 그 배경을 고찰할 수 있다. 4월 혁명에서 고등학생과 대학생이 주도적인 거리시위를 벌일 수 있었던 이유에 관한 것이다.

1950년대 이승만 정부는 국민형성 과정의 일환으로 교육투자를 강조했으며, 1948년부터 60년 사이 정부예산의 연평균 10.5%가 교육부분에 투자되었다. 이런 결과로 학생수의 대폭적인 증가가 나타났으며 문자해독율의 놀라운 확대를 기록하게 되었다. 대학은 10년 동안 10배 이상의 증가를 보였으며, 1950년대 연평균 대학생의 증가율은 14.5%를 기록했다. 1945년 5.7%에 달했던 총인구 대비 학생수의 비율은 1960년 18.5%까지 급증했다. 여기에 성인교육까지 추가되어 1945년 22%였던 문자 해독율은 1959년에 이르면 78%까지 증가한 것으로 확인된다(백영철 1995, 231~232).

유세희(2014)의 지적처럼 4월 혁명을 주도했던 학생세력은 전후에 교육을 받은 최초의 세대로 한글교육과 함께 민주주의 교육을 체계적으로 받은 세대이기도 했다. 1950년대 학교교육에서 민주주의 교육은 반공주의 다음으로 중요한 가치를 가졌다. 공산주의를 위한 반대를 위해서도 민주주의 교육의 중요성은

〈표 5-2-4〉 1950년대 학생 수의 증가

	1945	1952	1955	1960
초등학교	1,366,024(100)	2,369,961(173)	2,947,436(216)	3,622,685(265)
중학교	–	291,648(100)	475,342(163)	528,614(181)
인문고등학교	50,343(100)	59,421(118)	141,701(281)	164,492(327)
실업고등학교	33,171(100)	74,463(224)	118,911(358)	99,071(299)
고등교육기관	7,819(100)	34,089(436)	80,391(1,028)	101,045(1,292)

출처: 문교부 <교육통계연보>; 박명림 1996, 239 재인용.

더 강조되었는데, 역설적으로 1950년대를 거친 민주주의 교육의 효과는 공산주의에 대한 우월적 체제인식뿐 아니라 독재나 권위주의 체제에 대한 저항의 기반을 형성하는 데에도 영향을 미치게 된 것이다.

제3절 언론정보환경의 변화

1950년대 보통교육의 확대가 문자 해독이 가능한 유권자층을 대량으로 양산했다면, 언론환경의 변화는 이런 유권자들에게 더 많은 정치정보를 공급할 수 있는 조건을 마련했다. 일간신문의 경우 1946년 총 38만 1,300부에서 1955년에 이르면 198만부로 증가를 경험했다(김태일 1990, 333). 이 증가는 주로 도시지역을 중심으로 공급되었다. 매체의 성격을 살펴보면, 당시 <동아일보>는 해방 이후부터 한민당－민국당 계열과 밀접한 연관을 가지고 있었으므로 이승만 정부에 대해 기본적으로 비판적이었으며, 최대 발행부수를 가지고 있었다. 다음으로 발행부수 2위는 <경향신문>이었는데, 이 역시 반정부적 성향을 강하게 띠고 있었고 결국 폐간파동에 이르게 된다. 이들 신문은 전국에 걸친 배포망을 가지고 있었으며 정치여론의 형성에 중요한 기능을 담당했다고 볼 수 있다.

4월 혁명 당시 군중들은 '신문이 아니면 이기지 못했을 것'이라고 여길 정도였다고 한다(오소백 1968, 334). 4월 혁명 이후 언론의 자유는 더욱 만개했다. 허정 과도정부는, 1946년 5월 29일 미군정이 군정법령 제88호를 통해 '신문 및 기타 정기간행물을 허가 없이 발행함을 불법'이라고 명시함으로써 허가제를 도입한 이래 1950년대 이 체제로 운영되던 것을 등록제로 전환시켰다(박명림 1996, 223).

〈표 5-2-5〉 4.19 전후 정기간행물 숫자 변화

종별	4.19이전	4.19이후
일간신문	41	112
일간통신	14	274
주간신문	136	476
월간	400	470
기타	118	177
합계	709	1,509

출처: 오소백 1968, 335.

4월 혁명 직후 노동자, 학생, 교사, 정치인들의 정치적 욕구가 폭발하는 과정에서 언론의 제한 없는 정보공급과 유통은 큰 영향을 미쳤고, 역으로 대중적 욕구의 분출은 언론환경을 더욱 활발하게 만든 요인이 되었다. 이러한 언론자유는 제2공화국을 언론공화국이라고 명명할 정도로 언론의 영향력을 확대시켰는데, 여기에 대해서는 상반된 평가가 존재하는 것이 사실이다. 장면은 후일 제2공화국에서의 언론자유가 야기한 정치적 어려움에 대해 다음과 같이 진술한 바 있다.

> "… 그들의 지나친 편견과 선동으로 국민여론을 그릇 지배하여 정부 비난의 무기로 삼는 태도는 민주주의 발전의 건전한 협력자라고 할 수 없었다 …"(장면 1967, 73)

CHAPTER

03 혁명 이후 7.29 총선까지

제1절 과도내각과 개헌

4월 27일 이승만의 사임이 공식화되면서 허정 수석국무위원이 대통령 권한대행으로 취임하였다. 허정은 일제 강점기 임시정부 구미위원부 위원으로 활동하며 이승만을 보좌했으며 이승만 정부에서 교통부장관, 사회부장관, 서울특별시장, 한일회담 수석대표를 거쳐 1960년 4월 외무장관으로 발탁되었다가 과도정부 수반을 맡게 된 인물이다. 광복 직후에는 한민당에도 참여하여, 이후 호헌동지회와 민주당 결성을 함께하지는 않았지만 한민당－민국당 계열 인사들과의 관계도 돈독했던 것으로 알려져 있다. 이런 그가 과도정부를 이끌게 되었을 때 당시 한 언론사는 '과도정부는 이승만 정권의 연장'이라고 평하기도 했다(동아일보 1960년 5월 5일자).

권한대행으로 취임한 후 허정은 당면 과제에 대한 입장을 표명하게 되는데, 이는 크게 두 축으로 구성되었다. 한 축은 4월 혁명으로 드러난 대중적 분노를 관리하는 것이었고 다른 한 축은 반공체제 유지를 위한 정책적 가이드라인을 설정하는 것이었다. 부정선거 관련자 엄중처벌, 경제사범 엄단, 경제민주화

시책, 중소기업 육성의 재정적 뒷받침, 악질 세무관리의 엄단 등을 기본정책으로 채택했는데, 이는 당시 3.15 부정선거에 대한 대중적 반발을 고려하고 1950년대 말부터 본격화된 경제위기에 직면한 대중적 분노를 해결하기 위한 조처였다. 1950년대 말 미국으로부터의 원조감소는 특히 도시지역 경제의 어려움을 야기했고, 이것은 노동자들의 대중적 저항을 불러일으키고 있었다.

허정 과도체제가 4대 국회와 이승만 정부의 관료조직을 온존한 상태에서 제2공화국을 출범시키기 위해서는 경제적 안정에 대한 보장이 필요했고, 여기에 미국의 역할이 적극적으로 개입되었다. 미국은 4월 혁명 당시 사임이 아닌 방법으로 사태를 해결하려고 버텼던 이승만의 하야를 이끌어낸 직접적인 당사자 중 하나였다. 그런 만큼 이승만의 사임 이후 한국정치가 급격한 불안정으로 빠지는 것을 막는데 중대한 이해관계를 가지고 있었고, 이는 곧바로 미국의 국익에 직결된 문제이기도 했다. 과도정부가 출범하자 곧 매카나기 주한 미 대사는 과도정부에 대한 전면적 지지와 미국의 방위보장을 천명하였으며, 4월 29일에는 미국의 경제원조 업무를 즉각 재개할 것이라는 성명을 허정 수반과 공동으로 발표함으로써 과도정부에 대한 미국의 정치, 경제적 뒷받침을 명확히 했다.

반면 허정 수반이 취임직후 당면 과제로 제시한 반공주의의 한층 강화, 한·일 관계 정상화 노력과 일본기자의 입국허용, 부정선거 처벌대상은 고위책임자와 잔학행위 가담자로 제한하는 등의 조치(김삼웅 1999, 29)는, 이승만 정권의 하야와 정치체제의 급격한 변동을 연계시키지 않고 선을 분명히 하기 위한 성격을 가졌다. 특히 분출하는 대중들의 집회 및 시위에 대한 제한 시도나 국가보안법을 통한 반체제 정치세력의 관리 등에 심혈을 기울인 측면은, 허정 과도체제가 가진 정치적 성격을 분명히 보여주는 대목이었다.

4월 혁명이 '혁명주체와 혁명 후 주도세력의 괴리'를 특징으로 한다는 관찰은, 거리시위를 주도했던 학생과 도시민들이 직접 통치행위를 주관할 수 없다는 표피적 현상 외에 허정 과도내각이 표방했던 정치지향과 4월 혁명에서 표출되었던 이상의 괴리에서도 발견이 가능하다. 4월 혁명 이후 자유당과 민주당으로 구성된 국회가 이승만의 하야 및 부정선거 무효와 선거 재실시 등의 수습책을 발표하고, 미국이 개입하여 이승만의 하야를 실질적으로 이끌어냈으며, 1공화국 내도록 이승만 정권의 관료로서 활동했던 허정이 미국과 민주당의 협조

아래 과도정부를 인수하게 된 일련의 과정은 그 자체로 제2공화국 출발 시점 정치 환경을 상징적으로 드러내주고 있다. 이리하여 여전히 자유당이 다수를 점하고 있었던 제4대 국회와 허정 과도내각은, 3.15부정선거를 무효화한 뒤 수습 프로그램을 만드는 주체로서의 지위를 유지할 수 있게 된 것이다.

4월 혁명 수습 1단계에서 4대 국회가 의회제로의 개헌을 추진한 것은 당연한 수순으로 보였다. 한민당–민국당 계열의 민주당 구파는 정부 수립 시점부터 권력공유의 이점을 가진 의회제 정부형태를 선호하고 있었고, 이승만 정권의 권위주의화가 대통령제의 폐해로 인한 것이라는 진단은 대중적으로도 설득력을 가질 수 있었다. 더군다나 1960년 대통령 선거과정에서 민주당 구파는 핵심지도자인 조병옥을 잃은 상황이었기 때문에 대통령제 정부형태를 유지한 상태에서 대선을 치를 경우 대안이 마땅치 않은 현실적 문제도 개입되어 있었다.

반면 1956년 3대 대선에서 직선으로 선출된 부통령이었던 장면은 4월 혁명 과정에서 이승만의 하야를 압박하기 위해 부통령에서 사임한 상태였지만 여전히 대중적 명망성을 가진 상태였다. 대통령제를 유지한 채 대통령 선거를 다시 실시할 경우 가장 유력한 대안이었던 셈이다. 하지만 4대 국회 다수의석을 차지하고 있었던 자유당 소속 의원들의 입장에서는 장면의 대통령제 정부보다는 의회제 정부형태가 훨씬 안전한 것이었고, 결국 민주당 신파는 민주당 구파와 자유당계 의원들 간의 의회제 합의를 받아들일 수밖에 없었다.

다음으로 구체적인 선거실시를 위한 선거법 채택이 국회 내 갈등의제로 떠올랐다. 그 한 가지가 민의원 선거와 참의원 선거를 동시에 실시할 것인가, 분리하여 실시할 것인가에 관한 결정이었고, 다른 한 가지는 부재자 투표제의 도입여부를 둘러싼 갈등이었다. 표면적으로는 두 의제 모두 4월 혁명에 반응하는 정치개혁의제였다. 1952년 이승만 정부에서 발췌개헌을 통해 양원제가 제도적으로는 도입되었지만 그 시행은 미루어짐으로써, 양원제가 이승만의 집권연장 시도를 위한 들러리였다는 평가가 지배적인 상황이었기 때문에 참의원 선거의 실시는 현실화되어야 했다. 또한 부재자투표제의 도입은 유권자 참정권을 확대하는 문제였고, 4대 국회는 투표연령을 21세에서 20세로 낮추는 등 일련의 조치와 함께 부재자투표를 논의하였으므로 대중적 설득력을 가지는 의제였다.

그러나 민주당 신파와 구파, 자유당계의 이해관계는 각기 달랐고 그 최종적인 합의는 민·참의원 선거 동시실시와 부재자투표제 도입으로 결론이 났다. 대선후보급 명망가를 갖지 못했던 것이 당시 구파의 한계였다면 신파는 전국적 조직기반이 취약한 것이 약점이었다. 따라서 신파의 입장에서는 민의원 선거를 먼저 시행한 이후 참의원 선거 후보자들을 충원하는 단계적 프로그램이 더 이로웠다. 반면 전국적 기반을 가진 구파는 동시 실시를 통해 정치엘리트 충원에서 신파에게 조금이라도 여지를 주지 않는 것이 합리적 선택이었다. 반면 자유당계 의원들은 이승만의 몰락으로 정치적 입지가 좁아진 상태에서 동시선거가 실시되는 것이 조금이라도 재기의 가능성을 높일 수 있는 방안으로 보였다. 이런 계산에 따라 의회제 개헌에서와 마찬가지로 자유당계-민주당 구파의 협력안이 통과된 것이다.

부재자투표의 경우에도 마찬가지 연합정치가 영향력을 발휘했다. 38선 접경 강원도 지역에 대의원 기반이 두터웠던 민주당 신파는 부재자 투표가 도입될 경우 주 대상이 될 군인들의 표가 전국적으로 분산되기를 원하지 않았다. 그러나 상대적으로 전국적 기반을 가졌던 민주당 구파와 자유당계 의원들의 입장에서 군인들의 표가 분산되는 것은 나쁘지 않은 환경이었고, 결국 도입으로 결정이 났다.

그 외에 제2공화국에서 단행된 선거법 개정은 유권자 입장에서 볼 때 정치활동의 자유와 정당 간 선거경쟁의 공정성을 보장할 수 있는 일련의 장치들을 포함하고 있었다. 투표용지에 일련번호를 삽입함으로써 이승만 정부에서 광범위하게 행해졌던 대리투표나 무더기 투표 등의 부정행위를 방지할 수단을 마련했고, 개표참관의 자유와 개표장 촬영의 자유를 보장함으로써 참관을 방지하고 부정선거를 자행했던 이승만 정권과 차별화를 꾀했다. 또한 그 이전까지 100~200인 사이 추천장을 첨부해야만 후보자 등록을 할 수 있는 제도를 폐지하고 등록제로 전환함으로써 후보등록의 제한을 폐지했고, 유권자 선거연령을 20세로 내렸으며 대학생들의 선거운동을 허용했다. 그리고 협상선거법에서 도입되었던 언론의 정치활동 자유 제한 조치를 폐지함으로써 선거운동 기간 언론환경을 보장했다.

한편 참의원 선거는 중선거구, 제한연기명 방식이 채택되었다. 전국을 서울시와 도 단위로 분할한 후 58개의 의석을 배분하되 선거구별로 3~8명의 의석을 할당했다. 그리고 유권자는 선거구에서 선출하는 의원숫자의 절반까지 연기명으로 투표를 할 수 있었다. 예컨대 6명 선출 선거구의 경우 유권자는 3명에게까지 지지의사를 표명할 수 있게 한 것이다. 그러나 과도정부 수립 이후 곧바로 개헌을 단행하고 선거법까지 개정한 상태에서 7월 선거를 시행했기 때문에 당시 유권자들의 입장에서는 변화된 제도에 대한 충분한 이해를 하기에는 한계가 있었고, 실재 참의원 선거결과는 연기명 투표가 제대로 행해지지는 않았음을 확인시켜주고 있다.

제2절 혁신정당들의 결집

한편 7.29선거를 앞두고 1958년 진보당 사건 이후 위축되어 있던 혁신계도 정당 창당에 이어 선거준비에 돌입했다. 혁신정당은 서상일, 윤길중, 김달호, 박기출 등 1955년 조봉암과 함께 진보정당추진위원회를 구성했던 세력들이 주축이 되었으며 이들은 사회대중당을 창당했다. 전진한, 김성숙 등 반 서상일계는 한국사회당을 결성했고 장건상 등은 혁신동지 총연맹을 결성하여 독자 대응에 나섰다. 그 외에 고정훈을 중심으로 사회혁신당이 추진되었는데, 사회혁신당은 선거운동 과정에서 반공체제에 도전했다는 이유로 고정훈이 체포되면서 활동이 위축되었다.

이갑윤은 급진적인 고정훈계를 제외한 나머지 혁신정당들은 보수와 혁신의 중간적인 이념을 가지고 있었다고 평가한다(이갑윤 1996, 191). 예컨대 경제체제로서 사회주의를 표방하지 않고 자본주의와 사회주의의 혼합형태를 주창했으며, 공산주의 독재와 자본주의를 모두 비판하는 입장을 취했다는 것이다.

〈표 5-3-1〉 정당별 선거공약

	민주당	자유당	사회대중당	한국사회당
4.19혁명	자유 및 정당정치 발전 사회 제 분야 혁신		부정선거범 처단 부정축재환수	보수독재타파 혁명사업완수
통일/외교	UN감시 하 자유선거 비공산권외교 한일관계정상화	반공통일	UN감시 하 선거 평화민주 통일 제3세계외교	UN감시 하 선거 중립국외교 한일관계정상화
경제	특혜독점부패 근절 국민경제발전 중소기업육성	사회민주주의 계획경제 농산물 가격유지	경제계획 소득재분배 탈세처벌	기간산업공유제 농산물가격보호 계획경제
사회	실업보험 노동조합육성 사치방지	노동조직강화 실업자구제 부패방지	노동운동발전 실업구제 의료복지	국토개발 의료복지 노동조합육성
국방	병역조정 직업군인제	국방예산합리화	정병주의 군비낭비방지	장비현대화 정병주의

출처: 이갑윤 1996, 192 <표 6-1> 인용.

실재로 7.29선거 기간 동안 각 당이 내놓은 공약들의 이념적 차이가 부각되지는 않았다. 그 한 이유는 민주당이 혁신계 정당들을 의식하여 실업보험 등 사회보장정책을 도입하고 중소기업 육성 방안 등을 제시하면서 쟁점을 무력화했기 때문이다. 또 다른 이유는 혁신계 자체가 이갑윤의 평가처럼 과거 사회주의 계열 운동의 연장선이 아니라 중도파적인 노선을 취하는 세력들로 구성되어 있었다는 점이다.

그럼에도 혁신계의 정당창당이나 선거준비는 용이하지 않았다. 허정 과도내각은 정권인수 직후 4.19청년학생 동맹, 민족통일촉진연맹, 농화문화연구소 등에 대해 불법단체로 명명하고 체포했으며(동아일보, 1960년 4월 28일자), 5월 7일에는 혁신연맹 결성대회를 불법집회로 몰아 불허했고(영남일보 1960년 5월 8일자), 6월 2일에는 고정훈을 공무집행 방해와 명예훼손 혐의로 구속했다(영남일보 6월 3일자). 고정훈의 혐의는 남북교역 및 김일성 타도를 전제로 공산당 허용을 주장한 것이 반공체제를 위협하는 것이라는 명분이었다. 6월 14일 검찰은 총선을 앞두고 혁신세력을 가장한 공산계열이 침투했다는 정보를 입수, 색출에 전력을 기울이고 있다는 발표를 내보냄으로써 혁신계열운동을 위축시키기도 했다(동아일보 6월 15일자).

이런 와중에 5월 12일 사회대중당이 발기를 선언했고 6월 17일에는 창당준비위원대표자회의를 개최했다. 5월 20일에는 한국사회당이 발기를 했으며 5월 27일에는 근로인민당계, 독립노동당계, 광복동지회 및 유림대표 등이 추진해 온 혁신동지총연맹 결성대회 준비위원회가 발족했다. 이들 혁신세력들의 기원은 해방 직후 중간파에서 연원한다는 평가가 지배적이다(유재일 1988). 그러나 해방 후 중도파 혹은 중도좌파 세력들은 해방정국의 미군정 탄압 속에서 상당부분 조직기반을 잃었고 분단정부 수립과 전쟁의 와중에서 또 한 번 해체를 경험했다. 수차례 전향선언을 했던 조봉암조차 수용될 수 없었던 전후 한국 정치지형에서, 생존 가능한 혁신계의 범위는 매우 좁았고 7.29 총선에서도 개방된 정치국면을 최대한 활용하고자 했지만 선거준비는 용이하지 못했다.

급작스런 4월 혁명과 7월 선거 사이에 혁신계는 당장 선거에 공천할 인물난을 겪을 수밖에 없었고, 혁신계 정당들 간의 후보단일화 문제로 조율해야만 했다. '혁신세력선거대책협의회'를 구성해 연합공천을 추진했지만 가장 많은 후보자를 낸 사회대중당도 선거구 총수의 1/2밖에 공천을 하지 못했고 혁신동지총연맹은 전체 선거구의 7%에만 후보를 낼 수 있었다. 혁신정당 후보자들은 그나마 지지기반이 남아 있다고 판단한 영남지역과 도시지역의 공천을 선호한 반면 다른 지역 출마를 회피했고 그 결과 20여 개 선거구에서는 2명 이상의 혁신계 후보자들이 경합을 하는 결과가 초래되었다(이갑윤 1996, 193).

제3절 민주당 내 계파갈등

한편 7.29선거를 앞두고 민주당 신파와 구파 간의 갈등은 공천을 둘러싸고 폭발했다. 개헌과 선거법 개정을 통한 경쟁규칙의 정립과정에서도 갈등은 있었지만 당내 공천지분을 둘러싼 갈등은 그 성격을 달리하는 것이었다. 이승만 정권이 몰락한 상황에서 자유당의 난조는 예상된 것이었고 공천 자체가 당선을 보장해줄 수 있는 선거분위기에서 자파 후보자를 더 많이 공천하는 것은, 제2공화국의 정권을 운영할 수 있는 권력을 쥐는 문제에 다름 아니었기 때문이다.

무소속과 자유당 양쪽에 모두 가까웠던 구파는 후보자의 당선 가능성을 공천 기준으로 제시한 반면 신파는 당에 대한 충성도를 기준으로 내세웠다. 결국 타협안으로 채택된 것은 현역의원의 무조건 공천과 4대 총선 차점 낙선자를 우선 공천하는 것이었다. 그리고 신·구파 동수로 구성된 공천위원회가 실무를 담당하기로 했다. 공천 결과를 보면 총 233개 선거구에 227명을 공천하였고 신파는 113명, 구파는 106명 중립 8명으로 구성되었다.

그러나 민주당 공천에 탈락한 사람들 중 90여 명은 민주당을 내걸고 선거에 입후보를 했으며 이들은 선거기간 중에 공공연하게 신파 혹은 구파 공천을 자임했다. 다수의 선거구에서 민주당 공천 후보자들끼리 경쟁하는 사태가 벌어진 것이다. 민주당은 공식적으로 민주당 공천을 자임하는 115명을 제명했으나 실재로는 구파 55명, 신파 26명이 각 계파에 의해 내천된 상태였다고 한다(이갑윤 1996, 190).

CHAPTER

04 7.29 총선의 결과와 의미

1960년 민·참의원 동시선거가 과연 공정하고 자유로웠는지에 관해서는 엇갈리는 의견이 존재한다. 데이비드 콩드(1988)는 '금권과 관권이 난무한 부정선거였으며 미국의 자금이 민주당 선거자금으로 흘러들어갔을 가능성이 있고 CIA가 장면세력을 직접 지원했다'는 평가를 내리고 있다. 반면 이갑윤은 '약간의 무질서를 보였음에도 가장 자유롭고 공정하게 이루어졌다. … 바로 이 사실이 제2공화국과 제1공화국을 구별할 수 있는 요체 …(이갑윤 1996, 186)'라는 평가를 내린다. 7.29선거에 대한 여러 평가들은 대체로 후자의 입장에 가깝지만, 콩드가 제기하는 부정선거의 개연성 역시 상당한 현실적 설득력을 가지고 있는 것이 사실이다.

민의원 선거결과는 233석 가운데 민주당이 175석을 차지해 압도적 다수여당의 출현으로 결론이 났다. 뿐 아니라 민주당은 41.7%의 득표율로 75.1%의 의석을 차지해 득표를 훨씬 상회하는 보너스 이득율을 보였다. 반면 무소속은 총후보자 가운데 64.6%인 1,010명의 후보는 냈지만 21%의 의석만을 얻었는데, 이는 후보난립에 의한 사표가 다수 발생한 결과로 해석할 수 있다.

〈표 5-4-1〉 5대 민의원 선거 결과

	입후보자		당선자		득표	
	수	비율	수	비율	수	비율
민주당	305	19.5%	175	75.1%	3,786,401	41.7%
자유당	54	3.5%	2	0.9%	249,960	2.8%
무소속	1,010	64.6%	49	21.0%	4,249,180	46.8%
사회대중당	129	8.3%	4	1.7%	541,021	6.0%
한국사회당	19	1.2%	1	0.4%	57,965	0.6%
혁신동지총연맹	13	0.8%				
기타	33	2.1%	1	0.4%	176,015	1.9%
통일당	1	0.1%	1	0.4%	17,293	0.2%
합계	1,564	100.1%	233	100.0%	9,077,835	100.0%

출처: 중앙선거관리위원회 [역대선거정보 시스템] 제공 자료

〈표 5-4-2〉 7.29선거 민의원 투표 현황

	투표			무효투표율 (무효투표/총투표)
	유효	무효	합계	
서울	787,384	49,035	836,419	5.9%
경기	1,017,257	90,795	1,108,052	8.2%
충북	527,092	35,378	562,470	6.3%
충남	911,895	75,464	987,359	7.6%
전북	872,775	76,912	949,687	8.1%
전남	1,271,405	104,914	1,376,319	7.6%
경북	1,426,039	103,534	1,529,573	6.8%
경남	1,506,130	117,552	1,623,682	7.2%
강원	644,146	40,035	684,181	5.9%
제주	113,712	7,467	121,179	6.2%
합계	9,077,835	701,086	9,778,921	7.2%

출처: 중앙선거관리위원회 [역대선거정보 시스템] 제공 자료

〈표 5-4-3〉 7.29선거 참의원 투표 현황

	투표자수			무효투표율 (무효투표/총투표)
	유효	무효	합계	
서울	813,403	19,277	832,680	2.3%
경기	1,066,700	44,046	1,110,746	4.0%
충북	547,885	18,651	566,536	3.3%
충남	956,086	38,061	994,147	3.8%
전북	900,952	44,112	945,064	4.7%
전남	1,297,554	72,008	1,369,562	5.3%
경북	1,439,360	85,438	1,524,798	5.6%
경남	1,535,074	64,754	1,599,828	4.0%
강원	664,694	18,541	683,235	2.7%
제주	115,997	5,095	121,092	4.2%
합계	9,337,705	409,983	9,747,688	4.2%

출처: 중앙선거관리위원회 [역대선거정보 시스템] 제공 자료

그런데 중앙선관위 제공 민의원 선거자료에는 특이점이 발견된다. 전국단위 투표율은 84.3%를 기록하여 유권자의 투표참여는 이전 선거와 비교할 때 높았다고 볼 수 없다. 그러나 이 부분에 대한 해석도 조심스러운 것은, 제헌국회 선거의 경우 유권자 등록제로 인해 선거인수 대비 투표율 추정이 어렵고, 그 이후 선거에서는 이승만 정권의 부정선거와 선거동원이 반복되었기 때문에 자발적 참여의 저조로 해석되기보다 강제적 동원이 사라진 효과로 해석할 수도 있기 때문이다.

문제는 민의원 투표결과에서 발견되는 무효투표의 급증이다. 직전 선거인 1958년 4대 총선에서 무효투표율은 전국적으로 3.9%였으며, 민의원 선거와 함께 시행된 참의원 선거의 무효투표율은 4.2%로 4대 총선과 큰 차이를 갖지 않는다. 그런데 유독 민의원 투표현황에서만 참의원보다 3%이상이 높은 무효투표 비율이 발견되는 것이다. 이런 현상은 특정지역에 두드러지는 것이 아니라 전국적으로 발견되고 있는 것으로 보아, 5대 선거에서 처음 도입했던 부재자투표 시행의 결과로 추정해 볼 수 있다. 그러나 현재로서는 이를 설명할 수 있는 명확한 근거를 발견하지 못했으며, 후속연구를 통한 확인이 필요한 부분이다.

〈표 5-4-4〉 7.29선거 참의원 선거결과

	입후보자		당선자		득표	
	수	비율	수	비율	수	비율
민주당	60	29.9%	31	53.4%	8,195,543	39.0%
자유당	11	5.5%	4	6.9%	1,248,753	5.9%
사회대중당	7	3.5%	1	1.7%	516,346	2.5%
한국사회당	2	1.0%	1	1.7%	191,643	0.9%
한독당	1	0.5%	0		28,436	0.1%
기타	5	2.5%	1	1.7%	476,122	2.3%
무소속	115	57.2%	20	34.5%	10,349,763	49.3%
합계	201	100.0%	58	100.0%	21,006,606	100.0%

참의원 선거에서도 민주당은 전체 58석 가운데 31석을 얻어 과반의석이상을 확보했으며, 39.0%의 득표율로 53.4%의 의석을 차지한 것으로 나타난다. 반면 115명의 무소속은 총 49.3%의 지지를 얻었으며 20석을 차지했다. 1960년 민·참의원 선거에서 무소속 후보자들은 크게 두 집단으로 나뉘는데, 자유당 계열이었으나 자유당에 대한 민심이반 때문에 무소속으로 등록했던 후보자들과 민주당 공천에 탈락하고도 승복하지 않고 무소속으로 출마한 경우다. 이갑윤(1996)에 의하면 무소속 가운데 민주당 공천탈락자를 고려하더라도 자유당계 무소속 당선자 역시 무시할 수준은 아닌 것으로 확인된다.

반면 혁신계 정당들은 기대했던 성과를 얻지 못했다. 민의원 선거에서 가장 많은 후보를 냈던 사회대중당은 4명의 당선자만을 배출했고 전체 후보자들이 얻은 득표율도 6.0%에 그쳤다. 반면 참의원 선거의 경우 중선거구제였기 때문에 선거구가 넓었고 지역단위 정치엘리트들을 충원할 수 있었어야 했으나 실패한 관계로 사회대중당 7명, 한국사회당 2명을 공천해 각각 1명씩의 참의원을 당선 시켰다.

7.29선거의 결과는 민주당이라는 거대 여당의 출현을 가장 큰 특징으로 하지만, 민주당의 득표와 의석을 비교해 보면 자유당의 몰락으로 인한 선거경쟁 효과와 소선거구 1위대표제의 제도효과가 컸던 것으로 볼 수 있다. 4대 총선에

서 민주당은 34.2%의 득표를 얻어 총의석의 33.9%인 79석을 얻었다. 5대 민의원 선거에서 민주당은 4대 총선에 비해 7%정도의 지지를 추가하여 41.7%의 득표를 했지만 4대 총선보다 41.2%의 의석을 더 추가할 수 있었다. 명확한 경쟁정당이 사라진 선거공간에서 난립한 무소속들과 경쟁을 했기 때문에 이런 결과가 가능했던 것이다.

그러나 이 선거결과는 민주당에게 중대한 영향을 미쳤다. 민주당은 41.2%의 지지율이 아니라 75.1% 의석율을 기준으로 선거 후 정치를 구상해 나갔으며, 그 결과는 구파의 민주당과 신파의 신민당의 출현이었다.

CONCLUSION

결 론

이 책의 출발은 대한민국 1세대 유권자는 어떻게 형성되었는가? 그리고 한국정치제도와 정당경쟁체제의 원형은 어떤 경로로 만들어졌으며 그 특성은 무엇인가? 에 관한 관심이었다. E. P. Thomson(1991)이 영국노동자계급은 주어지지 않았고 만들어졌으며, 수많은 역사적 사건과 제도, 시시각각 이루어진 다양한 주체들의 정치적 선택이 어우러진 결과로 특정한 형식과 문화, 가치와 제도를 가진 계급이 탄생하게 되었다는 것을 담담히 보여주었을 때, 한국유권자들 역시 마찬가지로 설명될 수 있겠다는 생각을 갖게 되었다.

긴 역사를 두고 볼 때 어느 나라나 드라마틱한 역사적 계기는 있고 그런 계기들이 역사적 시차를 두고 중첩하고 교차하면서 오늘의 시간을 만든다. 한국 유권자들을 둘러싼 정치 환경은 프로크로스테스의 침대를 연상시킬 만큼 가혹했고 또한 극적이었다. 일제강점기의 핍박과 궁핍의 세월을 간신히 버텨낸 후 맞이한 해방, 통일독립국가 건설과 자주민으로 살 수 있을 것에 대해 추호의 의심도 없었을 그 시간에, 분단이라는 상상조차 하지 못한 시련을 맞이했고 불과 얼마 후 전 국토와 삶을 초토화시키는 전면적인 전쟁을 견뎌내야 했다.

전쟁이 가져다준 무차별적인 파괴와 공포, 극단적인 적대와 전후 궁핍에 대한 기억은 정부수립 초기 1세대 유권자들의 삶과 생각을 송두리째 규정지을 수밖에 없었다. 전후 잠정적 휴전체제는 정치, 경제, 사회적 자유와 권리 이전에 생명과 안전이라는 가장 기본적인 인간의 욕구를 저당 잡힌 채 살아가야 한다는 것을 의미했다. 평화체제로의 전환이 요원한 상황은 언제든 전쟁의 재발이 가능한 혹은 가능하다고 믿을 수밖에 없었던 조건과 환경을 만들었고, 그 상황에서 당대 유권자들은 하루하루를 버텨내야 했다.

이런 그들이 선거라는 정치공간을 매개로 함께 주조해왔던 한국정치의 원형은, 그것이 무엇이든 간에 식민지와 분단, 전쟁을 버텨낸 소중한 역사적 산물이 아닐 수 없다. 역사적 유산이 항상 긍정적일 수만은 없다. 때로 부정적이고 치명적이기까지 하다. 하지만 민주화 이후 30여 년이 흐른 지금, 더더욱 1세대 유권자들의 정치와 선거와 삶을 이해하는 문제는 중요해 보인다. 인간의 역사에서 완전한 단절은 불가능하다는 것을 민주화 이후 한국정치는 증명해주고 있기 때문이다.

한국의 민주정체는 일제강점기까지 거슬러 오르는 제도와 법체계, 정치활동의 일정한 양식과 규범 등의 역사적 유산에 토대를 두고 있다. 민주화가 과거를 일거에 정리하고 무에서 유를 만들 수 있다는 허황된 상상은 민주정체를 오히려 건강하지 못하게 만든다. 켜켜이 쌓인 과거를 딛고 그 위에 제도와 이념, 생각의 벽돌을 올릴 수밖에 없다는 사실을 인정해야만, 현재의 민주주의를 더 낫게 만들 수 있는 지혜가 가능해진다는 사실을 깨닫게 되는 것이다.

지나온 과거를 이해하는 일은 현재가 발 딛고 있는 토대를 이해하는 것에 다름 아니다. 정부 수립 이후부터 셈하더라도 현재의 한국 유권자들에 이르기까지 최소 세 번째 세대를 지나고 있는 셈이다. 일제 강점기 독립 운동 때까지 거슬러 간다면 네 번째 세대일 수도 있겠다. 까마득한 그 세대의 일이지만, 그들의 역사적 선택과 실천 덕분에 오늘이 있는 것이라는 점을 인정한다면 혹은 오늘의 과오와 실책까지도 미래를 만드는 정치적 선택이라는 점을 인정한다면, 선거정치에 관한 한 1세대 유권자들에 대한 관심은 지속되어야 한다고 생각한다.

이 책은 우리나라 1세대 유권자들을 덮고 있던 거대한 역사의 베일을 모두 벗겨내기에 너무나 부족하고 초라하다. 특히 1950년대 형성기에 집중하다보니 4월 혁명과 제2공화국의 선거정치에 대해서는 특별히 새로운 발견이 없이 기존연구의 성과에만 의존했다는 점이 마무리하는 시점까지 마음에 걸리는 부분이다.

그러나 굳이 의의를 찾자고 한다면, 선거정치연구의 시점을 길게 끌어올리려 시도했다는 점, 현재적 시점이 아닌 당대의 시점에서 그 시대 선거를 이해해 보려 시도했다는 점, 그리고 이 시대의 경험과 동시대 사이의 거리를 좁혀보려 했다는 점을 들 수 있겠다.

한국정치사를 정치체제에 따라 어떻게 구분할 것인가에 관해서는 여전히 이론(異論)이 분분한 것이 현실이다. 예컨대 이승만 정권 시대를 모두 권위주의 체제나 독재로 볼 것인가, 아니면 부산정치파동 등의 기점을 중심으로 민주주의와 권위주의로 나눌 것인가 등의 이견이 그것이다. 그러나 미군정기나 일제강점기까지 시간지평을 확장해 본다면, 우리나라 1세대 유권자들이 민주정체보다 선거를 먼저 경험했다는 사실은 부인할 수 없다. 보통선거권 체제가 아니었고 당대 한국인들의 극히 소수만 참여했던 선거이기는 하지만, 그랬기에 더욱 당대를 살았던 사람들에게 '선거란 과연 어떤 의미였을까'를 생각하게 만든다. 극히 제한된 사람들, 일부 고자산층이나 고액 납세층만 참여할 수 있었던 선거에 대해, 아마도 당대 사람들은 사회적 지위에 따른 특권이라고 생각했을 것이다. 해방과 분단을 거쳐 최초의 보통선거권 체제를 맞이했을 때, 소수의 특권은 다수의 권리가 되었고 제헌국회는 그렇게 탄생되었다.

분단정부수립과 전쟁, 단주기로 이어진 정치적 격변의 과정 속에서 시행되었던 1950년대 선거는 여전히 많은 퍼즐들을 안고 있다. 당대의 유권자들이 놓인 사회경제적 조건, 경쟁하는 정치세력들 사이에서의 정치적 선택의 구조가 시시각각 변화했기 때문에, 1번의 선거를 이해하기 위해서라도 앞뒤를 잇는 여러 맥락들에 대한 고려가 필요하다. 농지개혁이 언제 이루어졌는지, 전쟁이 가져온 사회경제적 구조변동이 어떤 유권자집단들을 형성해 놓았는지, 산업화 없는 도시화가 만들어낸 사회경제구조는 또 어떤 영향을 미쳤는지, 매번 선거에서 경쟁했던 정치세력들이 누구였고 그들은 유권자들에게 실재로 어떻게 이해되었는지 등은 유권자들의 선택을 이해하는데 반드시 필요한 구성요소다. 부족하지만 기존연구의 성과들을 반영해 이러한 맥락들을 구성해보려 노력했다.

또한 이 책은 1~2공화국의 정치와 현재를 잇는 고리를 찾고자 했다. 미군정기 채택된 1위 대표제가 지금까지 큰 변동 없이 지속되고 있으며, 1958년 국회를 통과한 '협상선거법'의 원리는 민주화 이후 한 세대가 바뀐 지금까지도 유지되고 있고, 대통령제-1위대표제가 만들어낸 양당제가 정당경쟁의 바람직한 모습 혹은 지향해야 할 상태라는 인식도 아직 깊은 뿌리를 가지고 있다. 지금은 너무도 당연해 보이는 제도와 인식이 선대의 어느 시점 다양한 행위주체들의 선택의 결과로 주조된 것임을 확인하는 과정은, 그 시대를 이해하는 일뿐 아니라 현재를 이해하는 일에 다름 아닐 것이다.

참고문헌

강정구, 1993, “5·10선거와 5·30선거의 비교연구”, 경남대 극동문제연구소, 『한국과 국제정치』 제9권 제1호, 1~29.

강정구, 1994, “쟁점토론: 5·10 선거와 5·30 선거를 어떻게 볼 것인가? 전상인의 반론에 대한 답론”, 『한국과 국제정치』 제10권 제1호, 289~301.

강준만, 2004, 『한국 현대사 산책 1940년대편. 1: 8.15 해방에서 6.25 전야까지 1』, 인물과사상사.

강준만, 2009. 『한국 현대사 산책 1950년대편. 2: 6.25전쟁에서 4.19전야까지』, 인물과사상사.

강준만, 2009, 『한국 현대사 산책 1950년대편. 3: 6.25전쟁에서 4.19전야까지』, 인물과사상사.

강영수, 1948, “정당재편은 어디로?”, 『신동아』 1948년 10월호.

강원룡, 2004, “강원룡 목사의 체험 한국 현대사②: 이승만·조봉암 사이에서 양다리 걸친 미국”, 『신동아』 2004년 1월호.

공제욱, 1990, “8·15 이후 관료적 독점자본가의 형성”, 『역사비평』 제11호, 68~83.

구대열 역, 1989, 『한반도 분단과 미국: 미국의 대한정책 1941～50』, 을유문화사.

국제신문사출판부 역, 1949, 『UN朝鮮委員團報告書』.

국회사무처, 1971, 『국회사』 제1집.

권대복, 1985, 『진보당』, 지양사.

김경호, 2001, “부산정치파동의 본질과 정치사적 의미”, 『21세기정치학회보』 제11집 1호, 52~70.

김광운, 2000, 「북한 권력구조의 형성과 간부 충원(1945.8.～1947.3)」, 한양대학교 사학과 대학원 박사학위 논문.

김기협, 2011, “속셈이 빤했던 미군정의 정당 규제 정책”, http://orunkim.tistory.com/537.

김남식, 1984, 『남로당연구』, 돌베개.

김대환, 1981, “1950년대 한국경제의 연구” 진덕규 외, 『1950년대의 인식』, 한길사.

김도종, 2007, “이승만 대통령과 국가건설: 성공한 리더십, 실패한 지도자”, 한국 대통령 리더십 학술회의, 한국정치학회 관훈클럽.
김득중, 1993, 「제헌의회의 구성과정과 성격」, 성균관대학교 사학과 석사학위 논문.
김민하, 1978, 『한국정당정치론』, 교문사.
김민환, 1991, "미군정 공보기구의 언론활동", 『신문과 방송』 통권245호, 42~49.
김삼웅, 1999, 『(한 권으로 보는) 해방 후 정치사 100장면: 해방에서 김대중 집권까지』, 가람기획.
김성호 외, 1989, "농지개혁연구: 이데올로기와 권력투쟁을 중심으로 하여", 『국사관논총』 제25권, 177~213.
김성호 외, 1989, 『농지개혁사연구』, 한국농촌경제연구원.
김성호, 2001, "남북한의 농지개혁 비교연구" 홍성찬 편, 『농지개혁연구』 연세대학교 출판부.
김송달, 1986, 『바로보는 한국근현대 100년사』 제2권, 거름출판사.
김수진, 1996, "제2공화국의 정당과 정당정치", 『제2공화국과 한국 민주주의』, 나남.
김영미, 1994, "미 군정기 南朝鮮過渡立法議院의 성립과 활동", 『한국사론』 32권, 251~305.
김일영, 1993, "부산정치파동의 정치사적 의미", 『한국과 국제정치』 제17권, 31~66.
김일영, 1995, "농지개혁, 5·30선거, 그리고 한국전쟁", 경남대 극동문제연구소, 『한국과 국제정치』 제11권 제1호, 301~335.
김일영, 2000, "농지개혁을 둘러싼 신화의 해체", 『한국정치외교사논총』 제22권 제1호.
김운태, 1976, 『해방30년사』 2권, 성문각.
김은경, 1997, "민주당 신구파의 정치행태의 차이에 관한 연구: 1955~1961", 『한국학연구』 7권.
김재명, 1986, "삼균주의 선각자 조소앙 선생", 『정경문화』 1986년 6월호.
김종훈, 1969, 『한국정당사』, 한국고시학회.
김태일, 1990, "농촌사회의 구조변화와 농민정치" 한배호 편, 『한국현대정치론 Ⅰ』, 나남.
김태일, 2003, "4월 혁명의 출발: 2.28 대구민주운동의 정치적 의의", 『한국정치외교사논총』 제24집 제2호, 239~260.
김하룡, 1967, "역대선거를 통해 본 도시민의 정치의식: 한국의 선거와 도시민의 투표경향", 대한지방행정공제회, 『도시문제』.
나종일, 1988, "1952년 정치파동: 행정부, 의회, 군부, 외국의 상호작용", 『한국정치학회보』 제22집 제2호, 209~224.

남광규, 2001, 「해방 초기 중간파 약화와 좌우대결의 격화(1945.8.~1946.2)」, 고려대학교 정치외교학과 박사학위 논문.

대한민국 공보처, 1953, 『대통령이승만박사담화집』 제1집.

대한민국 공보처, 1962, 『대통령이승만박사담화집: 정치편』.

데이비드 콩드 지음, 장종익 옮김, 1988, 『남한 그 불행한 역사』, 좋은 책.

동아일보편, 1975, 『비화 제1공화국』 제1권, 동아일보사.

동아일보편, 1978, 『東亞日報私事』, 동아일보사.

동선희, 2006, 일제하 조선인 도평의회·도회의원 연구, 한국학중앙연구원 한국학대학원 박사학위 논문.

로버트 올리버, 김일영 역, 1990, 『대한민국 건국의 비화』, 계명사.

류승주, 2001, "1946~1948년 남북한 전력수급교섭", 『역사와현실』 제40권, 194~224.

문창성, 1948, "한민당은 어데로 가나?", 『신천지』 1948년 8월호.

박명림, 1989, "서론: 해방, 분단, 한국전쟁의 총체적 인식" 박명림 외, 『해방전후사의 인식6』, 한길사.

박명림, 1996, 『한국전쟁의 발발과 기원 2: 기원과 원인』, 나남출판.

박명림, 1999, "한국전쟁과 한국정치의 변화", 한국정신문화연구원 편, 『한국전쟁과 사회구조의 변화』, 백산서당.

박성기, 2000, 「해방정국의 정당갈등과 분단체제 형성에 관한 연구: 한민당과 조선공산당을 중심으로」, 부산대학교 박사학위 논문.

박용만, 1995, 『경무대 비화』, 내외신서.

박원순, 1997, 『국가보안법 연구 2: 국가보안법적용사』, 역사비평사.

박찬표, 2007, 『한국의 국가형성과 민주주의』, 후마니타스.

박태균, 1995, "1954년 제3대 총선과 정치지형의 변화: 자유당과 민주국민당을 중심으로", 『역사와 현실』 제17권 188~214.

박태균, 2005, 『한국전쟁: 끝나지 않은 전쟁, 끝나야 할 전쟁』, 책과함께.

박태순·김동춘, 1991, 『1960년대의 사회운동』, 까치.

백영철 편. 1995. 『제1공화국과 한국의 민주주의』, 나남.

백영철, 1996, 『제2공화국과 한국민주주의』, 나남.

백운선, 1992, 「제헌국회내 소장파에 관한 연구」, 서울대학교 대학원 정치학과 박사학위 논문.

백운선, 1992, "제헌국회 내 '소장파'세력의 활동과 그 붕괴", 『한국과 국제정치』 제15권, 115~140.

브루스 커밍스, 1986, 김자동 역, 『한국전쟁의 기원』, 일월총서.
서대숙, 2000, 『현대 북한의 지도자 김일성과 김정일』, 을유문화사.
서병조, 1963, 『주권자의 증언』, 모음 출판사.
서병조, 1981, 『정치사의 현장증언: 제1공화국』, 중화출판사.
서복경, 2003, 「한국 정당체제의 기원과 변화에 관한 연구」, 고려대학교 대학원 정치외교학과 박사학위 논문.
서임특, 1971, "제헌국회와 민국당의 탄생", 『세대』, 1971년 4월호.
서주석, 1990, "한국전쟁과 이승만정권의 권력강화; 6·25 40주년 특집", 『역사비평』 제9권, 134~148.
서중석, 1996, 『한국현대민족운동연구2』, 역사비평사.
서중석, 2006, 『조봉암과 1950년대(상)』, 역사비평사.
서중석, 2007, 『이승만과 제1공화국』, 역사비평사.
서중석, 2008, 『대한민국 선거이야기 1948 제헌선거에서 2007 대선까지』, 역사비평사.
서중석, 2013, 『사진과 그림으로 보는 한국 현대사』, 웅진지식하우스.
서중석, 2015, "새마을운동 덕분에 굶주림 면했다? 턱없는 소리" [서중석의 현대사 이야기] <80> 경제 개발, 여섯 번째 마당, <프레시안> 2015년 1월 14일자. http://www.pressian.com/news/article.html?no=123180.
서중석·김덕련 외, 2015, 『서중석의 현대사 이야기. 1: 해방과 분단 친일파 편』오월의봄.
서중석·김덕련 외, 2015, 『서중석의 현대사 이야기. 2: 한국전쟁과 민간인 집단 학살 편』, 오월의봄.
서희경, 2012, 『대한민국 헌법의 탄생』, 창비.
석혜원, 2008, 『이야기로 읽는 대한민국 경제사』, 미래의창.
손봉숙, 1985, "한국 자유당과 정당정치 연구" 『한국정치학회보』 19권, 163~183.
손호철, 1995, "1956년과 1963년의 대선: 조봉암, 박정희 득표는 잔존 좌익의 지지였나?" 손호철, 『해방 50년의 한국정치』, 새길.
송건호, 2002, 『송건호 전집 7: 한국민족주의 탐구』, 한길사.
송석윤, 2005, "선거운동 규제입법의 연원: 1925년 일본 보통선거법의 성립과 한국 분단체제에의 유입", 『서울대학교법학』 제46권 제4호.
송유경, 1995, "제헌 국회의원 선거의 정치사적 의미", 『한국시민윤리학회보』 제7집 197~217.
송재경, 2014, 「미군정 여론조사로 본 한국의 정치·사회동향(1945~1947)」, 서울대학교 대학원 석사학위 논문.

신병식, 1992, 「한국의 토지개혁에 관한 정치경제학적 연구」, 서울대학교 대학원 정치학과 박사학위 논문.

신우철, 2004, "중국의 제헌운동이 상해 임시정부 헌법제정에 미친 영향: 임시헌장(1919.4.11)과 임시헌법(1919.9.11)을 중심으로", 『법사학연구』 제29호.

심지연, 1982, 『한국민주당연구 I』, 풀빛.

심지연, 1984, 『한국현대정당론: 한국민주당연구 2』, 창작과 비평사.

심지연, 1986, "5.10선거와 제헌국회" 『월간조선』 1986년 8월호.

심지연, 1991, 『인민당 연구』, 경남대 극동문제연구소.

안준섭, 1986, "대한민국임시정부하의 후기 좌우합작", 『한국근대국가형성과 민족문제』, 한국사회사연구회 논문집 1, 문학과 지성사.

연시중, 2000, 『한국정당정치실록』, 지와사랑.

오병헌, 1960, "7.29총선거의 분석: 동아일보독자의 정치적 태도를 통해 본 유권자의 투표경향", 『아세아연구』 제3권 제2호.

오소백, 1981, "전환기의 내막: 반민특위", 조선일보 1981년 5월 10일자.

운남이승만문서편찬위원회, 1998, 『이화장소장 운남이승만문서(동문편)』 13권.

유세희, 2014, "내가 겪은 4·19혁명", 서울시 강북구, 『4·19혁명 학술자료집』.

유영익, 1990, "1950년대를 보는 하나의 시각", 『계간사상』 1990년 봄호.

유재일, 1988, "4.19시기 혁신정당운동의 전개과정과 그 성격에 관한 연구", 고려대학교 대학원 석사학위 논문.

유재일, 1997, 「한국정치의 연원: 1950년대 한국 정당체제의 형성과 그 정치적 의미」, 한국정치학회. 1997년도 4월 월례발표회 자료집.

윤석오 외, 1976, 『남기고 싶은 이야기들』, 중앙일보사.

윤종주, 1980, "민족 대이동으로 본 6.25", 『월간중앙』 1980년 6월호.

윤천주, 1961, "읍민의 투표행태: 읍의 건설은 민주정치 향상을 의미한다", 『아세아연구』 제4권 제1호.

윤천주, 1986, 『투표참여와 정치발전: 속 우리나라의 선거실태(개정판)』, 서울대학교 출판부.

이갑윤, 1996, "제2공화국의 선거정치: 7.29총선을 중심으로" 백영철 편, 『제2공화국과 한국 민주주의』, 나남출판.

이기하, 1961, 『한국정당발달사』, 의회정치사.

이기하 외, 1987, 『한국의 정당』, 한국일보사.

이대근, 2002, 『解放後·1950年代의 經濟: 工業化의 史的 背景 研究』, 삼성경제연구소.
이상철, 1982, 『커뮤니케이션발달사』, 일지사.
이승원, 2009, "하위주체'와 4월 혁명: '하위 주체'의 참여형태를 통해 본 민주화에 대한 반성", 『기억과전망』 제20호, 182~215.
이영석, 1987, 『야당 40년사』, 인간사.
이우관, 1990, "4.26에서 7.29총선까지", 『한국사회변혁운동과 4월 혁명 2』, 사월혁명연구소.
이임하, 1993, 「1950년 제2대 국회의원 선거에 관한 연구」, 성균관대학교 대학원 석사학위 논문.
이재봉, 1996, "4월 혁명, 제2공화국, 그리고 한미관계", 『제2공화국과 한국 민주주의』, 나남.
이주철, 1996, "통일 후 월남인의 북쪽 토지처리를 생각한다", 『역사비평』 제33권.
이완범, 2009, "이승만 정부 헌정파괴에 따른 반공정부 유지를 위한 미국의 대안 모색: 제거 검토에서 대체세력 육성방식으로, 1952~1955", 『평화학연구』 제10권 제3호.
이현주, 2005, "해방후 인천지역의 戰災同胞 귀환과 사회변화", 『인천학연구』 제4권.
이현진, 2009, 『미국의 대한경제원조정책 1948~1960』, 혜안.
이현희, 2003, 『대한민국임시정부사』, 한국학술정보.
이현희, 2007, 『이야기 인물 한국사』, 청아출판사.
이혜영, 2001, 「1960년 7.29총선의 전개과정과 성격」, 이화여자대학교 대학원 석사학위 논문.
이호진·강인섭, 1988, 『이것이 국회다』, 삼성출판사.
이효재, 1985, 『분단시대의 사회학』, 한길사.
임대식, 1995, "1930년대말 경기지역 조선인 대지주의 농외투자와 지방의회 참여", 『한국사론』 34권, 145~195.
임영태, 1998, 『대한민국 50년사: 살아가는 사람들의 살아있는 역사』, 들녘.
임종명, 1994, 「조선민족청년단 연구: 미군정의 '향후 한국의 주도세력양성정책'을 중심으로」, 고려대학교 대학원 석사학위 논문.
장상환, 1985, "농지개혁과정에 대한 실증적 연구" 강만길 외, 『해방전후사의 인식2』, 한길사.
장석흥, 2003, "해방 후 귀환문제 연구의 성과와 과제", 『한국근현대사연구』 제25권.
전광희, 1992, "한국전쟁과 남북한 인구의 변화"한국사회학회편, 『한국전쟁과 한국사회변동』.
전상인, 1994, “510선거와 530선거를 어떻게 볼 것인가”, 경남대 극동문제연구소, 『한국과 국제정치』 제10권 제1호, 283~288.
전현수, 2006, “좌우익 대결에서 친일경찰 항쟁으로 이어진 대구 10·1사건”, 『신동아』 통권 558호, 320~333.
전홍식, 2008, 「일제강점기 충주의 식민통치 연구: 식민통치 조직과 구조를 중심으로」, 충주대학교 행정학과 석사학위 논문.
정병준, 2001, 「이승만의 독립노선과 정부수립 운동」, 서울대학교 대학원 국사학과 박사학위 논문.
정병준. 2001. 「이승만의 독립노선과 정부수립 운동」 서울대학교 대학원 국사학과 박사학위 논문.
정병준, 2006, 『한국전쟁: 38선 충돌과 전쟁의 형성』, 돌베개.
정병준, 2010, 『한국사 시민강좌 47집: 대표적 독립운동가 12인』, 일조각.
정성호, 1999, “한국전쟁과 인구사회학적 변화”, 한국정신문화연구원 편, 『한국전쟁과 사회구조의 변화』, 백산서당.
정용욱, 1996, 「1942~1947년 미국의 대한정책과 과도정부형태 구상」, 서울대학교 대학원 국사학과 박사학위 논문.
정용욱, 2003, 『미군정 자료연구』, 선인.
정재현, 2013, 「1954년 개헌문제와 자유당의 갈등」, 성균관대학교 대학원 석사학위 논문.
정희상, 1989, “정국은 간첩조작사건”, 월간 『말』 1989년 9월호.
정태영, 2006, 『조봉암과 진보당: 한 민주사회주의자의 삶과 투쟁』, 후마니타스.
정태헌, 2000, ‘1930년대 조선인 유산층의 친일논리와 배경’ 민족문제연구소 편, 『한국근현대사와 친일파 문제』, 아세아문화사.
정해구, 1995, 「남북한 분단정권 수립 과정 연구: 1947.5~1948.9」, 고려대학교 대학원 정치외교학과 박사학위 논문.
정해구, 1988, 『10월 인민항쟁 연구』, 열음사.
조병옥, 1959, 『나의 회고록』, 민교사.
조선은행 조사부, 1949, 『조선경제연감』.
조죽봉, 1948, “통촉과 양김씨”, 『民聲』 제4권 7·8호.
조형·박명선, 1985, “북한출신 월남인의 정착과정을 통해서 본 남북한 사회구조의 변화” 변형윤 외, 『분단시대의 한국사회』, 까치.

최인규, 1984, 『최인규옥중자서전: You did very well』, 중앙일보사.

최용섭, 1996, “한국에서의 정당과 선거: 정당 파벌 사이의 협력 사례에 관한 연구: 1950년대 말기 자유·민주 양당 파벌 간의 상호 협력 관계를 중심으로”, 한국정치학회, 하계학술대회 논문집 제1권.

최장집, 1990, “한국전쟁에 대한 하나의 이해” 최장집 편, 『한국전쟁연구』, 태암.

최장집, 1994, “국민국가형성과 근대화의 문제”, 『한국사 17』, 한길사.

최장집, 1997, “해방 8년사의 총체적 인식”, 『해방전후사의 인식 4』, 한길사.

최장집, 2010, 『민주화 이후의 민주주의』 개정제2판, 후마니타스.

최정호, 1999, “김일성과 1946년 북한 ‘단독’인민정권”, 『우리가 살아온 20세기 1』, 미래 M&B.

최흥조, 1957, 『민주국민당의 내막』, 신문의 신문사.

추헌수, 1972, 『(자료)한국독립운동』 제2권, 연세대학교 출판부.

한국노동조합총연맹 편, 1979, 『한국노동조합운동사』, 한국노동조합총연맹.

한국산업은행조사부, 1955, 『한국산업경제 10년사』, 한국산업은행.

한국역사연구회 1930년대 연구반, 1991, 『일제하 사회주의운동사』, 한길사.

한승주, 1983, 『제2공화국과 한국 민주주의』, 종로서적.

한태수, 1968, 『한국정당사』, 신태양사.

한배호, 1994, 『한국정치변동론』, 법문사.

허정, 1979, 『내일을 위한 증언: 허정 회고록』, 샘터사.

홍석률, 1994, “한국전쟁 직후 미국의 이승만 제거계획”, 『역사비평』 제26호.

홍성찬, 2001, 『농지개혁연구』, 연세대학교 출판부.

홍순옥, 1971, “도시민의 선거행태: 서울의 경우” 대한지방행정공제회, 『도시문제』

홍용표, 2006, “1954년 제네바회의와 한국전쟁의 정치적 종결 모색”, 『한국정치외교사논총』 제28집 제1호, 35~55.

황민수, 2013, 『한국현대경제사: 압축성장 새틀로 이행실패』, 상원.

황병주, 2000, “미군정기 전재민구호(救護)운동과 ‘민족담론’”, 『역사와 현실』 제35권, 76~113.

황의서, 2009, “해방 후 좌우합작의 실패원인 분석”, 『대한정치학회보』 제17집 제1호, 325~341.

희망출판사 편, 1966, 『사실의 전부를 기술한다』, 희망출판사.

국사편찬위원회 편, 1994, 『한민족독립운동사자료집 5: 대동단사건 I』.

국회도서관 편, 1974, 『대한민국임시의정원문서』.

대한민국 친일반민족행위진상규명위원회, 2009, 『친일반민족행위진상규명 보고서』.

미국 국무부, 1946, Foreign Relations of the United States(FRUS), 제8권.

중앙선거관리위원회, 1964, 『대한민국선거사, 1964』.

중앙선거관리위원회, 1973, 『대한민국선거사』 제1집.

중앙선거관리위원회, 1973, 『대한민국정당사』 제 I 집.

Gandhi1, Jennifer and Ellen Lust–Okar, 2009, 'Elections Under Authoritarianism' Annual Review of Political Science. Vol. 12: 403~422.

Geddes, Barbara 2006. 'Why Parties and Elections in Authoritarian Regimes?' Revised version of a paper prepared for presentation at the annual meeting of the American Political Science Association.

Miller, Michael. 2013. 'The Origins of Electoral Authoritarianism and Democracy.' Working paper 1(5) presented at the Electoral Integrity Project Research seminar, 1st Semester (Feb-May) 2013, University of Sydney.

Morse, Yonatan L. 2012. 'The Era of Electoral Authoritarianism.' World Politics. Volume 64, Number 1 : 161~198.

O'Donnell, Guillermo., Philippe C. Schmitter , 1986. Transition from Authoritarian Rule: Tantative Conclusions of uncertain democracies, Johns Hopkins University Press.

Kim. Quee–Young. 1983. The Fall of Syngman Rhee. Berkerly: University of California. Centre for Korean Studies.

Schedler, Andreas. eds. 2006. Electoral Authoritarianism: The Dynamics of Unfree Competition. Boulder and London: Lynne Rienner Publishers.

Thompson, E. P. 1991. The Making of the English Working Class. Toronto: Penguin Books.

부 록

<부록 1> 역대 선거 상황(1948~1960)

이하 부록은 특별한 설명이 없는 한 중앙선거관리위원회『대한민국선거사』제1집(1973)에 수록된 자료에 근거한다.

■ 제헌국회 선거(1948.5.10.)

<제헌-1> 정당·단체별 입후보자와 당선자

	입후보자		당선자		득표	
	수	비율	수	비율	수	비율
무소속	417	44.0%	85	42.5%	2,745,483	38.0%
대한독립촉성국민회	235	24.8%	55	27.5%	1,775,543	24.6%
한국민주당	91	9.6%	29	14.5%	916,322	12.7%
대동청년단	87	9.2%	12	6.0%	655,653	9.1%
조선민족청년단	20	2.1%	6	3.0%	151,043	2.1%
대한독립촉성농민총연맹	10	1.1%	2	1.0%	106,629	1.5%
대한노동총연맹	12	1.3%	1	0.5%	52,512	0.7%
조선민주당	5	0.5%	1	0.5%	813,757	11.3%
대한청년단	4	0.4%	1	0.5%		
한국독립당	3	0.3%	1	0.5%		
교육협회	2	0.2%	1	0.5%		
단민당	2	0.2%	1	0.5%		
대성회	1	0.1%	1	0.5%		
유도회	1	0.1%	1	0.5%		
민족통일본부	1	0.1%	1	0.5%		
조선공화당	1	0.1%	1	0.5%		
부산일오구락부	1	0.1%	1	0.5%		
대한독립촉성애국부인회	7	0.7%	0	0.0%		
조선불교교무원	4	0.4%	0	0.0%		

한국독립정부수립대책협의회	3	0.3%	0	0.0%		
대한독립청년단	3	0.3%	0	0.0%		
조선예수교장로회	3	0.3%	0	0.0%		
대한부인회	3	0.3%	0	0.0%		
조선여자국민당	2	0.2%	0	0.0%		
대한정의단	2	0.2%	0	0.0%		
대한독립촉성국민총연맹	2	0.2%	0	0.0%		
기독교청년회	2	0.2%	0	0.0%		
기독교도연맹	2	0.2%	0	0.0%		
유도회	2	0.2%	0	0.0%		
여성단체총연맹	1	0.1%	0	0.0%		
한국기독교연합회	1	0.1%	0	0.0%		
민주주의자유독립당	1	0.1%	0	0.0%		
조선건국청년회	1	0.1%	0	0.0%		
대한독립서북협회	1	0.1%	0	0.0%		
조선변호사협회	1	0.1%	0	0.0%		
청년조선총연맹	1	0.1%	0	0.0%		
청년당	1	0.1%	0	0.0%		
조선법학회	1	0.1%	0	0.0%		
대한민국총동원본부	1	0.1%	0	0.0%		
조선불교중앙총무회	1	0.1%	0	0.0%		
상무사	1	0.1%	0	0.0%		
민족사회당	1	0.1%	0	0.0%		
민중당	1	0.1%	0	0.0%		
나재민동포자치회	1	0.1%	0	0.0%		
애국부인동지회	1	0.1%	0	0.0%		
고려진보당	1	0.1%	0	0.0%		
청우당	1	0.1%	0	0.0%		
민주의원	1	0.1%	0	0.0%		
민족통일건국전선	1	0.1%	0	0.0%		
합계	948	100.0%	200	100.0%	7,216,942	100.0%

<제헌-2> 지역별 정당·단체별 당선자

	서울	경기	충북	충남	전북	전남	경북	경남	강원	제주	합계
무소속	2	16	8	8	8	9	11	17	5	1	85
대한독립촉성국민회	1	7	2	10	6	5	11	6	6	1	55
한국민주당	4	2	1		4	10	5	3			29
대동청년단	2	3	1	1	1	1	2		1		12
조선민족청년단					2	1		3			6
대한노동총연맹							1				1
대한독립촉성농민총연맹					1	1					2
조선민주당	1										1
대한청년단										1	1
한국독립당		1									1
교육협회							1				1
단민당						1					1
대성회						1					1
유도회							1				1
민족통일본부							1				1
조선공화당								1			1
부산일오구락부								1			1
합계	10	29	12	19	22	29	33	31	12	3	200

<제헌-3> 직업별 입후보자와 당선자

	입후보자		당선자	
	수	비율	수	비율
농업	377	39.8%	86	43.0%
수산업	2	0.2%	1	0.5%
광공업	26	2.7%	2	1.0%
상업 및 운수업	86	9.1%	6	3.0%
언론 출판업	66	7.0%	15	7.5%
공익사업	22	2.3%	10	5.0%
법조인	19	2.0%	4	2.0%
교육인	18	1.9%	5	2.5%
종교인	25	2.6%	5	2.5%
회사원	98	10.3%	14	7.0%
민주단체 및 입법의원	36	3.8%	12	6.0%
기타	99	10.4%	18	9.0%
무직	74	7.8%	22	11.0%
합계	948	100.0%	200	100.0%

<제헌-4> 경력별 당선자

	당선자	
	수	비율
공무원	43	21.5%
교원	22	11.0%
신문인	22	11.0%
청년운동	16	8.0%
독립운동	9	4.5%
의사	7	3.5%
종교인	11	5.5%
변호사	6	3.0%
회사원	5	2.5%
임정요인	3	1.5%
토건업	3	1.5%
노동운동	2	1.0%
기타	51	25.5%
합계	200	100.0%

<제헌-5> 학력별 입후보자와 당선자

	입후보자		당선자	
	수	비율	수	비율
한문수학	58	6.1%	9	4.5%
소학졸업	118	12.4%	25	12.5%
중학중퇴	13	1.4%	3	1.5%
중학졸업	272	28.7%	44	22.0%
전문중퇴	12	1.3%	4	2.0%
전문졸업	116	12.2%	34	17.0%
대학중퇴	18	1.9%	4	2.0%
대학졸업	227	23.9%	74	37.0%
미상	114	12.0%	3	1.5%
합계	948	100.0%	200	100.0%

<제헌-6> 투표현황

	선거구수	투표구수	인구수 (1946.8.30.)	선거인수	투표자수		
					유효	무효	합계
서울	10	737	1,141,766	568,291	501,911	28,414	530,325
경기	29	1,661	2,486,369	1,088,515	1,029,479	20,913	1,050,392
강원	12	797	1,116,836	467,554	451,194	7,844	459,038
충북	12	788	1,112,894	462,090	432,605	12,029	444,634
충남	19	1,542	1,909,405	794,392	737,848	22,846	760,694
전북	22	1,519	2,016,428	801,988	749,599	27,234	776,833
전남	29	1,875	2,944,842	1,106,397	997,954	46,217	1,044,171
경북	33	2,453	3,178,750	1,227,597	1,087,695	59,096	1,146,791
경남	31	1,813	3,185,832	1,287,007	1,198,094	44,615	1,242,709
제주	3	87	97,755	37,040	30,563	1,499	32,062
합계	200	13,272	19,190,877	7,840,871	7,216,942	270,707	7,487,649

■1대 대통령·부통령 선거(1948.7.20.)

<1대선-1> 대통령선거 투표현황

	득표수	
이승만	180	
김구	13	
안재홍	2	
무효	1	서재필은 외국 국적자이므로 무효 처리되었음
합계	196	

<1부선-2> 부통령선거 투표현황

	1차	2차
이시영	113	133
김구	65	62
조만식	10	–
오세창	5	–
장택상	3	–
서상일	1	–
이구수	–	1
무효	–	1
합계	197	197

■ 2대 국회의원 선거(1950.05.30.)

<2대-1> 정당·단체별 입후보자와 당선자

	입후보자		당선자		득표	
	수	비율	수	비율	수	비율
무소속	1,513	68.5%	126	60.0%	4,397,287	62.9%
대한국민당	165	7.5%	24	11.4%	677,173	9.7%
민주국민당	154	7.0%	24	11.4%	683,910	9.8%
국민회	115	5.2%	14	6.7%	473,153	6.8%
대한청년당	60	2.7%	10	4.8%	227,537	3.3%
대한노동총연맹	41	1.9%	3	1.4%	117,939	1.7%
사회당	28	1.3%	2	1.0%	89,413	1.3%
일민구락부	19	0.9%	3	1.4%	71,239	1.0%
민족자주연맹	10	0.5%	1	0.5%	33,464	0.5%
대한부인회	5	0.2%	1	0.5%	20,379	0.3%
불교	3	0.1%	1	0.5%	11,025	0.2%
여자국민당	2	0.1%	1	0.5%	10,412	0.1%
독립노농당	20	0.9%		0.0%	174,109	2.5%
한국독립당	13	0.6%		0.0%		
유도회	9	0.4%		0.0%		

조선민주당	8	0.4%		0.0%		
대한농민총연맹	3	0.1%		0.0%		
독로당	3	0.1%		0.0%		
재일동포거주민단	2	0.1%		0.0%		
대한노동당	2	0.1%		0.0%		
신생회	2	0.1%		0.0%		
정경연구회	2	0.1%		0.0%		
대동청년단	1	0.0%		0.0%		
삼민당	1	0.0%		0.0%		
신강회	1	0.0%		0.0%		
애국노인회	1	0.0%		0.0%		
반공연맹	1	0.0%		0.0%		
삼일혁명동지회	1	0.0%		0.0%		
천도교	1	0.0%		0.0%		
다핸의열단	1	0.0%		0.0%		
신사회	1	0.0%		0.0%		
천주교총연맹	1	0.0%		0.0%		
신문기자협회	1	0.0%		0.0%		
농민회	1	0.0%		0.0%		
대한기독교침례회	1	0.0%		0.0%		
선량동지회	1	0.0%		0.0%		
노농청년연맹	1	0.0%		0.0%		
기독교청년회	1	0.0%		0.0%		
민보단	1	0.0%		0.0%		
애국단체연맹	1	0.0%		0.0%		
미상	12	0.5%		0.0%		
합계	2,209	100.0%	210	100.0%	6,987,040	100.0%

<2대-2> 지역별 정당·단체별 당선자

	서울	경기	충북	충남	전북	전남	경북	경남	강원	제주	합계
무소속	7	19	7	11	15	12	22	26	5	2	126
대한국민당	2	6	3	3	1	2	3		4		24
민주국민당	2	3	2	1	3	9	2	2			24
국민회	1			3	1	3	1	2	2	1	14
대한청년당					3	4	2	1			10
대한노동총연맹	1				1	1					3
사회당	1	1									2
일민구락부		1		1			1				3
민족자주연맹	1										1
대한부인회	1										1
불교							1				1
여자국민당					1						1
합계	16	30	12	19	25	31	32	31	11	3	210

<2대-3> 직업별 입후보자와 당선자

	입후보자		당선자	
	수	비율	수	비율
농업	804	36.4%	63	30.0%
수산업	15	0.7%	1	0.5%
광공업	72	3.3%	4	1.9%
상업 및 운수업	171	7.7%	15	7.1%
언론 출판업	109	4.9%	8	3.8%
공익사업	57	2.6%	7	3.3%
법조인	65	2.9%	12	5.7%
교육인	71	3.2%	8	3.8%
종교인	32	1.4%	4	1.9%
회사원	233	10.5%	29	13.8%
민의원	112	5.1%	31	14.8%
기타	161	7.3%	6	2.9%
무직	307	13.9%	22	10.5%
합계	2209	100.0%	210	100.0%

<2대－4> 경력별 당선자

	당선자	
	수	비율
공무원	54	25.7%
교원	12	5.7%
언론출판업	16	7.6%
청년운동	15	7.1%
독립운동	8	3.8%
의사	4	1.9%
종교인	6	2.9%
변호사	9	4.3%
회사원	8	3.8%
임정요인	6	2.9%
토건업	1	0.5%
노동운동	4	1.9%
기타	67	31.9%
합계	210	100.0%

<2대－5> 학력별 입후보자와 당선자

	입후보자		당선자	
	수	비율	수	비율
한문수학	120	5.4%	4	1.9%
소학졸업	268	12.1%	10	4.8%
중학중퇴	22	1.0%	3	1.4%
중학졸업	674	30.5%	50	23.8%
전문중퇴	21	1.0%	7	3.3%
전문졸업	237	10.7%	35	16.7%
대학중퇴	52	2.4%	8	3.8%
대학졸업	636	28.8%	93	44.3%
미상	179	8.1%	0	0.0%
합계	2209	100.0%	210	100.0%

■2대 부통령 선거(1951.5.16.)

<2부선-1> 선거현황

	1차	2차	3차
김성수	66	68	78
이갑성	53	65	73
함태영	17	10	
장택상	11	5	
지청천	2	2	
김창숙	1	1	
무효	1		
기권			1
합계	151	151	152

■2대 대통령·3대 부통령 선거(1952.8.5.)

<2대선-1> 투표현황

	인구수 (1949.5.1.)	선거인수	투표자수		
			유효	무효	합계
서울	1,556,361	282,585	249,737	9,252	258,989
경기	2,620,252	912,299	749,736	26,072	775,808
충북	1,146,509	510,014	445,955	11,860	457,815
충남	2,028,188	913,427	772,352	25,258	797,610
전북	2,050,485	854,424	710,202	33,297	743,499
전남	3,042,442	1,278,185	1,119,394	45,529	1,164,923
경북	3,206,201	1,416,726	1,229,150	40,713	1,269,863
경남	3,134,829	1,535,810	1,252,307	49,463	1,301,770
강원	1,138,785	439,519	396,782	10,003	406,785
제주	254,589	116,439	95,069	3,752	98,821
합계	20,178,641	8,259,428	7,020,684	255,199	7,275,883

<2대선-2> 득표현황

	투표자수	이승만		조봉암		이시영		신흥우	
	유효	득표수	비율	득표수	비율	득표수	비율	득표수	비율
서울	249,737	205,300	82.2%	25,631	10.3%	14,883	6.0%	3,923	1.6%
경기	749,736	657,174	87.7%	44,967	6.0%	34,704	4.6%	12,891	1.7%
충북	445,955	386,665	86.7%	25,875	5.8%	23,006	5.2%	10,409	2.3%
충남	772,352	636,061	82.4%	56,590	7.3%	58,754	7.6%	20,947	2.7%
전북	710,202	468,220	65.9%	109,490	15.4%	96,271	13.6%	36,221	5.1%
전남	1,119,394	823,587	73.6%	99,885	8.9%	165,245	14.8%	30,677	2.7%
경북	1,229,150	921,988	75.0%	129,791	10.6%	140,271	11.4%	37,100	3.0%
경남	1,252,307	693,523	55.4%	288,654	23.0%	211,544	16.9%	58,586	4.7%
강원	396,782	366,583	92.4%	10,516	2.7%	13,378	3.4%	6,305	1.6%
제주	95,069	79,668	83.8%	6,105	6.4%	6,659	7.0%	2,637	2.8%
합계	7,020,684	5,238,769	74.6%	797,504	11.4%	764,715	10.9%	219,696	3.1%

<3대 부선-1> 투표현황

	인구수 (1949.5.1.)	선거인수	투표자수		
			유효	무효	합계
서울	1,556,361	282,585	254,073	4,901	258,974
경기	2,620,252	912,299	762,268	13,253	775,521
충북	1,146,509	510,014	452,629	5,098	457,727
충남	2,028,188	913,427	784,794	12,805	797,599
전북	2,050,485	854,424	724,156	17,473	741,629
전남	3,042,442	1,278,185	1,136,734	27,391	1,164,125
경북	3,206,201	1,416,726	1,247,833	21,284	1,269,117
경남	3,134,829	1,535,810	1,273,417	27,366	1,300,783
강원	1,138,785	439,519	401,766	4,882	406,648
제주	254,589	116,439	95,627	3,132	98,759
합계	20,178,641	8,259,428	7,133,297	137,585	7,270,882

<3대 부선-2> 득표현황

		득표수	득표비율
자유당	이범석	1,815,692	25.5%
	이갑성	500,972	7.0%
민주국민당	조병옥	575,260	8.1%
조선민주당	이윤영	458,583	6.4%
여자국민당	임영신	190,211	2.7%
대한노총	전진한	302,471	4.2%
무소속	함태영	2,943,813	41.3%
	백성욱	181,388	2.5%
	정기완	164,907	2.3%
합계		7,133,297	100.0%

■3대 국회의원 선거(1954.05.20.)

<3대-1> 정당·단체별 입후보자와 당선자

<table>
<tr><th rowspan="2"></th><th colspan="2">입후보자</th><th colspan="2">당선자</th><th colspan="2">득표</th></tr>
<tr><th>수</th><th>비율</th><th>수</th><th>비율</th><th>수</th><th>비율</th></tr>
<tr><td>무소속</td><td>797</td><td>66.0%</td><td>67</td><td>33.0%</td><td>3,591,617</td><td>47.9%</td></tr>
<tr><td>자유당</td><td>242</td><td>20.0%</td><td>114</td><td>56.2%</td><td>2,756,061</td><td>36.8%</td></tr>
<tr><td>민주국민당</td><td>77</td><td>6.4%</td><td>15</td><td>7.4%</td><td>593,499</td><td>7.9%</td></tr>
<tr><td>국민회</td><td>48</td><td>4.0%</td><td>3</td><td>1.5%</td><td>192,109</td><td>2.6%</td></tr>
<tr><td>대한국민당</td><td>15</td><td>1.2%</td><td>3</td><td>1.5%</td><td>72,925</td><td>1.0%</td></tr>
<tr><td>제헌국회의원동지회</td><td>1</td><td>0.1%</td><td>1</td><td>0.5%</td><td rowspan="11">286,097</td><td rowspan="11">3.8%</td></tr>
<tr><td>농민회</td><td>9</td><td>0.7%</td><td rowspan="10">0</td><td rowspan="10">0.0%</td></tr>
<tr><td>조선민주당</td><td>6</td><td>0.5%</td></tr>
<tr><td>대한노동총연맹</td><td>5</td><td>0.4%</td></tr>
<tr><td>민중자결단</td><td>2</td><td>0.2%</td></tr>
<tr><td>여자국민당</td><td>1</td><td>0.1%</td></tr>
<tr><td>어민회</td><td>1</td><td>0.1%</td></tr>
<tr><td>유도회</td><td>1</td><td>0.1%</td></tr>
<tr><td>불교</td><td>1</td><td>0.1%</td></tr>
<tr><td>독립노농당</td><td>1</td><td>0.1%</td></tr>
<tr><td>합계</td><td>1,207</td><td>100.0%</td><td>203</td><td>100.0%</td><td>7,492,308</td><td>100.0%</td></tr>
</table>

<3대-2> 직업별 입후보자와 당선자

	입후보자		당선자	
	수	비율	수	비율
농업	402	33.3%	53	23.0%
수산업	10	0.8%	1	0.4%
광공업	35	2.9%	8	3.5%
상업 및 운수업	83	6.9%	9	3.9%
언론 출판업	79	6.5%	10	4.3%
공익사업	26	2.2%	4	1.7%
법조인	48	4.0%	11	4.8%
교육인	8	0.7%	0	0.0%
종교인	5	0.4%	1	0.4%
회사원	129	10.7%	26	11.3%
민의원	126	10.4%	43	18.7%
기타	76	6.3%	6	2.6%
무직	180	14.9%	31	13.5%
합계	1,207	100.0%	203	88.3%

<3대-3> 경력별 당선자

	당선자	
	수	비율
공무원	50	24.6%
교원	11	5.4%
언론출판업	8	3.9%
청년운동	2	1.0%
독립운동	1	0.5%
의사	3	1.5%
종교인	3	1.5%
변호사	10	4.9%
회사원	–	–
임정요인	1	0.5%
토건업	–	–
노동운동	1	0.5%
기타	113	55.7%
합계	203	100.0%

<3대-4> 학력별 입후보자와 당선자

	입후보자		당선자	
	수	비율	수	비율
한문수학	39	3.2%	3	1.5%
소학졸업	114	9.4%	22	10.8%
중학중퇴	28	2.3%	6	3.0%
중학졸업	342	28.3%	59	29.1%
전문중퇴	23	1.9%	1	0.5%
전문졸업	158	13.1%	21	10.3%
대학중퇴	73	6.0%	8	3.9%
대학졸업	430	35.6%	83	40.9%
합계	1,207	100.0%	203	100.0%

<3대-5> 투표현황

	선거구 수	투표 구수	인구수 (1949.5.1.)	선거인수	투표자수		
					유효	무효	합계
서울	16	469	1,556,361	458,735	395,184	10,038	405,222
경기	23	631	2,620,252	902,018	795,227	20,504	815,731
강원	12	386	1,138,785	468,915	428,168	7,120	435,288
충북	12	421	1,146,509	493,725	446,534	8,912	455,446
충남	19	561	2,028,188	886,133	784,616	18,656	803,272
전북	22	644	2,050,485	870,132	785,321	22,691	808,012
전남	30	884	3,042,442	1,263,480	1,131,316	37,281	1,168,597
경북	34	904	3,206,201	1,400,337	1,257,477	34,855	1,292,332
경남	32	1,037	3,134,829	1,564,962	1,364,918	42,538	1,407,456
제주	3	71	254,589	138,072	103,547	3,487	107,034
합계	203	6,008	20,178,641	8,446,509	7,492,308	206,082	7,698,390

■3대 대통령·4대 부통령 선거(1956.5.15.)

<표 3대선－1> 투표현황

	인구수 (1955.9.1.)	선거인수	투표자수		
			유효	무효	합계
서울	1,574,868	703,799	324,382	284,359	608,741
경기	2,363,660	1,119,859	787,907	271,064	1,058,971
강원	1,496,301	804,325	709,963	79,710	789,673
충북	1,192,071	521,061	410,227	89,517	499,744
충남	2,222,725	961,871	688,504	212,067	900,571
전북	2,126,255	910,566	705,742	169,468	875,210
전남	3,127,559	1,330,477	1,028,410	257,768	1,286,178
경북	3,363,798	1,492,013	1,123,447	275,275	1,398,722
경남	3,770,209	1,646,398	1,332,999	205,338	1,538,337
제주	288,928	116,501	98,664	12,252	110,916
합계	21,526,374	9,606,870	7,210,245	1,856,818	9,067,063

<표 3대선－2> 득표현황

	투표자수	이승만		조봉암	
	유효	득표수	비율	득표수	비율
서울	324,382	205,253	63.3%	119,129	36.7%
경기	787,907	607,757	77.1%	180,150	22.9%
강원	709,963	644,693	90.8%	65,270	9.2%
충북	410,227	353,201	86.1%	57,026	13.9%
충남	688,504	530,531	77.1%	157,973	22.9%
전북	705,742	424,674	60.2%	281,068	39.8%
전남	1,028,410	741,623	72.1%	286,787	27.9%
경북	1,123,447	621,530	55.3%	501,917	44.7%
경남	1,332,999	830,492	62.3%	502,507	37.7%
제주	98,664	86,683	87.9%	11,981	12.1%
합계	7,210,245	5,046,437	70.0%	2,163,808	30.0%

<표 4부선-1> 투표현황

	인구수 (1955.9.1.)	선거인수	투표자수		
			유효	무효	합계
서울	1,574,868	703,799	586,553	22,099	608,652
경기	2,363,660	1,119,859	1,002,569	56,075	1,058,644
강원	1,496,301	804,325	763,132	26,110	788,805
충북	1,192,071	521,061	473,777	25,673	499,450
충남	2,222,725	961,871	857,172	42,998	900,170
전북	2,126,255	910,566	839,411	35,411	874,822
전남	3,127,559	1,330,477	1,212,411	73,863	1,286,274
경북	3,363,798	1,492,013	1,316,168	81,995	1,398,163
경남	3,770,209	1,646,398	1,483,338	54,562	1,537,900
제주	288,928	116,501	107,963	2,914	110,877
합계	21,526,374	9,606,870	8,642,494	421,700	9,064,194

<표 4부선-2> 득표현황

		득표수	득표비율
자유당	이기붕	3,805,502	44.0%
민주당	장면	4,012,654	46.4%
조선민주당	이윤영	34,926	0.4%
대한국민당	윤치영	241,278	2.8%
무소속	이범석	317,579	3.7%
	백성욱	230,555	2.7%
합계		8,642,494	100.0%

■4대 국회의원 선거(1958.05.02.)

<4대－1> 정당·단체별 입후보자와 당선자

<table>
<tr><th></th><th colspan="2">입후보자</th><th colspan="2">당선자</th><th colspan="2">득표</th></tr>
<tr><td></td><td>수</td><td>비율</td><td>수</td><td>비율</td><td>수</td><td>비율</td></tr>
<tr><td>무소속</td><td>357</td><td>42.4%</td><td>27</td><td>11.6%</td><td>1,839,884</td><td>21.5%</td></tr>
<tr><td>자유당</td><td>236</td><td>28.1%</td><td>126</td><td>54.1%</td><td>3,607,092</td><td>42.1%</td></tr>
<tr><td>민주당</td><td>199</td><td>23.7%</td><td>79</td><td>33.9%</td><td>2,934,036</td><td>34.2%</td></tr>
<tr><td>통일당</td><td>13</td><td>1.5%</td><td>1</td><td>0.4%</td><td>53,716</td><td>0.6%</td></tr>
<tr><td>국민회</td><td>11</td><td>1.3%</td><td rowspan="11">0</td><td rowspan="11">0.0%</td><td>51,906</td><td>0.6%</td></tr>
<tr><td>노농당</td><td>7</td><td>0.8%</td><td rowspan="10">90,123</td><td rowspan="10">1.1%</td></tr>
<tr><td>민주혁신당</td><td>6</td><td>0.7%</td></tr>
<tr><td>독립노농당</td><td>3</td><td>0.4%</td></tr>
<tr><td>국민당</td><td>2</td><td>0.2%</td></tr>
<tr><td>농민회</td><td>2</td><td>0.2%</td></tr>
<tr><td>대한반공청년회</td><td>1</td><td>0.1%</td></tr>
<tr><td>대한농민회</td><td>1</td><td>0.1%</td></tr>
<tr><td>민주자유연맹</td><td>1</td><td>0.1%</td></tr>
<tr><td>대한상이용사회</td><td>1</td><td>0.1%</td></tr>
<tr><td>대한반공단</td><td>1</td><td>0.1%</td></tr>
<tr><td>합계</td><td>841</td><td>100.0%</td><td>233</td><td>100.0%</td><td>8,576,757</td><td>100.0%</td></tr>
</table>

<4대-2> 직업별 입후보자와 당선자

	입후보자		당선자	
	수	비율	수	비율
농업	152	18.1%	32	13.7%
수산업	8	1.0%	1	0.4%
광공업	38	4.5%	6	2.6%
상업 및 운수업	52	6.2%	8	3.4%
언론 출판업	29	3.4%	10	4.3%
공익사업	10	1.2%	3	1.3%
법조인	45	5.4%	6	2.6%
교육인	11	1.3%	1	0.4%
종교인	2	0.2%	0	0.0%
회사원	98	11.7%	27	11.6%
국회의원	183	21.8%	89	38.2%
기타	58	6.9%	12	5.2%
무직	155	18.4%	38	16.3%
합계	841	100.0%	233	100.0%

<4대-3> 학력별 입후보자와 당선자

	입후보자		당선자	
	수	비율	수	비율
한문수학	18	2.1%	4	1.7%
소학졸업	56	6.7%	12	5.2%
중학중퇴	49	5.8%	12	5.2%
중학졸업	179	21.3%	50	21.5%
전문중퇴	36	4.3%	8	3.4%
전문졸업	130	15.5%	34	14.6%
대학중퇴	76	9.0%	21	9.0%
대학졸업	297	35.3%	92	39.5%
합계	841	100.0%	233	100.0%

<4대－4> 투표현황

	선거구수	투표구수	인구수 (1955.9.1.)	선거인수	투표자수		
					유효	무효	합계
서울	16	484	1,574,868	797,389	625,726	17,556	643,282
경기	25	768	2,363,660	1,188,695	1,014,797	33,925	1,048,722
강원	20	585	1,496,301	803,663	619,981	22,068	642,049
충북	13	525	1,192,071	556,596	496,701	19,334	516,035
충남	22	713	2,222,725	1,000,434	886,649	32,926	919,575
전북	24	845	2,126,255	978,486	865,409	40,160	905,569
전남	32	1,186	3,127,559	1,411,060	1,242,906	49,869	1,292,775
경북	38	1,092	3,363,798	1,593,091	1,286,207	65,843	1,352,050
경남	40	1,115	3,770,209	1,713,354	1,431,723	60,578	1,492,301
제주	3	105	288,928	121,660	106,658	4,889	111,547
합계	233	7,418	21,526,374	10,164,428	8,576,757	347,148	8,923,905

■4대 대통령·5대 부통령 선거(1960.03.15.)

<2대선－1> 투표현황

	인구수 (1955.9.1.)	선거인수	투표자수		
			유효	무효	합계
서울	1,574,868	1,035,916	684,146	264,193	948,339
경기	2,363,660	1,343,318	1,139,927	168,401	1,308,328
강원	1,496,301	592,292	510,369	66,068	576,437
충북	1,192,071	1,089,887	988,180	68,952	1,057,132
충남	2,222,725	1,047,788	919,529	113,640	1,033,169
전북	2,126,255	1,520,591	1,398,887	108,902	1,507,789
전남	3,127,559	1,673,522	1,403,461	203,105	1,606,566
경북	3,363,798	1,882,566	1,632,159	190,158	1,822,317
경남	3,770,209	881,698	829,131	44,665	873,796
제주	288,928	128,912	127,587	812	128,399
합계	21,526,374	11,196,490	9,633,376	1,228,896	10,862,272

<5부선－1> 투표현황

	인구수 (1955.9.1.)	선거인수	투표자수		
			유효	무효	합계
서울	1,574,868	1,035,916	920,950	27,367	948,317
경기	2,363,660	1,343,318	1,263,633	45,447	1,309,080
강원	1,496,301	592,292	556,827	19,633	576,460
충북	1,192,071	1,089,887	1,044,238	12,705	1,056,943
충남	2,222,725	1,047,788	996,699	36,305	1,033,004
전북	2,126,255	1,520,591	1,453,014	54,180	1,507,194
전남	3,127,559	1,673,522	1,545,600	61,071	1,606,671
경북	3,363,798	1,882,566	1,760,110	61,800	1,821,910
경남	3,770,209	881,698	858,349	15,246	873,595
제주	288,928	128,912	128,025	374	128,399
합계	21,526,374	11,196,490	10,527,445	334,128	10,861,573

<5부선－2> 득표현황

		득표수	득표비율
자유당	이기붕	8,337,059	79.2%
통일당	김준연	249,095	2.4%
여자국민당	임영신	97,533	0.9%
민주당	장면	1,843,758	17.5%
		10,527,445	100.0%

■5대 민의원 선거(1960.7.29.)

<5대민-1> 정당·단체별 입후보자와 당선자

<table>
<tr><th rowspan="2"></th><th colspan="2">입후보자</th><th colspan="2">당선자</th><th colspan="2">득표</th></tr>
<tr><th>수</th><th>비율</th><th>수</th><th>비율</th><th>수</th><th>비율</th></tr>
<tr><td>민주당</td><td>305</td><td>19.5%</td><td>175</td><td>75.1%</td><td>3,786,401</td><td>41.7%</td></tr>
<tr><td>자유당</td><td>54</td><td>3.5%</td><td>2</td><td>0.9%</td><td>249,960</td><td>2.8%</td></tr>
<tr><td>무소속</td><td>1,010</td><td>64.6%</td><td>49</td><td>21.0%</td><td>4,249,180</td><td>46.8%</td></tr>
<tr><td>사회대중당</td><td>129</td><td>8.3%</td><td>4</td><td>1.7%</td><td>541,021</td><td>6.0%</td></tr>
<tr><td>한국사회당</td><td>19</td><td>1.2%</td><td>1</td><td>0.4%</td><td>57,965</td><td>0.6%</td></tr>
<tr><td>통일당</td><td>1</td><td>0.1%</td><td>1</td><td>0.4%</td><td>17,293</td><td>0.2%</td></tr>
<tr><td>한독당</td><td>12</td><td>0.8%</td><td rowspan="10">1</td><td rowspan="10">0.4%</td><td rowspan="10">176,015</td><td rowspan="10">1.9%</td></tr>
<tr><td>자유법조단</td><td>9</td><td>0.6%</td></tr>
<tr><td>헌정동지회</td><td>1</td><td>0.1%</td></tr>
<tr><td>혁신동지총연맹</td><td>13</td><td>0.8%</td></tr>
<tr><td>노농</td><td>1</td><td>0.1%</td></tr>
<tr><td>사회혁신당</td><td>1</td><td>0.1%</td></tr>
<tr><td>한청</td><td>2</td><td>0.1%</td></tr>
<tr><td>재향군인회</td><td>1</td><td>0.1%</td></tr>
<tr><td>기타</td><td>5</td><td>0.3%</td></tr>
<tr><td>합계</td><td>1,563</td><td>100.0%</td><td>233</td><td>100.0%</td><td>9,077,835</td><td>100.0%</td></tr>
</table>

<5대민-2> 직업별 입후보자와 당선자

	입후보자		당선자	
	수	비율	수	비율
농업	278	17.8%	48	20.6%
수산업	9	0.6%	1	0.4%
광공업	39	2.5%	4	1.7%
상업 및 운수업	99	6.3%	7	3.0%
언론 출판업	91	5.8%	13	5.6%
공익사업	38	2.4%	2	0.9%
법조인	81	5.2%	19	8.2%
교육인	43	2.8%	2	0.9%
종교인	13	0.8%	1	0.4%
회사원	199	12.7%	10	4.3%
민의원	132	8.4%	57	24.5%
기타	541	34.6%	69	29.6%
합계	1,563	100.0%	233	100.0%

<5대민-3> 학력별 입후보자와 당선자

	입후보자		당선자	
	수	비율	수	비율
무학	2	0.1%	–	–
한문수학	40	2.6%	7	3.0%
소학졸업	79	5.1%	17	7.3%
중학중퇴	55	3.5%	10	4.3%
중학졸업	176	11.3%	14	6.0%
고교졸업	178	11.4%	29	12.4%
전문중퇴	–	–	–	–
전문졸업	186	11.9%	34	14.6%
대학중퇴	188	12.0%	24	10.3%
대학졸업	626	40.1%	95	40.8%
대학원졸업	33	2.1%	3	1.3%
합계	1,563	100.0%	233	100.0%

<5대민－4> 투표현황

	선거구 수	투표구 수	인구수 (1955.9.1.)	선거인수	투표자수		
					유효	무효	합계
서울	16	517	1,574,868	1,109,569	787,384	49,035	836,419
경기	25	746	2,363,660	1,297,896	1,017,257	90,795	1,108,052
강원	13	528	1,496,301	646,631	527,092	35,378	562,470
충북	22	700	1,192,071	1,169,383	911,895	75,464	987,359
충남	24	756	2,222,725	1,105,114	872,775	76,912	949,687
전북	32	1,028	2,126,255	1,616,626	1,271,405	104,914	1,376,319
전남	38	1,046	3,127,559	1,801,826	1,426,039	103,534	1,529,573
경북	40	1,084	3,363,798	1,940,109	1,506,130	117,552	1,623,682
경남	20	555	3,770,209	769,474	644,146	40,035	684,181
제주	3	119	288,928	136,804	113,712	7,467	121,179
합계	233	7,079	21,526,374	11,593,432	9,077,835	701,086	9,778,921

■5대 참의원 선거(1960.07.29.)

<5대참－1> 정당·단체별 입후보자와 당선자

	입후보자		당선자		득표	
	수	비율	수	비율	수	비율
민주당	60	29.9%	31	53.4%	8,195,543	39.0%
자유당	11	5.5%	4	6.9%	1,248,753	5.9%
사회대중당	7	3.5%	1	1.7%	516,346	2.5%
한국사회당	2	1.0%	1	1.7%	191,643	0.9%
한독당	1	0.5%	0		28,436	0.1%
기타	5	2.5%	1	1.7%	476,122	2.3%
무소속	115	57.2%	20	34.5%	10,349,763	49.3%
합계	201	100.0%	58	100.0%	21,006,606	100.0%

<5대참-2> 직업별 입후보자와 당선자

	입후보자		당선자	
	수	비율	수	비율
농업	30	14.9%	9	15.5%
수산업	1	0.5%	-	-
광공업	2	1.0%	-	-
상업 및 운수업	5	2.5%	-	-
언론 출판업	9	4.5%	4	6.9%
공익사업	5	2.5%	-	-
법조인	18	9.0%	6	10.3%
교육인	11	5.5%	5	8.6%
종교인	3	1.5%	1	1.7%
회사원	24	11.9%	8	13.8%
민의원	4	2.0%	2	3.4%
기타	89	44.3%	23	39.7%
합계	201	100.0%	58	100.0%

<5대참-3> 학력별 입후보자와 당선자

	입후보자		당선자	
	수	비율	수	비율
한문수학	3	1.5%	-	-
소학졸업	7	3.5%	-	-
중학중퇴	2	1.0%	-	-
중학졸업	27	13.4%	3	5.2%
고교졸업	22	10.9%	11	19.0%
전문졸업	44	21.9%	18	31.0%
대학중퇴	10	5.0%	2	3.4%
대학졸업	80	39.8%	21	36.2%
대학원졸업	6	3.0%	3	5.2%
합계	201	100.0%	58	100.0%

<5대참－4> 투표상황

	투표구수	인구수 (1955.9.1.)	선거인수	투표자수		
				유효	무효	합계
서울	517	1,574,868	1,109,569	813,403	19,277	832,680
경기	746	2,363,660	1,297,896	1,066,700	44,046	1,110,746
강원	528	1,496,301	646,631	547,885	18,651	566,536
충북	700	1,192,071	1,169,383	956,086	38,061	994,147
충남	756	2,222,725	1,105,114	900,952	44,112	945,064
전북	1,028	2,126,255	1,616,626	1,297,554	72,008	1,369,562
전남	1,046	3,127,559	1,801,826	1,439,360	85,438	1,524,798
경북	1,084	3,363,798	1,940,109	1,535,074	64,754	1,599,828
경남	555	3,770,209	769,474	664,694	18,541	683,235
제주	119	288,928	136,804	115,997	5,095	121,092
합계	7,079	21,526,374	11,593,432	9,337,705	409,983	9,747,688

■5대 대통령 선거(1960.05.12.)

후보자	득표수	득표율
윤보선	208	80.3%
김창숙	29	11.2%
백영준	3	1.2%
변영태	3	1.2%
김도연	2	0.8%
허정	2	0.8%
김병로	1	0.4%
김시현	1	0.4%
나용균	1	0.4%
박순천	1	0.4%
유옥우	1	0.4%
이철승	1	0.4%
무효	6	2.3%
	259	100.0%

<부록 2> 제1~2공화국의 사건사 연표

해당 시기	일자	사건사명	내용	비고
	1948.5.10	제헌국회 선거	대한민국 헌법제정과 정부수립을 위한 최초의 보통선거	
	1948.7.12	헌법제정	대한민국 최초의 헌법을 채택	
제1 공화국	1948.7.20	초대 대통령·부통령 선거	초대 대통령으로 이승만, 초대 부통령으로 이시영을 제헌국회에서 선출	
	1948.8.15	정부수립 선포	중앙청에서 대한민국 정부 수립 선포	
	1950.5.30	제2대 국회의원선거	제헌국회가 헌법제정 임무를 끝내고 정부수립이 선포된 이후 최초로 실시된 국회의원 선거	
	1950.6.25	한국전쟁 발발	1950년 6월 25일 새벽 4시 전쟁 발발	
	1951.5.9	초대 부통령 사임	전쟁 중 발생한 국민방위군 사건에 대한 반발로 부통령 이시영 사임	
	1951.5.17	제2대 부통령 선거	제2대 국회에서 김성수를 제2대 부통령으로 선출	
	1951.11.30	헌법개정안 제출	대통령 이승만, 직선제 개헌안 제출	
	1951.12.17	원외 자유당 창당	대통령 이승만, 집권당 창당을 추진했고, 이범석 등을 중심으로 원외 자유당이 출범	
	1951.12.23	원내 자유당 창당	이범석 등의 원외 자유당과는 별도로, 원내 이승만계 의원들을 중심으로 원내 자유당이 출범	
	1952.1.18	개헌안 부결	제2대 국회, 이승만의 직선제 개헌안 부결	
	1952.4.25	시·읍·면의회 의원선거	전쟁 중 정부 수립 이후 최초의 시·읍·면의회 의원 선거 시행	
	1952.5.10	도의회 의원 선거	전쟁 중 정부 수립 이후 최초의 도의회 의원 선거 시행	
	1952.5.25	계엄령 선포	부산과 경상남도, 전라남도, 전라북도의 23개 시·군에 계엄령을 선포	

1952.5.26	부산정치파동	헌병대 야당의원 50여 명 연행, 대통령 이승만 헌법개정안 상정 및 통과	
1952.5.29	제2대 부통령 사임	부산정치파동에 대한 반발로 부통령 김성수 사임	
1952.7.4	발췌개헌 제1차 개헌	대통령·부통령 직선제와 양원제를 도입한 제1차 헌법개정안 선포	
1952.8.5	최초의 대통령·부통령 직접선거	개정헌법에 따라 제2대 대통령·제3대 부통령 직접선거 실시. 제2대 대통령으로 이승만, 제3대 부통령으로 함태영 당선	
1953.7.27	정전협정 조인	연합군 총사령관과 조선인민군 최고사령관 및 중국인민지원군 사령원 사이에 정전협정 수립	
1954.4.26 ~ 7.21	제네바 협정	한반도 통일문제와 프랑스령 인도차이나 문제를 논의했던 국제회의. 한반도 문제에 대해서는 어떤 의결도 없이 종결됨	
1954.5.20	제3대 국회의원선거	제네바회담이 진행되는 와중에 전후 최초의 국회의원 선거가 시행됨.	
1954.11.17 ~19	사사오입개헌 제2차 헌법개정	1954년 11월 17일, 초대 대통령에 한해 3선 제한을 폐지하는 개헌안이 부결됨. 그러나 이틀 뒤 반올림 처리하여 통과를 선언	
1954.11.30	제3대 국회, 호헌동지회 결성	대통령 이승만에 의한 사사오입 개헌에 반대하는 의원들이 모여 원내 모임인 호헌동지회를 결성함	
1955.9.18	민주당 창당	호헌동지회를 모태로 하여, 민주국민당 소속 의원, 자유당 탈당파, 무소속 의원들이 민주당을 창당	
1956.5.15	제3대 대통령·제4대 부통령 선거	제3대 대통령으로 이승만, 제4대 부통령으로 장면이 선출됨	
1956.8.8	시·읍·면의 장과 의회선거	시·읍·면의회선거와 시·읍·면장 선거 실시	

	1956.8.13	서울시·도의회 의원선거	서울시와 각 도의회 의원선거 실시	
	1956.11.10	진보당 창당	제3대 대선에 출마했던 조봉암과 혁신계 정치세력들이 진보당을 창당	
	1958.1.13 –	진보당 사건	국가보안법 위반, 간첩혐의 등으로 진보당 주요 간부들을 검거한 사건. 진보당에 대해서는 강령의 국가보안법 위반 혐의로 해산 처리	
	1958.5.2	제4대 국회의원선거	제3세력으로서 진보당이 해산된 상태에서 자유당과 민주당의 양당경쟁으로 치러진 선거	
	1960.3.15	제4대 대통령·제5대 부통령 선거	제4대 대통령으로 자유당의 이승만, 제5대 부통령으로 자유당의 이기붕이 당선·발표되었으나, 부정선거로 밝혀짐	
	1960.3.15	3·15 마산시위 3·15 의거	정·부통령 선거의 부정을 확인한 마산시 민주당 간부들과 학생, 시민들의 대규모 시위가 발발, 시위진압을 위한 경찰의 발포로 7명이 사망, 870여 명이 부상	
	1960.4.11	김주열군 시신발견 제2차 마산시위	3·15 마산시위에 참여했던 마산상업고등학교 학생 김주열 군의 시신이 마산 중앙부두 앞바다에서 발견됨. 발견 당시 시신은 알루미늄제 최루탄이 눈에 박힌 상태였음. 시신발견과 함께 제2차 마산시위 발발	
	1960.4.18	고려대학생 피습사건	3·15 부정선거 이후 연일 전국적으로 대규모 시위가 이어졌으며 시위에 참가한 학생, 시민들의 대량 검거가 진행되었음. 구속된 고려대 학생들의 석방을 요구하며 3천여 명의 학생시위가 벌어졌고, 시위 후 귀가하던 도중 대한반공청년단원들에게 피습당한 사건이 발발	
	1960.4.19	4·19 혁명	오전 9시, 중·고교·대학생들이 경무대 앞에 집결, 경찰의 발포로 21명의 사망과 172명의 부상 오후 3시, 정부 계엄령 선포 계엄령 상황에서 시위대의 시위는 이어졌고, 도심에서 총격전 발발	

	1960.4.23	장면 부통령 사임	제4대 부통령이었던 장면의 사임	
	1960.4.24	이승만 자유당 총재직 사임 이기붕 부통령 당선 사퇴	이승만, 자유당 총재직에서 사임 표명. 이기붕 3·15 부정선거로 당선된 부통령직 사퇴	
	1960.4.26	이승만, 대통령직 사임	오후 1시, 라디오 방송을 통해 대통령직 사임을 발표	
	1960.6.15	제3차 헌법개정	이승만의 대통령직 사임 이후 민주당 주도로 6월 11일 헌법개정안이 제출되었고, 6월 15일 표결 처리. 내각제와 양원제를 도입한 개정안은 찬성 208표, 반대 3표로 통과됨	
	1960.7.27	제5대 국회의원선거	개정 헌법에 따라 민의원, 참의원 선거가 실시됨.	
제2 공화국	1960.8.12	제4대 대통령 선거	개정헌법에 따라 국회에서 대통령을 선출했고, 윤보선 당선	
	1960.12.12 ~29	지방선거	1960년 12월 12일 서울시·각 도의회 의원 선거 1960년 12월 19일 시·읍·면의회 의원 선거 1960년 12월 26일 시·읍·면장선거 1960년 12월 29일 서울시장·시도지사 선거 시행	

찾아보기

[저자 약력]

서 복 경

고려대학교 정치학 석사 및 박사
현) 서강대학교 현대정치연구소 연구원

주요 저서
「다운사이징 데모크라시: 왜 미국 민주주의는 나빠졌는가」(단독, 번역)
「표심의 역습: 빈부, 세대, 지역, 이념을 통해 새로 그리는 유권자 지도」(공저)
「한국의 민주화와 민주화추진협의회」(공저)
「한국 선거 60년: 이론과 실제」(공저)
「한국의 선거. 6: 2014년 지방선거 분석」(공저) 외

주요 논문
법제사법위원회 '제2원 기능'의 역사적 기원에 관한 연구
2014년 지방선거와 지방정부의 주택정책
한국 정치결사 제한체제의 역사적 기원
제한적 경쟁의 제도화 : 1958년 선거법 체제
한국 의석할당제도의 문제점 : 선거구 획정과 선거인수 불균형
제도개혁의 정치 : 선거구제 개편 논의를 중심으로
국회 위원회제도의 기원에 관한 연구 : 제헌국회 및 2대국회를 중심으로
지방 선출직 공직자의 경력 상향이동에 관한 연구 : 제3~5회 지방선거를 중심으로(공저) 외

한국의 선거 60년사 ①

한국 1세대 유권자의 형성:
제1·2공화국의 선거

초판인쇄 2016년 11월 15일
초판발행 2016년 11월 20일

지은이 서복경
펴낸이 김중용

총괄기획 박노일
편 집 심성보·김인숙

펴낸곳 마인드탭 MIND TAP
경기도 파주시 책향기로 441, 1004동 1004호(동패동, 책향기마을)
등록 제406-2014-000093호
전 화 070)7550-3758 팩 스 02)718-8554
홈페이지 www.mindtap.co.kr 이메일 pnc@pncmedia.co.kr
ISBN 979-11-86672-42-6 94340
979-11-86672-36-5 (세트)

※ 마인드탭은 피앤씨미디어의 자매 브랜드입니다.

정 가 20,000원